수험생 여러분이 본서를 충실히 학습함으로써 종합적인 법령 해석능력을 배양하고 나중에 실전수준의 문제를 많이 풀어보시면 반드시 고득점 할 수 있을 것입니다. 수험생 여러분의 즐겁고 건강한 수험생활과 고득점 합격을 기원합니다.

끝으로 이 책을 통해 공인중개사 시험을 준비하시는 모든 분들의 합격을 진심으로 기원하며, 이 책이 출간되도록 힘써 주신 박문각 출판사 임직원 여러분들에게 감사한 마음을 전합니다.

2025년 2월

편저자 윤영기 씀

이 책의 구성 및 특징

OX지문

OX지문들을 풍부하게 수록하여 방금 학습한 내용이 실제로 어떻게 시험에 적용되는지 보여주고자 하였습니다.

주 의

중요한 내용을 놓치지 않고 암기할 수 있도록 체계적으로 정리하여 효율적인 학습이 가능하도록 하였습니다.

넓혀보기

본문과 관련하여 더 알아야 하는 보충내용을 정리해 둠으로써 효율적으로 학습할 수 있도록 하였습니다.

---

40 공인중개사법 · 중개실무

01 OX 법인은 주된 중개사무소를 두려는 지역을 관할하는 등록관청에 중개사무소 개설등록을 해야 한다. (○) 제29회

02 주의 등록신청서 서식상 개업공인중개사의 종별로는 법인과 공인중개사만 있다.

OX
1. 중개사무소의 개설등록신청서에는 신청인의 여권용 사진을 첨부하지 않아도 된다. (×) 제28회
2. 외국에 주된 영업소를 둔 법인이 개설등록을 하기 위해서는 「상법」상 외국회사 규정에 따른 영업소의 등기를 증명할 수 있는 서류를 첨부해야 한다. (○) 제22회
3. 사용승인을 받았으나 건축물대장에 기재되지 아니한 건물에 중개사무소를 확보하였을 경우에는 건축물대장 기재가 지연되는 사유를 적은 서류를 제출하여야 한다. (○) 제34회

3 등록신청

1. 등록관청

① 중개사무소(법인은 주된 사무소) 관할 **시장 · 군수 · 구청장**
② '시'는 구가 설치되지 않아야 하며, 신청자의 주소지를 기준으로 하지 않음
③ '구'는 자치구, 비자치구를 모두 포함

2. 등록신청

(1) 등록신청서류

등록관청은 공인중개사자격증을 발급한 시 · 도지사에게 개설등록을 하려는 자의 **공인중개사자격 확인을 요청**하여야 하고, 「전자정부법」에 따라 행정정보의 공동이용을 통하여 **법인등기사항증명서, 건축물대장**을 확인하여야 한다.

제출서류(○)	제출서류(×)
① 실무교육 수료증 사본(전자확인 가능시 제외) ② 여권용 사진 ③ 사무소 확보 증명서류(단, 건축물대장 기재 전의 건물은 지연사유서 제출) ④ 결격사유 미해당 증명서류(외국인) ⑤ 영업소 등기 증명서류(외국법인)	① 자격증 사본 ② 법인 등기사항증명서 ③ 건축물대장등본 ④ 결격사유 미해당 증명서류 ⑤ 보증설정증명서류

(2) 등록신청수수료

중개사무소 개설등록을 신청하는 자는 해당 중개사무소 소재지 관할 **지방자치단체의 조례**가 정하는 바에 따라 수수료를 납부하여야 한다.

넓혀 보기

지방자치단체의 조례에 의한 수수료 납부대상
1. 공인중개사자격시험에 응시하는 자 (시 · 도 조례)
2. 공인중개사자격증의 재교부를 신청하는 자 (〃)
3. 중개사무소의 개설등록을 신청하는 자 (시 · 군 · 구 조례)
4. 중개사무소등록증의 재교부를 신청하는 자 (〃)
5. 분사무소설치의 신고를 하는 자 (〃)
6. 분사무소설치신고확인서의 재교부를 신청하는 자 (〃)

03

동영상강의 www.pmg.co.kr

박문각

합격을 결정짓는

윤영기 필수서

공인중개사법·중개실무 2차

박문각 공인중개사

브랜드만족 1위 박문각

근거자료 별면표기

2025

이 책의 머리말

공인중개사법령 및 중개실무 과목은 원래 다른 과목에 비하여 상대적으로 고득점이 가능하나, 최근에는 특히 중개실무 분야에서 사례형 문제가 까다롭게 출제되는 경향이 있고, 박스형 문제를 출제하여 해당되는 사항을 모두 고르라는 문제를 15문제 이상 출제하고 있습니다. 그리하여 합격을 위한 전통적인 전략과목이라는 말이 무색할 정도인 것이 현실입니다. 이 책은 이러한 최근 출제경향에도 불구하고 수험생 여러분이 고득점 할 수 있도록 다음과 같은 기준을 적용하여 집필하였습니다.

01 | 이 책은 기본서로 먼저 공부하신 분이든 기본서 없이 본서로 공부를 시작하시는 분이든 부담 없이 공부할 수 있도록 상대적으로 쉬운 파트는 내용을 압축하고, 좀 어려운 파트는 충분한 설명을 곁들여 적당한 분량으로 집필하였습니다.

02 | 최근에 개정된 각종 법령을 반영하였습니다. 그리하여 공인중개사법 및 부동산 거래신고 등에 관한 법률, 중개실무 분야의 각종 개정내용을 편안하게 공부할 수 있도록 편성하였습니다.

03 | 또한 공인중개사법령과 중개실무와 관련된 각종 판례를 박스 처리하거나 지문형식으로 풀어서 기술하여 일목요연하게 공부할 수 있도록 하였습니다.

04 | 본 과목은 기출문제 중 주요지문이 반복 출제되는 경향이 있으므로 기출문제 중에서 OX형식의 핵심지문 및 주의사항을 양단 부분에 기술하여 학습효과를 극대화하도록 구성하였습니다.

05 | 요약집의 특성상 지면의 제한이 있으나 정리가 필요한 부분은 도표를 만들어 서술하고, 부연설명이 필요한 부분은 넓혀보기로 정리하여 학습이 편리하도록 구성하였습니다.

3 토지거래허가절차

(1) 허가신청

① **관할**: 당사자는 공동으로 그 허가신청서에 계약내용과 그 토지의 이용계획, 취득자금 조달계획 등을 적어 관할 시장·군수 또는 구청장에게 제출하여야 한다.

② **첨부서류**: 허가신청서에 **토지이용계획서**(농지는 농업경영계획서), **토지취득자금 조달계획서**를 첨부하여 제출하여야 한다. 이 경우 시장·군수 또는 구청장은 「전자정부법」에 따른 행정정보의 공동이용을 통하여 토지 등기사항증명서를 확인하여야 한다.

③ **개업공인중개사의 인적사항**은 허가신청서에 기재사항이 아님을 주의하여야 한다.

④ 자금조달계획이 변경된 경우 취득토지 등기일까지 그 변경사항을 제출할 수 있다.

핵심다지기

허가신청서 기재사항(규칙 별지 제9호 서식 참조)

1. 당사자의 성명 및 주소(법인인 경우 법인의 명칭·소재지와 대표자의 성명·주소)
2. 토지의 지번·지목·면적·이용현황 및 권리설정현황
3. 토지의 정착물인 건축물·공작물 및 입목 등에 관한 사항
4. 이전 또는 설정하고자 하는 권리의 종류
5. 계약예정금액
6. 토지의 이용에 관한 계획
7. 토지취득에 필요한 자금조달계획

04

판 례

05

1. 거래계약은 관할관청의 허가를 받아야만 그 효력이 발생하고, 허가를 받기 전에는 물권적 효력은 물론 채권적 효력도 발생하지 아니하여 무효이므로 어떠한 내용의 이행청구도 할 수 없고, 채무불이행을 이유로 거래계약을 해제하거나 그로 인한 손해배상을 청구할 수 없다.
2. 처음부터 허가를 배제하거나 잠탈하는 내용의 계약일 경우 확정적으로 무효이다.
3. 허가받을 것을 전제로 한 거래계약은 유동적 무효의 상태에 있으므로 일단 허가를 받으면 그 계약은 소급해서 유효가 되므로 허가 후에 새로이 거래계약을 체결할 필요는 없다.
4. 토지거래허가를 받지 않아 유동적 무효 상태인 매매계약에 있어서 매도인은 계약금의 배액을 상환하고 계약을 해제할 수 있다.
5. 계약을 체결한 당사자는 쌍방이 서로 협력할 의무가 있고, 매매계약에서 허가신청 협력의무 불이행, 허가신청 전 매매계약의 철회를 지급사유로 하는 손해배상 약정은 유효하다.

OX

1. 허가신청서에는 토지이용계획서 및 토지취득자금 조달계획서를 첨부하여야 한다. (○) 제29회
2. 허가신청서에는 거래를 중개한 개업공인중개사의 성명 및 주소를 기재하여야 한다. (×) 제29회

OX 허가신청서에는 당사자의 성명 및 주소, 이전 또는 설정하고자 하는 권리의 종류를 기재하여야 한다. (○) 제29회

핵심다지기

본문과 관련된 핵심내용을 한눈에 볼 수 있도록 정리함으로써 폭넓은 학습이 가능하도록 하였습니다.

핵심판례

본문과 관련된 중요판례를 수록하여 체계적으로 정리할 수 있도록 하였습니다.

CONTENTS

이 책의 차례

공인중개사법령

부동산 거래신고 등에 관한 법률

PART 03

중개실무

박문각 공인중개사

공인중개사법령

Chapter 01

총 칙

01 법령의 법적 성질 · 제정목적

1 구 성

법령명	성 격	구 성
공인중개사법(국회에서 입법)	법 률	전7장 51개 조문
시행령(법률에서 위임한 사항과 법률의 시행에 필요한 사항)	대통령령	전7장 38개 조문
시행규칙(법률과 시행령에서 위임한 사항과 그 시행에 필요한 사항)	국토교통부령	전7장 29개 조문
공인중개사의 매수신청대리인 등록 등에 관한 **규칙/예규**	대법원규칙	전4장 24조
지방자치단체의 조례: 행정수수료, 주택 중개보수의 요율		

2 법적 성질

① **중간법**(혼합법, 사회법)

② 부동산중개업에 관한 **일반법**

③ 민법과 상법에 대한 **특별법**

④ **국내법 · 실체법**

3 법의 제정목적

① 공인중개사의 **업무**에 관한 사항을 **정**하여

② 공인중개사의 **전문성** 제고

③ **부동산중개업**을 건전하게 육성

④ **국민경제**에 이바지

OX

1. 국민의 재산권 보호는 이 법의 제정목적에 해당된다. (×) 제20회
2. 국토의 효율적 이용은 이 법의 제정목적에 해당된다. (×) 제20회

넓혀 보기

법 제정목적에 해당하지 않는 것

부동산업의 건전한 육성(×), 부동산거래업의 육성(×), 부동산 투기억제(×), 공정하고 투명한 부동산거래질서 확립(×), 국민의 재산권 보호(×), 부동산 수급조절(×)

02 용어의 정의

1 중 개

1. 중개의 의의 및 대상

(1) 중개의 정의

중개라 함은 / **법정중개대상물**에 대하여 / **거래당사자 간의** / **매매 · 교환 · 임대차** 그 밖의 **권리의 득실변경에 관한 행위**를 / 알선하는 것을 말한다.

(2) 법정 중개대상물

① 토지, ② 건축물 그 밖의 토지의 정착물, ③ 입목, ④ 광업재단, ⑤ 공장재단

(3) 권리의 득실변경에 관한 행위

① 중개대상권리

중개대상권리(○)	중개대상권리(×)
소유권, 지상권, 지역권, 전세권, 저당권 근저당권, 가등기담보권, 부동산임차권 유치권, 법정지상권, 부동산환매권	금전채권, 저당권에 의한 피담보채권, 동산질권, 분묘기지권, 사실상 점유, 광업권, 어업권, 공업소유권, 상표권 등

② 중개대상행위

중개대상행위(○)	중개대상행위(×)
매매, 교환, 임대차, 지상권 · 지역권 · 전세권 · 저당권 등의 설정 · 변경 · 소멸, 유치권의 이전, 법정지상권의 양도, 환매권의 양도	상속, 공용수용, 경 · 공매, 증여, 유치권의 성립, 법정지상권의 성립 법정저당권의 성립, 환매권 행사

(4) 알 선

알선이라 함은 타인 간의 거래행위에 개입하여 거래당사자 간의 거래의 성립을 위하여 흥정, 주선, 조정, 중재 등의 업무를 수행하는 것을 말한다.

OX

1. 중개란 중개대상물에 대하여 거래당사자 간의 매매 · 교환 · 임대차 그 밖의 권리의 득실변경에 관한 행위를 알선하는 것을 말한다. (○) 제29회, 제33회
2. 중개대상물을 거래당사자 간에 교환하는 행위는 '중개'에 해당한다. (×) 제34회

OX

1. 거래당사자 간 지역권의 설정과 취득을 알선하는 행위는 중개에 해당한다. (○) 제30회
2. 법정지상권을 양도하는 행위를 알선하는 것은 중개에 해당한다. (○) 제26회
3. 동산질권은 중개대상이 아니다. (○) 제21회

2. 중개의 성격 및 요소

OX 중개행위는 거래당사자 간의 매매 등 법률행위가 용이하게 성립할 수 있도록 조력하고 주선하는 사실행위이다. (○) 제20회

(1) 중개행위의 성격

① 중개행위는 거래당사자 간의 법률행위를 성립시키기 위한 **사실행위**이다.

② 단순한 사자로서의 행위가 아니라 **독자적 행위**이다.

(2) 중개의 3요소

① 법정중개대상물

② 중개의뢰인(거래당사자)

③ 중개행위자

OX
1. 타인의 의뢰에 의하여 일정한 보수를 받고 부동산에 대한 저당권설정행위의 알선을 업으로 하는 경우, 그 행위의 알선이 금전소비대차의 알선에 부수하여 이루어졌다면 중개업에 해당하지 않는다. (×) 제25회
2. 근저당권이 설정되어 있는 피담보채권은 중개대상에 해당된다. (×) 제34회

판례

1. 중개대상 권리

(1) 저당권: 금전소비대차계약은 중개의 대상이 아니므로 이를 알선함을 업으로 하여도 중개업이 아니나, 부동산에 대한 저당권의 설정을 알선함을 업으로 하는 것은 그것이 설령 금전소비대차계약에 부수하여 이루어졌다 하더라도, 저당권설정계약 자체를 알선하는 것이므로 중개업에 해당한다(대판 96도1641).

(2) 유치권: 유치권은 일신전속적이 아닌 재산권으로서 피담보채권과 목적물의 점유를 함께 이전할 경우 그 이전이 가능하고, 이는 부동산유치권의 경우도 마찬가지이므로, 결국 부동산유치권은 부동산중개대상권리가 된다고 할 수 있다(사건 2001구860, 서울행정법원).

2. 중개행위의 판단기준

중개행위에 해당하는지 여부는 개업공인중개사가 진정으로 거래당사자를 위하여 거래를 알선, 중개하려는 의사를 갖고 있었느냐고 하는 개업공인중개사의 주관적 의사에 의하여 결정할 것이 아니라 개업공인중개사의 행위를 객관적으로 보아 사회통념상 거래의 알선, 중개를 위한 행위라고 인정되는지 여부에 의하여 결정하여야 할 것이다. 따라서 개업공인중개사가 거짓으로 부동산을 매수하라고 기망하여 매수의뢰를 받은 후 부동산소유자에게 매매대금을 전달한다는 명목으로 금전을 편취한 것도 개업공인중개사가 '중개행위'를 함에 있어서 거래당사자에게 손해를 발생하게 한 경우에 해당한다고 볼 것이다(대판 94다47261).

3. 중개행위 해당 여부

(1) 직접거래: 甲이 공인중개사자격증과 중개사무소등록증을 대여받아 중개사무소를 운영하던 중 오피스텔을 임차하기 위하여 위 중개사무소를 방문한 乙에게 자신이 오피스텔을 소유하고 있는 것처럼 가장하여 직접 거래당사자로서 임대차계약을 체결한 경우, 甲의 위 행위를 객관적으로 보아 사회통념상 거래당사자 사이의 임대차를 알선·중개하는 행위에 해당한다고 볼 수 없다(대판 2010다101486).

(2) 계약이행업무에 관여한 행위: 부동산 매매계약 체결을 중개하고 계약체결 후 계약금 및 중도금 지급에도 관여한 개업공인중개사가 잔금 중 일부를 횡령한 경우 개업공인중개사가 '중개행위'를 함에 있어서 거래당사자에게 재산상의 손해를 발생하게 한 경우에 해당한다(대판 2005다32197).

4. 일방당사자가 의뢰한 경우도 중개행위에 포함되는지 여부

중개행위란 개업공인중개사가 거래의 쌍방당사자로부터 중개의뢰를 받은 경우뿐만 아니라 거래의 일방당사자의 의뢰에 의하여 중개대상물의 매매·교환·임대차 그 밖의 권리의 득실변경에 관한 행위를 알선·중개하는 경우도 포함하는 것이다(대판 94다47261).

3. 중개와 구별되는 다른 개념

개 념	유사점	차이점	
위 임	선량한 관리자의 주의의무 부담	중 개	신뢰관계를 기초로 하지 않고 유상이 원칙
		위 임	신뢰관계를 기초로 한 무상이 원칙
고 용	노무공급과 보수지급	중 개	일의 완성이 보수지급 요건, 지시를 받지 않음
		고 용	일의 완성이 보수지급 요건은 아님
대 리	거래계약체결을 보조하는 행위	중 개	제3자로서 거래 성립을 보조하는 사실행위
		대 리	대리행위는 주로 법률행위로 행해짐
도 급	일의 완성이 보수지급 요건	중 개	중개완성의무(×)
		도 급	일의 완성의무(○)
현상광고	일의 완성을 목적	중 개	청약이 반드시 광고에 의하지 않음
		현상광고	광고방법으로 청약, 요물계약

OX

1. 중개행위에 해당하는지 여부는 개업공인중개사의 행위를 객관적으로 보아 판단할 것이 아니라 개업공인중개사의 주관적 의사를 기준으로 판단해야 한다. (×) 제32회
2. 임대차계약을 알선한 개업공인중개사가 계약 체결 후에도 목적물의 인도 등 거래당사자의 계약상 의무의 실현에 관여함으로써 계약상 의무가 원만하게 이행되도록 주선할 것이 예정되어 있는 경우, 그러한 개업공인중개사의 행위는 사회통념상 중개행위의 범주에 포함된다. (○) 제32회
3. 공인중개사자격증을 대여 받은 자가 임대차의 중개를 의뢰한 자와 직접 거래당사자로서 임대차계약을 체결하는 것도 중개행위에 해당한다. (×) 제24회
4. 중개행위는 개업공인중개사가 거래의 일방당사자의 의뢰에 의하여 중개하는 경우도 포함된다. (○) 제20회

2 중개업

(1) 정 의

중개업이라 함은/다른 사람의 **의뢰**에 의하여/일정한 **보수**를 받고/**중개**를 **업**으로 하는 것을 말한다.

(2) 내 용

① 무등록중개업도 중개업의 개념에 포함된다.

② 중개의뢰인은 소유자뿐만 아니라 대리인·수임인을 포함한다.

③ 중개계약은 중개업의 출발점이 되며, 중개계약에 의해 보수청구권이 발생한다.

OX

1. 중개업은 다른 사람의 의뢰에 의하여 일정한 보수를 받고 중개를 업으로 행하는 것을 말한다. (○) 제33회
2. 중개업은 다른 사람의 의뢰에 의하여 보수의 유무와 관계없이 중개를 업으로 행하는 것을 말한다. (×) 제28회
3. 반복, 계속성이나 영업성 없이 단 1회 건물매매계약의 중개를 하고 보수를 받은 경우 중개를 업으로 한 것으로 본다. (×) 제26회

④ 거래당사자 **쌍방**뿐만 아니라 **일방**으로부터 의뢰받은 경우도 포함한다.

⑤ 중개업이 성립하기 위해서는 불특정 · 다수인을 상대로 한 계속적 · 반복적인 영리를 목적으로 하는 행위이어야 한다.

⑥ **우연한 기회**에 이루어진 **1회성 중개행위**는 보수를 받았든 받지 않았든 중개업에 해당하지 않는다.

⑦ 영리를 목적으로 하면 단 1회의 중개행위만으로도 중개업에 해당할 수 있다. 예를 들어, 중개사무소 개설등록을 하여 간판을 걸고 개업한 후의 첫 번째 중개행위는 잠재적 계속성 · 반복성이 인정되므로 중개업에 해당된다.

OX 일정한 보수를 받고 부동산 중개행위를 부동산컨설팅행위에 부수하여 업으로 하는 경우, 중개업에 해당하지 않는다. (×) 제25회

OX 영업상의 노하우 등 무형의 재산적 가치는 중개대상물에 해당된다. (×) 제32회

판례

1. 중개업 해당 여부에 대한 판단기준

알선 · 중개를 업으로 하였는지의 여부는 알선 · 중개행위의 반복 · 계속성, 영업성 등의 유무와 그 행위의 목적이나 규모, 횟수, 기간, 태양 등 여러 사정을 종합적으로 고려하여 사회통념에 따라 판단하여야 할 것이다. 즉, 우연한 기회에 단 1회 건물전세계약의 중개를 하고 보수를 받은 사실만으로는 알선 · 중개를 업으로 한 것이라 볼 수 없다(대판 88도998).

2. 보수를 약속 · 요구하는 데 그친 경우의 중개업 해당 여부

중개대상물의 거래당사자들로부터 보수를 현실적으로 받지 아니하고 단지 보수를 받을 것을 약속하거나 거래당사자들에게 보수를 요구하는 데 그친 경우에는 '중개업'에 해당한다고 할 수 없어 「공인중개사법」에 의한 처벌대상이 아니다(대판 2006도4842).

3. 영업권 양도에 따른 권리금 알선의 중개행위 여부

영업용 건물의 영업시설 · 비품 등 유형물이나 거래처, 신용, 영업상의 노하우 또는 점포위치에 따른 영업상의 이점 등 무형의 재산적 가치의 양도는 공인중개사법령상 중개대상물이라 할 수 없으므로, 그러한 유 · 무형의 재산적 가치의 양도에 대하여 '권리금'을 수수하도록 중개한 것은 위 법령이 규율하고 있는 중개행위에 해당하지 아니한다 할 것이고, 따라서 위 법령이 규정하고 있는 중개보수 한도 역시 이러한 거래대상의 중개행위에는 적용되지 아니한다(대판 2006두156).

4. 부동산컨설팅행위에 부수한 경우의 중개업 여부

중개행위가 부동산컨설팅행위에 부수하여 이루어졌다고 하여 「공인중개사법」상 중개업에 해당하지 않는다고 볼 것은 아니다(대판 2006도7594).

3 공인중개사

(1) 정 의

공인중개사라 함은 / **이 법**에 의한/**공인중개사 자격을 취득한 자**를 말한다.

(2) 종 류

① 개업공인중개사인 **공인중개사**

② 소속 **공인중개사**

③ 일반(장롱) **공인중개사**

(3) 내 용

① 외국에서 자격을 취득한 자는 이 법상 '**공인중개사**'에 해당하지 않는다.

② 공인중개사 자격을 취득하면 족하고 중개업 영위하여야 '**공인중개사**'에 해당하는 것은 아니다.

OX

1. 공인중개사에는 외국법에 따라 공인중개사 자격을 취득한 자도 포함된다. (×) 제28회
2. 공인중개사는 이 법에 의한 공인중개사 자격을 취득하고 중개업을 영위하는 자를 말한다. (×) 제22회

4 개업공인중개사(구 중개업자)

(1) 정 의

개업공인중개사란 / **이 법**에 의하여 / 중개사무소 개설**등록을 한 자**를 말한다.

(2) 개업공인중개사의 종별

① 법인인 개업공인중개사(특수법인)

② 공인중개사인 개업공인중개사

③ 법 제7638호 부칙 제6조 제2항에 규정된 개업공인중개사(중개인)

(3) **특수법인**(다른 법률에 의하여 중개업을 영위할 수 있는 법인)

① 지역농업협동조합(등록 필요×)

② 지역산림조합(등록 필요×)

③ 한국자산관리공사

④ 산업단지관리기관

OX

1. 개업공인중개사는 이 법에 의하여 중개사무소의 개설등록을 한 공인중개사를 말한다. (×) 제22회
2. 개업공인중개사라 함은 공인중개사 자격을 가지고 중개를 업으로 하는 자를 말한다. (×) 제29회
3. 공인중개사 자격취득 후 중개사무소 개설등록을 하지 않은 자는 개업공인중개사가 아니다. (○) 제24회
4. 개업공인중개사인 법인의 임원으로서 공인중개사인 자가 중개업무를 수행하는 경우에는 '개업공인중개사'에 해당한다. (×) 제34회

(4) 개업공인중개사의 종별 비교

구 분	법인인 개업공인중개사	공인중개사인 개업공인중개사	부칙 제6조 2항에 규정된 개업공인중개사 (중개인)
업무지역	전 국	전 국	사무소 소재지 특별시 · 광역시 · 도 원칙
중개대상물	5가지 모두 가능	5가지 모두 가능	5가지 모두 가능
겸 업	제한(6가지만 가능)	원칙적 가능	원칙적 가능
경 · 공매 업무	가 능	가 능	불 가
분사무소	설치 가능	불 가	불 가
공동사무소	설치 가능	설치 가능	설치 가능
등록인장	「상업등기규칙」상 신고한 인장	법정규격의 인장	법정규격의 인장
보증 설정	4억원 이상	2억원 이상	2억원 이상
이중소속	불 가	불 가	불 가

5 소속공인중개사

(1) 정 의

소속공인중개사라 함은 / 개업공인중개사에 소속된 **공인중개사**(개업공인중개사인 법인의 사원 · 임원으로서 공인중개사인 자 포함)로서 / **중개업무**를 수행하거나 / 개업공인중개사의 **중개업무를 보조**하는 자를 말한다.

(2) 내 용

① **종 류**

㉠ 고용인인 소속공인중개사

㉡ 법인의 사원 · 임원인 소속공인중개사

② **중개업무**(확인 · 설명, 확인 · 설명서의 작성, 거래계약서의 작성)를 수행할 수 있을 뿐만 아니라 **단순한 업무**(현장안내, 일반서무)를 **보조**할 수도 있다.

③ 법인의 사원 · 임원 중 공인중개사가 아닌 자는 중개업무를 수행할 수 없다.

OX

1. 개업공인중개사인 법인의 사원으로서 중개업무를 수행하는 공인중개사는 '소속공인중개사'가 아니다. (×) 제28회
2. 공인중개사로서 개업공인중개사에 고용되어 그의 중개업무를 보조하는 자도 소속공인중개사이다. (○) 제27회

(3) 관련 사항

① 고용신고를 하지 않아도 소속공인중개사의 지위가 인정된다.

② 실무교육 · 연수교육 · 예방교육 대상이며, 부동산거래신고서의 제출대행이 가능하다.

③ 소속공인중개사는 중개사무소 개설등록을 할 수 없다.

④ 법인의 사원으로서 중개업무를 수행하는 공인중개사 ⇨ 소속공인중개사

⑤ 공인중개사로서 중개업무를 보조하는 자 ⇨ 소속공인중개사

(4) 소속공인중개사 비교

구 분	사원 · 임원인 소속공인중개사	고용인인 소속공인중개사
차이점	• 결격사유 ⇨ 법인의 결격사유	• 결격사유 ⇨ 해소의무 발생
유사점	• 중개업무 수행 가능 • 인장등록의무 • 실무교육 및 연수교육 이수의무	

6 중개보조원

(1) 정 의

중개보조원이라 함은/**공인중개사가 아닌 자**로서 개업공인중개사에 소속되어/중개대상물에 대한 현장안내 및 일반서무 등 개업공인중개사의 중개업무와 관련된 **단순한 업무를 보조하는** 자를 말한다.

(2) 업무의 한계

중개보조원은 공인중개사자격이 없으므로 **중개업무**(주요한 중개업무)를 수행할 수 없으며, 개업공인중개사의 중개업무와 관련된 **단순한 업무를 보조**하여야 한다.

(3) 관련 사항

① 직무교육 · 예방교육 대상(○), 부동산거래계약신고서 제출 대행(×)

② 중개보조원이란 중개업무를 수행하는 자를 말한다.(×)

③ 중개보조원은 중개대상물에 대한 확인 · 설명을 할 수 있다.(×)

OX

1. 중개보조원은 공인중개사가 아닌 자로서 개업공인중개사에 소속되어 일반서무 및 중개업무를 수행하는 자를 말한다. (×) 제22회
2. 중개보조원이란 공인중개사가 아닌 자로서 개업공인중개사에 소속되어 중개대상물에 대한 현장안내와 중개대상물의 확인 · 설명의무를 부담하는 자를 말한다. (×) 제26회
3. 공인중개사가 개업공인중개사에 소속되어 개업공인중개사의 중개업무와 관련된 단순한 업무를 보조하는 경우에는 '중개보조원'에 해당한다. (×) 제34회

03 법정중개대상물

1 총 설

(1) 중개대상물의 범위는 공인중개사법과 동법 시행령에 규정되어 있다.

(2) 중개대상물이란 개업공인중개사만이 중개를 업으로 할 수 있는 고유, 전속한 물건이다. 개업공인중개사가 아닌 자가 중개를 '업'으로 하게 되면 무등록업자에 해당되어 처벌을 받을 수 있다.

(3) 다른 법률에서 특별히 금지하고 있지 않는 한 법정중개대상물이 아닌 물건을 개업공인중개사가 알선할 수도 있지만 이 법에 의한 중개라 볼 수 없다.

2 법정중개대상물의 범위

> **법 제3조 【중개대상물의 범위】** 이 법에 의한 중개대상물은 다음 각 호와 같다.
> 1. **토지**
> 2. **건축물** 그 밖의 **토지의 정착물**
> 3. 그 밖에 대통령령으로 정하는 재산권 및 물건
>
> **영 제2조 【중개대상물의 범위】** 법 제3조 제3호의 규정에 따른 중개대상물은 다음 각 호와 같다.
> 1. 「입목에 관한 법률」에 따른 **입목**
> 2. 「공장 및 광업재단 저당법」에 따른 **공장재단** 및 **광업재단**

1. 토 지

주의 1필지 토지의 일부는 저당권 설정의 대상이 될 수 없다.

(1) 토지의 등록 단위는 필이고, 토지의 거래단위도 필이므로 토지에 대한 매매·교환·저당권의 설정 및 이전은 필(필지)단위로 거래된다. 따라서 1필지의 일부에 대해서는 분필절차를 이행하기 전까지는 소유권 및 저당권 설정의 대상이 될 수 없다. 그러나 1필지의 일부도 지상권·지역권·전세권 등 용익물권과 임차권의 설정 및 이전은 가능하므로 1필지의 일부도 중개대상물이 된다.

(2) 토지의 소유권은 정당한 이익이 있는 범위 내에서 토지의 상하에 미치므로 암석, 토사, 지하수는 당연히 토지 구성물로써 토지 소유권에 종속하고 독립한 중개대상물이 되지 못한다.

2. 건축물 그 밖의 토지의 정착물

(1) 건축물

① 토지와는 독립된 부동산이다.

② 건물의 거래단위는 동(棟)이다. 다만, 구분등기가 된 집합건물은 1동의 1호도 독립적인 중개대상물이 될 수 있다.

③ 중개대상물의 요건에 공시를 요하지 않으므로 **미등기건물, 무허가 건물**도 중개대상물에 해당한다.

④ 「건축법」상 '건축물'이 아닌 「민법」상 부동산에 해당하는 '건축물'만 중개대상물에 해당되는 것으로 본다.

판례

1. **대토권의 중개대상물 여부**
주택이 철거될 경우 일정한 요건하에서 택지개발지구 내 이주자택지를 공급받을 수 있는 지위인 이른바 '대토권'은 특정한 토지나 건물 기타 정착물 또는 법 시행령이 정하는 재산권 및 물건에 해당한다고 볼 수 없으므로 법 제3조에서 정한 중개대상물에 해당하지 않는다(대판 2011다23682).

2. **분양권의 중개대상물 여부**
중개대상물로 규정된 '건물'에는 기존의 건축물뿐만 아니라 장래에 건축될 건물도 포함되어 있는 것으로 볼 것이므로, 아파트의 특정 동·호수에 대한 피분양자로 선정되거나 분양계약이 체결된 후에 특정 아파트에 대한 매매를 중개하는 행위 등은 중개대상물인 건물을 중개한 것으로 볼 것이다(대판 89도1885).

3. **입주권의 중개대상물 해당 여부**
(1) 특정한 아파트에 입주할 수 있는 권리가 아니라 아파트에 대한 추첨기일에 신청을 하여 당첨이 되면 아파트의 분양예정자로 선정될 수 있는 지위를 가리키는 데에 불과한 입주권은 「공인중개사법」상 중개대상물인 건물에 해당한다고 보기 어렵다(대판 90도1287).
(2) 「도시 및 주거환경정비법」 제48조의 규정에 따른 관리처분계획의 인가로 인하여 취득한 입주자로 선정된 지위, 즉 재건축·재개발 입주권은 부동산거래 신고대상이 되는 것에 비추어 중개대상물에 포함된다(국토교통부 유권해석).

4. 임차인이 임차한 건물에 그 권원에 의하여 증축을 한 경우에 증축된 부분이 부합으로 인하여 기존건물의 구성부분이 된 때에는 증축된 부분에 별개의 소유권이 성립될 수 없으나, 증축된 부분이 구조상으로나 이용상으로 기존건물과 구분되는 독립성이 있는 때에는 구분소유권이 성립하여 증축된 부분은 독립한 소유권의 객체가 된다(대판 99다14518).

5. 콘크리트 지반 위에 볼트조립방식으로 철제 파이프 또는 철골 기둥을 세우고 지붕을 덮은 다음 삼면에 천막이나 유리를 설치한 세차장구조물은 주벽이라 할 만한 것이 없고, 볼트만 해체하면 쉽게 토지로부터 분리·철거가 가능하므로 이를 토지의 정착물, 즉 건물이라 볼 수는 없을 것이다(대판 2008도9427).

OX

1. 토지의 정착물인 미등기 건축물은 중개대상물에 해당된다. (○) 제31회
2. 기둥과 지붕 그리고 주벽이 갖추어진 신축 중인 미등기상태의 건물은 중개대상물에 해당된다. (○) 제33회

OX

1. 주택이 철거될 경우 일정한 요건하에 택지개발지구 내에 이주자 택지를 공급받을 지위는 중개대상물에 해당된다. (×) 제32회, 제33회
2. 중개대상물인 건축물에는 기존의 건축물뿐만 아니라 장차 건축될 특정의 건물도 포함될 수 있다. (○) 제26회
3. 동·호수가 특정되어 분양계약이 체결된 아파트분양권은 중개대상물에 해당된다. (○) 제33회

OX

1. 아파트 추첨기일에 신청하여 당첨되면 아파트의 분양예정자로 선정될 수 있는 지위인 입주권도 중개대상물에 해당된다. (×) 제23회, 제33회
2. 영업용 건물의 영업시설·비품 등 유형물이나 거래처, 신용 등 무형의 재산적 가치는 중개대상물에 해당된다. (×) 제31회
3. 콘크리트 지반 위에 볼트조립 방식으로 철제 파이프 기둥을 세우고 3면에 천막을 설치하여 주벽이라고 할 만한 것이 없는 세차장구조물은 중개대상물에 해당된다. (×) 제29회

OX 「입목에 관한 법률」의 적용을 받지 않으나, 명인방법을 갖춘 수목의 집단은 중개대상물에 해당된다. (○) 제29회

(2) 그 밖의 토지의 정착물

① **수목, 교량, 담장 등**: 토지와 함께 거래되므로 독립한 중개대상물이 되지 못한다. **토지로부터 분리된** 수목은 동산이므로 중개대상물이 아니다.

② **명인방법을 갖춘 수목의 집단**: 명인방법이라는 관습상의 공시방법을 갖춘 수목의 집단은 토지와는 별개로 독립하여 거래의 대상이 되므로 독립적인 중개대상물이 된다(행정심판: 2004.7.4. 사건번호2004−01961). **다만**, 소유권의 대상만 가능하고, 저당권의 대상은 될 수 없다.

3. 「입목에 관한 법률」에 의한 입목

(1) 입목의 의의

입목이란 토지에 부착된 수목의 집단으로서 그 소유자가 이 법에 따라 소유권보존의 등기를 받은 것을 말한다.

(2) 입목등기의 절차

① **입목등록**

㉠ 입목등록은 특별자치도지사, 시장, 군수 또는 구청장에게 신청하여야 한다.

㉡ 관할청은 입목등록원부를 갖추어 두고 등록을 하여야 한다.

② **입목등기**

㉠ 소유권보존의 등기를 받을 수 있는 수목의 집단은 **입목등록원부에 등록된 것으로 한정**되며, 수종 및 수량의 제한은 없다.

㉡ 입목등기부 편성시에는 1개의 입목에 대하여 1개의 입목등기기록을 둔다.

㉢ 토지에 부착된 수목에 대하여 소유권보존의 등기를 하였을 때에는 **토지의 등기기록 중 표제부**에 입목등기기록을 표시하여야 한다.

㉣ 입목에 대한 등기에 관하여 「입목에 관한 법률」에 특별한 규정이 있는 경우를 제외하고는 「부동산등기법」을 준용한다.

㉤ 입목의 상세한 조사는 입목등록원부 및 입목등기기록으로 확인해야 한다.

⑶ 입목등기의 효력

① 입목은 토지와는 독립된 부동산이 되고, 토지와는 별개로 소유권과 저당권의 목적이 되므로 토지소유권·지상권의 처분의 효력은 입목에 미치지 않는다.

② 입목을 저당권의 목적으로 하려는 자는 그 입목을 **보험에 가입**하여야 한다.

③ 입목을 목적으로 하는 **저당권의 효력**은 입목을 베어 낸 경우에 그 토지로부터 **분리된 수목에도 미친다.** 저당권자는 **채권의 기한이 되기 전**이라도 분리된 수목을 경매할 수 있다. 다만, 그 매각대금을 공탁하여야 한다. 수목의 소유자는 상당한 담보를 공탁하고 경매의 면제를 신청할 수 있다.

④ 입목의 경매나 그 밖의 사유로 토지와 그 입목이 각각 다른 소유자에게 속하게 되는 경우 토지소유자는 입목소유자에 대하여 지상권을 설정한 것으로 본다.

⑤ 지상권자 또는 임차인에게 속하는 입목이 저당권의 목적인 경우 지상권자·임차인은 저당권자의 승낙 없이 그 권리를 포기하거나 계약을 해지할 수 없다.

OX

1. 토지소유권 또는 지상권의 처분의 효력은 입목에 미치지 않는다. (○) 제20회
2. 입목을 목적으로 하는 저당권의 효력은 입목을 벌채한 경우에 그 토지로부터 분리된 수목에 대하여는 미치지 않는다. (×) 제20회
3. 지상권자에게 속하는 입목이 저당권의 목적이 되어 있는 경우에는 지상권자는 저당권자의 승낙 없이 그 권리를 포기하거나 계약을 해지할 수 없다. (○) 제20회

4. 「공장 및 광업재단 저당법」에 의한 공장재단

⑴ 의 의

공장에 속하는 일정한 기업용 재산으로써 구성되는 일단의 기업재산으로서 소유권과 저당권의 목적이 되는 것

⑵ 공장재단의 설정·구성

① 하나 또는 둘 이상의 공장으로 공장재단을 설정, 저당권의 목적으로 할 수 있다.

② 공장재단은 공장재단등기기록에 소유권보존등기를 함으로써 설정하고, 소유권보존등기의 효력은 등기를 한 날부터 **10개월 이내에** 저당권설정등기를 하지 아니하면 상실된다.

③ 공장재단에 관하여 소유권보존등기를 하면 그 공장재단 구성물의 **등기용지 중 관련구의 사항란**에 공장재단에 속한다는 사실을 적어야 한다.

④ **공장재단의 구성물**

㉠ 공장에 속하는 토지, 건물, 그 밖에 공작물
㉡ 기계, 기구, 전봇대, 전선, 배관, 레일, 그 밖에 부속물
㉢ 항공기, 선박, 자동차 등 등기나 등록이 가능한 동산
㉣ 지상권 및 전세권
㉤ 임대인의 동의가 있는 경우에는 물건의 임차권
㉥ 지식재산권

OX

1. 「공장 및 광업재단 저당법」에 따른 광업재단은 중개대상물에 해당된다. (○) 제23회
2. 「공장 및 광업재단 저당법」에 따른 공장재단은 중개대상물에 해당된다. (○) 제31회

(3) 공장재단의 특징

① 공장재단은 **1개의 부동산**으로 보며, **소유권**과 **저당권** 외의 권리의 목적이 되지 못한다. 다만, 저당권자가 동의한 경우 임대는 가능하다.

② 공장재단의 구성물은 공장재단과 분리하여 양도하거나 소유권 외의 권리, 압류, 가압류 또는 가처분의 목적으로 하지 못한다. 다만, 저당권자가 동의한 경우 임대는 가능하다.

③ 1개의 공장재단은 이를 분할하여 여러 개의 공장재단으로 할 수 있다. 다만, 저당권의 목적인 공장재단은 저당권자가 동의한 경우에만 분할할 수 있다.

5. 「공장 및 광업재단 저당법」에 의한 광업재단

광업재단에 관하여는 동법 중 공장재단에 관한 규정을 준용한다.

3 중개대상물이 되기 위한 요건

1. 사적 소유의 대상일 것

중개대상물이 되려면 사적 소유의 대상으로 사법상 거래가 가능하여야 한다.

(1) 사적 소유의 대상이 아닌 것

OX 공용폐지가 되지 아니 한 행정재산인 토지는 중개대상물에 해당하지 않는다. (○) 제26회

① **국유 · 공유재산**: 국 · 공유재산은 그 용도에 따라 행정재산과 일반재산으로 구분된다.

㉠ 행정재산: 공용재산, 공공용재산, 기업용재산, 보존용재산으로 분류된다.

㉡ 일반재산: 행정재산 외의 모든 국 · 공유재산을 말한다.

㉢ 국유재산이나 공유재산은 중개대상물이 될 수 없다. 다만, 일반재산은 매각 등이 가능하나 일반재산을 처분하는 계약을 체결할 경우에는 경쟁입찰에 부쳐야 하고, 입찰방식은 중개행위가 개입할 여지가 없어 중개대상물이 될 수 없다고 본다.

② **하천**: 하천은 원칙적으로 중개대상물이 될 수 없다고 본다. 다만, 사유인 하천으로서 하천에 대한 소유권을 이전하는 경우나 저당권을 설정하는 경우는 예외적으로 중개대상물이 될 수 있을 것이다.

③ **포락지**: 하천이나 하천의 범람으로 사권이 소멸된 포락지는 사적 소유의 대상이 될 수 없으므로 중개대상물이 될 수 없다.

④ **무주의 토지, 미채굴의 광물**: 무주의 토지는 「민법」에 의하여 국유가 되므로 중개대상물이 될 수 없으며, 미채굴의 광물도 토지소유권이 미치지 못하므로 중개대상물이 될 수 없다.

⑤ **바닷가**(빈지)

⑥ **공도**: 공도는 중개대상물이 될 수 없으나, 도로예정지인 사유지나 사도는 중개대상물이 될 수 있다.

OX
1. 토지에서 채굴되지 않은 광물은 중개대상물에 해당된다. (×) 제32회
2. 지목(地目)이 양어장인 토지는 중개대상물에 해당된다. (○) 제32회

(2) 사적 소유의 대상인 것

사적 소유의 대상인 부동산은 그것이 공법상 또는 사법상의 제한이 있다 하더라도 사법상 거래가 가능하므로 중개대상물이 될 수 있다.

① **공법상 제한이 있는 중개대상물**: 개발제한구역 내의 토지, 군사시설보호구역 내의 토지, 접도구역 내의 토지, 공유수면매립지 중 사유지 등이 해당되며, 이들은 공법상 제한에 의해 사권의 행사가 제한되나 중개대상물이 될 수 있다.

② **사법상 제한이 있는 중개대상물**: 가등기 · 가압류 · 가처분 등에 의해 소유권 행사가 제한되는 부동산, 유치권의 제한이 있는 건물, 법정지상권의 제한이 있는 토지 등이 해당되며, 이들도 사법상 제한은 있으나 중개대상물이 될 수 있다.

OX
1. 가압류된 토지는 중개대상물에 해당된다. (○) 제31회
2. 토지거래허가구역 내의 토지는 중개대상물에 해당된다. (○) 제29회

2. 중개행위의 개입이 가능할 것

사법상 거래가 가능한 중개대상물로서 권리의 득실변경이 가능하더라도 그 거래의 성격상 구체적인 중개행위가 개입될 여지가 있어야 중개대상물이 될 수 있다.

(1) 중개행위의 대상권리

① **중개행위의 대상인 권리**

㉠ 물권 중 소유권, 지상권, 지역권, 전세권, 저당권
㉡ 유치권, 법정지상권 · 법정저당권
㉢ 부동산임차권
㉣ 환매권
㉤ 가등기담보권

② **중개행위의 대상이 아닌 것**

㉠ 금전채권, 저당권에 의해 담보된 피담보채권
㉡ 동산질권, 분묘기지권
㉢ 어업권 · 광업권 · 지식재산권

OX 거래당사자 사이에 부동산에 관한 환매계약이 성립하도록 알선하는 행위도 중개에 해당한다. (○) 제24회

(2) 중개행위의 대상행위

① **중개행위의 대상인 거래행위**: 매매 · 교환 · 임대차 등 채권행위뿐만 아니라 지상 · 지역 · 전세권이나 저당권의 설정행위 등 물권행위도 포함된다. 또한 유치권의 이전, 법정지상권 · 법정저당권의 양도, 환매권의 양도 등도 중개행위의 대상인 거래행위로 될 수 있다.

② **중개행위의 대상이 아닌 행위**: 상속 · 경매 · 공매 · 수용 · 판결 · 기부채납 등은 그 성격상 중개행위의 대상이 될 수 없으며, 유치권의 성립, 법정지상권 · 법정저당권의 발생, 분묘기지권의 양도 등도 중개행위의 대상이 될 수 없다. 증여는 계약의 일종이나 증여자의 의사에 일방적으로 좌우되고 거래조건 교섭의 여지가 없으므로 중개행위의 대상이 될 수 없다고 본다.

Chapter 02

공인중개사제도

1 공인중개사 정책심의위원회

(1) 위원회의 설치

① 공인중개사의 시험 등 공인중개사의 자격취득에 관한 사항 등을 심의하기 위하여 **국토교통부**에 공인중개사 정책심의위원회를 **둘 수 있다.**

② 공인중개사 정책심의위원회의 구성 및 운영 등에 관하여 필요한 사항은 대통령령으로 정한다.

OX 공인중개사 정책심의위원회는 국무총리 소속으로 한다. (×) 제35회

(2) 위원회의 구성

① 심의위원회는 위원장 **1명**을 포함하여 **7명** 이상 **11명** 이내의 위원으로 구성한다.

② 심의위원회 **위원장**은 국토교통부 **제1차관**이 되고, **위원**은 다음의 어느 하나에 해당하는 사람 중에서 **국토교통부장관이 임명하거나 위촉**한다.

㉠ 국토교통부의 4급 이상 또는 이에 상당하는 공무원이나 고위공무원단에 속하는 일반직공무원 ㉡ 「고등교육법」에 따른 학교에서 부교수 이상의 직에 재직하고 있는 사람 ㉢ 변호사 또는 공인회계사의 자격이 있는 사람 ㉣ 공인중개사협회에서 추천하는 사람 ㉤ 공인중개사 자격시험의 업무를 위탁받은 기관의 장이 추천하는 사람 ㉥ 「비영리민간단체지원법」에 따라 등록한 비영리민간단체에서 추천한 사람 ㉦ 「소비자기본법」에 따라 등록한 소비자단체 또는 한국소비자원의 임직원으로 재직하고 있는 사람 ㉧ 그 밖에 부동산·금융 관련 분야에 학식과 경험이 풍부한 사람

③ 심의위원회에는 심의위원회의 사무를 처리할 **간사 1명**을 둔다. 간사는 심의위원회의 **위원장이** 국토교통부 소속공무원 중에서 **지명**한다.

OX

1. 심의위원회는 위원장 1명을 포함하여 7명 이상 11명 이내의 위원으로 구성한다. (○) 제32회
2. 정책심의위원회 위원장은 국토교통부 제1차관이 된다. (○) 제32회
3. 정책심의위원회의 위원은 위원장이 임명하거나 위촉한다. (×) 제34회

(3) 심의 · 의결사항

① 심의위원회는 다음의 사항을 심의 · 의결한다.

심의 사항	㉠ 공인중개사의 **시**험 등 공인중개사의 자격취득에 관한 사항 ㉡ 부동산 **중**개업의 육성에 관한 사항 ㉢ **손**해배상책임의 보장 등에 관한 사항 ㉣ 중개보**수** 변경에 관한 사항
의결 사항	㉠ **국**토교통부장관이 직접 문제를 출제, 시험을 시행할 것인지 여부 ㉡ **기**피신청(심의위원회 위원에 대한)이 있는 경우 수용 여부 ㉢ **부**득이한 사정으로 해당 연도에 시험 시행하지 않을 것인지 여부 ㉣ **상**대평가: 시험 수급상 선발예정인원을 미리 공고할 것인지 여부

② 심의위원회에서 심의한 사항 중 위 ㉠의 **공인중개사의 시험 등 공인중개사의 자격취득에 관한 사항**의 경우에는 시 · 도지사는 이에 따라야 한다.

OX
1. 공인중개사협회의 설립인가에 관한 의결은 공인중개사 정책심의위원회의 소관사항에 해당한다. (×) 제28회
2. 심의위원회에서 중개보수 변경에 관한 사항을 심의한 경우 시 · 도지사는 이에 따라야 한다. (×) 제27회
3. 정책심의위원회는 중개보수 변경에 관한 사항을 심의할 수 있다. (○) 제32회, 제33회

(4) 위원의 임기 등

① **임기**: 국토교통부의 4급 이상 또는 이에 상당하는 공무원이나 고위공무원단에 속하는 일반직공무원을 제외하고 **위원의 임기**는 **2년**으로 하되, 위원의 사임 등으로 **새로 위촉된 위원의 임기**는 전임위원 임기의 **남은 기간**으로 한다.

② **위원의 제척 · 기피 · 회피 등**

㉠ 제척: 심의위원회의 위원이 다음의 어느 하나에 해당하는 경우에는 심의위원회의 심의 · 의결에서 제척된다.

> ⓐ 위원 또는 그 배우자나 배우자이었던 사람이 해당 안건의 당사자(당사자가 법인 · 단체 등인 경우에는 그 임원을 포함한다)가 되거나 그 안건의 당사자와 공동권리자 또는 공동의무자인 경우
> ⓑ 위원이 해당 안건의 당사자(당사자가 법인 · 단체 등인 경우에는 그 임원을 포함한다)와 친족이거나 친족이었던 경우
> ⓒ 위원이 해당 안건에 대하여 증언, 진술, 자문, 조사, 연구, 용역 또는 감정을 한 경우
> ⓓ 위원이나 위원이 속한 법인 · 단체 등이 해당 안건의 당사자의 대리인이거나 대리인이었던 경우

OX
1. 심의위원회의 위원이 해당 안건에 대하여 자문을 한 경우 심의위원회의 심의 · 의결에서 제척된다. (○) 제30회
2. 위원이 속한 법인이 해당 안건의 당사자의 대리인이었던 경우 그 위원은 위원회의 심의 · 의결에서 제척된다. (○) 제30회

㉡ 기피: 해당 안건의 당사자는 위원에게 공정한 심의 · 의결을 기대하기 어려운 사정이 있는 경우에는 심의위원회에 기피신청을 할 수 있고, 심의위원회는 의결로 이를 결정한다. 이 경우 기피신청의 대상인 위원은 그 의결에 참여하지 못한다.

OX 심의위원에 대한 기피신청을 받아들일 것인지 여부에 관한 의결은 공인중개사 정책심의위원회의 소관사항에 해당된다. (○) 제28회

㉢ 회피: 위원 본인이 위 ㉠의 제척사유에 해당하는 경우에는 스스로 해당 안건의 심의·의결에서 회피하여야 한다.

㉣ 해촉: **국토교통부장관**은 위원이 제척사유 중 하나에 해당하는 데에도 불구하고 회피하지 아니한 경우에는 해당 위원을 **해촉**할 수 있다.

(5) 위원장의 직무

① **위원장**은 심의위원회를 대표하고, 심의위원회의 업무를 총괄한다.

② 위원장이 부득이한 사유로 직무를 수행할 수 없을 때에는 **위원장이 미리 지명한 위원**이 그 직무를 **대행**한다.

(6) 심의위원회의 운영

① 위원장은 심의위원회의 회의를 소집하고, 그 의장이 된다.

② 심의위원회의 회의는 **재적위원 과반수의 출석**으로 개의하고, **출석위원 과반수의 찬성**으로 의결한다.

③ 위원장은 심의위원회의 회의를 소집하려면 회의 개최 **7일 전까지** 회의의 일시, 장소 및 안건을 각 위원에게 통보하여야 한다. 다만, 긴급하게 개최하여야 하거나 부득이한 사유가 있는 경우에는 회의 개최 **전날까지** 통보할 수 있다.

④ 위원장은 심의에 필요하다고 인정하는 경우 관계 전문가를 출석하게 하여 의견을 듣거나 의견제출을 요청할 수 있다.

⑤ 상기 규정한 사항 외에 심의위원회의 운영 등에 필요한 사항은 심의위원회 의결을 거쳐 위원장이 정한다.

(7) 수당·여비

심의위원회에 출석한 위원 및 관계 전문가에게는 예산의 범위에서 수당과 여비를 지급할 수 있다. 다만, 공무원인 위원이 그 소관 업무와 직접적으로 관련되어 심의위원회에 출석하는 경우에는 그러하지 아니하다.

2 시험시행기관

(1) **원칙**: 특별시장, 광역시장, 도지사, 특별자치도지사(이하 시·도지사)

(2) **예외**: **국토교통부장관**(정책심의위원회의 **의결을 거쳐** 직접 출제·시험시행)

OX 정책심의위원회 위원장은 위원이 제척사유에 해당하는 데에도 불구하고 회피하지 아니한 경우에는 해당 위원을 해촉할 수 있다. (×) 제35회

OX 위원장이 부득이한 사유로 직무를 수행할 수 없을 때에는 위원 중에서 호선된 자가 그 직무를 대행한다. (×) 제32회

OX 심의위원회의 회의는 제적위원 과반수의 출석으로 개의(開議)하고, 출석위원 과반수의 찬성으로 의결한다. (○) 제30회

OX

1. 공인중개사시험은 국토교통부장관이 시행하는 것이 원칙이나 예외적으로 시·도지사가 시행할 수 있다. (×) 제22회
2. 국토교통부장관이 직접 시험을 시행하려는 경우에는 미리 공인중개사 정책심의위원회의 의결을 거치지 않아도 된다. (×) 제30회

3 시험의 위탁시행

시험시행기관장은 시험시행업무를 **공기업, 준정부기관** 또는 **공인중개사협회**에 위탁할 수 있으며, 위탁한 때에는 이를 **관보에** 고시하여야 한다.

4 응시자격

(1) 연령 · 학력 · 지역 등의 제한이 없고, 외국인도 응시 가능하다.

(2) **응시불가사유**(응시결격사유)

① 공인중개사 **자격취소**된 후 **3년**이 지나지 아니한 자

② 공인중개사 자격시험 **부정행위자**로서 그 무효처분이 있은 날부터 **5년이 경과되지 아니한 자**

ⓘ 시험시행기관장은 지체 없이 부정행위자를 다른 시험시행기관장에게 통보

(3) 등록의 결격사유에 해당하는 자라도 원칙적으로 자격시험에 응시하여 자격을 취득할 수 있다. 그러나 결격사유에서 벗어나야만 중개업무에 종사할 수 있다.

OX

1. 공인중개사의 자격이 취소된 후 3년이 지나지 아니한 자는 공인중개사가 될 수 없다. (○) 제27회
2. 시험시행기관장은 시험에서 부정한 행위를 한 응시자에 대하여는 그 시험을 무효로 하고, 그 처분이 있은 날부터 5년간 시험응시자격을 정지한다. (○) 제30회

5 시험시기 및 방법

(1) **시험시기**

원칙적으로 **매년 1회 이상** 시행(다만, 심의위원회의 **의결**을 거쳐 미시행 가능)

OX 시험시행기관장은 시험을 시행하기 어려운 부득이한 사정이 있는 경우에는 공인중개사 정책심의위원회의 의결을 거쳐 해당 연도의 시험을 시행하지 않을 수 있다. (○) 제23회

(2) **시험 면제**

① 제1차 시험 합격자 ⇨ **다음 회**에 **한하여** 제1차 시험 면제

② 다음 **연도**가 아니라 다음 **회**의 제1차 시험을 면제한다.

(3) **시험방법**

① 시험은 제1차 시험 및 제2차 시험으로 **구분하여 시행**한다. 이 경우 제2차 시험은 제1차 시험에 합격한 자를 대상으로 시행한다.

② 제1차 시험은 선택형으로 출제하는 것을 원칙으로 하되, 주관식 단답형 또는 기입형을 가미할 수 있다. 제2차 시험은 논문형으로 출제하는 것을 원칙으로 하되, 주관식 단답형 또는 기입형을 가미할 수 있다.

③ 다만, 시험시행기관장인 시·도지사 또는 국토교통부장관이 필요하다고 인정하는 경우에는 제1차 시험과 제2차 시험을 **구분하되 동시에 시행**할 수 있으며, 이 경우 제2차 시험의 시험방법은 제1차 시험방법에 따른다.

④ 제1차 시험과 제2차 시험을 동시에 시행하는 경우에는 제1차 시험에 불합격한 자의 제2차 시험은 무효로 한다.

6 출제위원 및 합격자의 결정

(1) 출제위원

① **의의**: 시험문제의 출제·선정·검토 및 채점을 담당할 자

② **위촉 대상**: 부동산중개업무 및 관련 분야에 관한 학식과 경험이 풍부한 자

③ **위촉 권한**: 시험시행기관장

④ **의무**: 채점상의 유의사항 및 준수사항을 성실히 이행

(2) 신뢰도 저하 출제위원

시험시행기관장이 명단을 다른 시험시행기관장 및 소속기관장에 통보

⇨ 국토교통부장관 또는 시·도지사는 명단 통보일로부터 5년간 위촉 금지

(3) 수당 및 여비 지급 가능: 출제위원 및 감독업무 종사자

(4) 합격자의 결정

① 제1차 시험에 있어서는 매과목 100점을 만점으로 하여 매과목 40점 이상, 전과목 평균 60점 이상 득점한 자를 합격자로 한다.

② 제2차 시험에 있어서는 매과목 100점을 만점으로 하여 매과목 40점 이상, 전과목 평균 60점 이상 득점한 자를 합격자로 한다. 다만, 시험시행기관장이 공인중개사의 수급상 필요하다고 인정하여 심의위원회의 의결을 거쳐 선발예정인원을 미리 공고한 경우에는 매과목 40점 이상인 자 중에서 선발예정인원의 범위 안에서 전과목 총득점의 고득점자순으로 합격자를 결정한다.

③ 선발예정인원 및 최소선발인원 또는 최소선발비율 공고시 합격자를 결정함에 있어서 동점자로 인하여 선발예정인원을 초과하는 경우에는 그 동점자 모두를 합격자로 한다.

④ 시험시행기관장은 응시생의 형평성 확보 등을 위하여 필요하다고 인정하는 경우에는 심의위원회의 의결을 거쳐 최소선발인원 또는 응시자 대비 최소선발비율을 미리 공고할 수 있다.

⑤ ④에 따라 최소선발인원 또는 최소선발비율을 공고한 경우 제2차 시험에서 매과목 40점 이상, 전과목 평균 60점 이상 득점한 자가 최소선발인원 또는 최소선발비율에 미달되는 경우에는 매과목 40점 이상인 자 중에서 최소선발인원 또는 최소선발비율의 범위 안에서 전과목 총득점의 고득점자순으로 합격자를 결정한다.

7 시험의 실시

OX 시험시행기관장은 시험을 시행하고자 하는 때에는 시험시행에 관한 개략적인 사항을 전년도 12월 31일까지 관보 및 일간신문에 공고해야 한다. (×) 제30회

(1) 시험시행의 공고

① **개략적 사항 공고**(1차 공고): 매년 2월 말일까지 일간신문, 관보, 방송 중 하나 이상에 공고하고, 인터넷 홈페이지 등에도 이를 공고

② **세부적 사항 공고**(2차 공고): **시험시행일 90일 전까지** 일간신문, 관보, 방송 중 하나 이상에 공고하고, 인터넷 홈페이지 등에도 이를 공고

(2) 응시수수료

① **응시수수료 기준**

㉠ 시 · 도지사가 시행: 지방자치단체의 조례가 정하는 바에 따라 납부

㉡ 국토교통부장관이 시행: 국토교통부장관이 결정 · 공고하는 수수료

㉢ 위탁시행: 위탁받은 자가 위탁한 자의 승인을 얻어 결정 · 공고하는 수수료

OX 공인중개사시험의 응시원서 접수마감일의 다음 날부터 7일 이내에 접수를 취소한 자는 납입한 수수료의 100분의 60을 반환받을 수 있다. (○) 제22회

② **응시수수료 반환기준**(반환절차 및 반환방법 등은 시험시행공고에서 정함)

㉠ 수수료를 과오납한 경우: 과오납한 금액의 **전부**
㉡ 시험시행기관의 귀책사유로 시험에 응하지 못한 경우: 납입수수료 **전부**
㉢ 응시원서 접수기간 내에 접수 취소하는 경우: 납입한 수수료의 **전부**
㉣ 접수마감일 다음 날부터 7일 이내 접수 취소: 납입한 수수료의 **100분의 60**
㉤ ㉣ 이후 시험시행일 10일 전까지 접수 취소: 납입한 수수료의 **100분의 50**

8 합격자 공고, 자격증의 교부 및 재교부

(1) 합격자 결정 · 공고

공인중개사 자격시험을 시행하는 **시험시행기관의 장**은 공인중개사 자격시험의 합격자가 **결정**된 때에는 이를 **공고**하여야 한다.

(2) 자격증의 교부

① **시·도지사는** 시험합격자결정 공고일로부터 **1개월 이내에** 시험합격자에 관한 사항을 공인중개사 자격증교부대장에 기재한 후, 해당 시험합격자에게 공인중개사 **자격증을 교부**하여야 한다.

② 공인중개사 자격증교부대장은 전자적 처리가 불가능한 특별한 사유가 없으면 전자적 처리가 가능한 방법으로 작성·관리하여야 한다.

(3) 자격증의 재교부

① 공인중개사 자격증을 교부받은 자가 공인중개사 자격증을 잃어버리거나 못쓰게 되어 자격증의 재교부를 신청하고자 하는 경우에는 **재교부신청서**를 해당 **자격증을 교부한 시·도지사**에게 제출하여야 한다.

② 공인중개사 자격증의 재교부를 신청하는 자는 ㉠ **해당 지방자치단체의 조례가 정하는** 바에 따라 **수수료**를 납부하여야 한다. 다만, 공인중개사 자격증 재교부업무를 공기업, 준정부기관, 협회 등에 위탁한 경우에는 ㉡ **해당 업무를 위탁받은 자가 위탁한 자의 승인을 얻어 결정·공고하는 수수료**를 납부하여야 한다.

OX

1. 국토교통부장관은 공인중개사 시험의 합격자에게 공인중개사 자격증을 교부하여야 한다. (×) 제30회
2. 시·도지사는 공인중개사자격 시험합격자의 결정·공고일부터 2개월 이내에 시험합격자에게 공인중개사자격증을 교부해야 한다. (×) 제33회

OX

1. 공인중개사자격증의 재교부를 신청하는 자는 재교부신청서를 국토교통부장관에게 제출해야 한다. (×) 제30회
2. 공인중개사자격증의 재교부를 신청하는 자는 해당 지방자치단체의 조례로 정하는 바에 따라 수수료를 납부해야 한다. (○) 제33회

9 자격증 양도·대여 금지

(1) 자격증의 양도·대여 금지

① 공인중개사는 다른 사람에게 자기의 성명을 사용하여 중개업무를 하게 하거나, 자기의 공인중개사 자격증을 양도 또는 대여하여서는 아니 된다.

② **위반시 제재**: 자격취소 + 1년 이하의 징역이나 1천만원 이하의 벌금

(2) 자격증을 양수·대여받는 행위의 금지

① 누구든지 다른 사람의 공인중개사자격증을 양수·대여받아 이를 사용해서는 아니 된다.

② **위반시 제재**: 1년 이하의 징역이나 1천만원 이하의 벌금사유

(3) 자격증 대여 등의 알선 금지

① 누구든지 자격증 양도 또는 대여 및 양수·대여받아 사용하는 행위를 알선하여서는 아니 된다.

② **위반시 제재**: 1년 이하의 징역이나 1천만원 이하의 벌금사유

OX

1. 공인중개사자격증의 대여란 다른 사람이 그 자격증을 이용하여 공인중개사로 행세하면서 공인중개사의 업무를 행하려는 것을 알면서도 그에게 자격증 자체를 빌려주는 것을 말한다. (○) 제27회
2. 공인중개사로 하여금 그의 공인중개사자격증을 다른 사람에게 대여하도록 알선하는 행위는 금지된다. (○) 제34회

(4) 자격증 대여 관련 주의사항

① 자격증 대여행위는 **유상 · 무상**을 불문하고 허용되지 않으며, 장기적이든 일시적이든 허용되지 않는다.

② 무자격자가 공인중개사의 업무를 수행하였는지 여부는 외관상 공인중개사가 직접 업무를 수행하는 **형식을 취하였는지** 여부에 구애됨이 없이 **실질적으로 무자격자가 공인중개사의 명의를 사용하여 업무를 수행하였는지** 여부에 따라 판단하여야 한다.

③ 공인중개사가 자기 명의로 개설등록을 마친 후 무자격자에게 중개사무소의 경영에 관여하게 하고 이익을 분배하였더라도 그 무자격자에게 부동산거래 중개행위를 하도록 한 것이 아니라면 등록증 · 자격증 대여행위에 해당하지 않는다.

OX

1. 공인중개사는 공인중개사자격증을 무상으로도 대여해서는 안 된다. (○) 제31회, 제33회
2. 공인중개사 자격증은 특정 업무를 위하여 일시적으로 대여할 수 있다. (×) 제24회
3. 무자격자가 공인중개사의 업무를 수행하였는지 여부는 실질적으로 무자격자가 공인중개사의 명의를 사용하여 업무를 수행하였는지 여부에 상관없이 외관상 공인중개사가 직접 업무를 수행하는 형식을 취하였는지 여부에 따라 판단해야 한다. (×) 제24회

10 공인중개사 사칭금지

(1) 내 용

공인중개사가 아닌 자는 공인중개사 또는 이와 유사한 명칭을 사용하지 못한다. 무자격자가 자신의 명함에 '부동산뉴스 **대표**'라는 명칭을 기재하여 사용한 것도 공인중개사와 유사한 명칭을 사용한 것에 해당한다.

(2) 위반시 제재

공인중개사 아닌 자가 본 규정에 위반한 경우에는 1년 이하의 징역이나 1천만 원 이하의 벌금형에 처한다.

OX

1. 무자격자가 자신의 명함에 '부동산뉴스 대표'라는 명칭을 기재하여 사용하였다면 공인중개사와 유사한 명칭을 사용한 것에 해당한다. (○) 제32회
2. 공인중개사자격을 취득한 자는 중개사무소의 개설등록을 하지 않더라도 공인중개사라는 명칭을 사용할 수 있다. (○) 제22회

판 례

1. '공인중개사 자격증의 대여'란 다른 사람이 그 자격증을 이용하여 공인중개사로 행세하면서 공인중개사의 업무를 행하려는 것을 알면서도 그에게 자격증 자체를 빌려주는 것을 말한다. 무자격자가 공인중개사의 업무를 수행하였는지 여부는 외관상 공인중개사가 직접 업무를 수행하는 형식을 취하였는지 여부에 구애됨이 없이 실질적으로 무자격자가 공인중개사의 명의를 사용하여 업무를 수행하였는지 여부에 따라 판단하여야 한다(대판 2006도9334).
2. 중개사무소의 대표자를 가리키는 명칭은 일반인으로 하여금 그 명칭을 사용하는 자를 공인중개사로 오인하도록 할 위험성이 있는 것으로 「공인중개사법」 제8조가 사용을 금지하는 '공인중개사와 유사한 명칭'에 해당한다(대판 2006도9334).
3. 공인중개사인 피고인이 자신의 명의로 등록되어 있으나 실제로는 공인중개사가 아닌 피해자가 주도적으로 운영하는 형식으로 동업하여 중개사무소를 운영하다가 위 동업관계가 피해자의 귀책사유로 종료되고 피고인이 동업관계의 종료로 부동산중개업을 그만두기로 한 경우, 피해자의 중개업은 법에 의하여 금지된 행위로서 형사처벌의 대상이 되는 범죄행위에 해당하는 것으로서 업무방해죄의 보호대상이 되는 업무라고 볼 수 없다(대판 2006도6599).

11 개업공인중개사 등의 교육

(1) 교육 일반

구 분	실무교육	직무교육	연수교육
교육기관	시·도지사	시·도지사/등록관청	시·도지사
교육대상자	• 등록을 신청하는 자 • 법인의 사원·임원 • 분사무소 책임자 • 소속공인중개사	중개보조원	• 실무교육을 받은 개업공인중개사 • 실무교육을 받은 소속공인중개사
교육시기	등록신청일 전 1년 이내 고용신고일 전 1년 이내	고용신고일 전 1년 이내	실무교육을 받은 후 매 2년마다
교육면제	1년 이내에 재등록 1년 이내에 고용신고	1년 이내 고용신고	정당한 사유가 있는 경우
교육내용	**직무수행에 필요한 법률지식**, 부동산중개 및 경영실무, **직업윤리** 등	직무수행에 필요한 **직업윤리**	**법·제도의 변경사항**, 부동산중개 및 경영실무 **직업윤리** 등
교육시간	28시간~32시간	3시간~4시간	12시간~16시간
사전통지	×	×	○
위반시 제재	–	–	500만원 이하 과태료

주의 연수교육 사전통지 ⇨ 실무교육 또는 연수교육을 받은 후 **2년이 되기 2개월 전까지** 연수교육의 일시·장소·내용 등을 대상자에게 **통지**하여야 한다.

주의 교육지침 ⇨ 국토교통부장관은 시·도지사가 실시하는 실무교육, 직무교육, 연수교육의 전국적인 균형유지를 위하여 필요하다고 인정하면 해당 교육의 지침을 마련하여 시행할 수 있다. 이러한 교육지침에는 ① 교육의 목적, ② 교육대상, ③ 교육과목 및 교육시간, ④ 강사의 자격, ⑤ 수강료, ⑥ 수강신청, 출결확인, 교육평가, 교육수료증 발급 등 학사 운영 및 관리, ⑦ 그 밖에 균형 있는 교육의 실시에 필요한 기준과 절차 등이 포함되어야 한다.

OX

1. 실무교육은 그에 관한 업무의 위탁이 없는 경우 시·도지사가 실시한다. (○) 제28회
2. 개업공인중개사로서 폐업신고를 한 후 1년 이내에 소속공인중개사로 고용신고를 하려는 자는 실무교육을 받아야 한다. (×) 제29회
3. 개업공인중개사가 되려는 자의 실무교육시간은 26시간 이상 32시간 이하이다. (×) 제31회
4. 분사무소의 책임자가 되고자 하는 공인중개사는 고용신고일 전 1년 이내에 시·도지사가 실시하는 연수교육을 받아야 한다. (×) 제27회
5. 고용관계 종료신고 후 1년 이내에 고용신고를 다시 하려는 중개보조원도 직무교육은 받아야 한다. (×) 제27회

OX

1. 소속공인중개사는 2년마다 국토교통부장관이 실시하는 연수교육을 받아야 한다. (×) 제31회
2. 연수교육을 실시하려는 경우 그 교육의 일시·장소를 관보에 공고한 후 대상자에게 통지해야 한다. (×) 제28회
3. 연수교육의 교육시간은 28시간 이상 32시간 이하이다. (×) 제29회
4. 연수교육을 정당한 사유 없이 받지 않으면 500만원 이하의 과태료를 부과한다. (○) 제29회

(2) **부동산거래사고 예방교육**

① **국토교통부장관, 시 · 도지사** 및 **등록관청**은 필요하다고 인정하면 대통령령으로 정하는 바에 따라 개업공인중개사 등의 부동산거래사고 **예방교육을 실시할 수 있다.**

② 국토교통부장관, 시 · 도지사 및 등록관청은 개업공인중개사 등이 부동산거래사고 예방 등을 위하여 교육을 받는 경우에는 다음의 **필요한 비용을 지원할 수 있다.**

㉠ 교육시설 및 장비의 설치에 필요한 비용
㉡ 교육자료의 개발 및 보급에 필요한 비용
㉢ 교육관련 조사 및 연구에 필요한 비용
㉣ 교육실시에 따른 강사비

③ 국토교통부장관, 시 · 도지사 및 등록관청은 부동산거래사고 예방을 위한 교육을 실시하려는 경우에는 교육일 10일 **전까지** 교육일시 · 교육장소 및 교육내용, 그 밖에 교육에 필요한 사항을 **공고**하거나 교육대상자에게 **통지**하여야 한다.

OX 국토교통부장관, 시 · 도지사, 등록관청은 개업공인중개사 등에 대한 부동산거래사고 예방 등의 교육을 위하여 교육 관련 연구에 필요한 비용을 지원할 수 있다. (○) 제31회

Chapter 03

중개사무소의 개설등록

01 등록의 의의와 성격

1 등록의 의의

(1) 「공인중개사법」은 '중개업을 영위하고자 하는 자는 중개사무소의 개설등록을 하여야 한다.'라고 규정함으로써 중개업에 대하여 등록제를 채택하고 있다.

(2) 중개사무소의 개설등록(중개업의 등록)이라 함은 중개업을 영위하고자 하는 자가 일정한 요건을 갖추어 신청을 하면 그 요건을 심사하여 적합한 경우 법규상의 **일반적 · 상대적 금지를 해제**하여 적법하게 중개업을 영위할 수 있도록 하는 **행정청의 처분**을 말한다.

2 등록의 법적 성격

(1) **적법요건**

등록은 위법한 중개행위를 적법한 중개행위로 전환시켜 주는 역할을 하는 중개행위의 적법요건이다. 그러나 등록이 중개행위의 효력요건은 아니므로 무등록업자의 중개행위로 체결된 거래계약이라도 그 효력에는 영향이 없다.

(2) **기속적 행정행위**

등록은 행정청의 재량이 허용되지 않는 기속적 행정행위이다. 따라서 중개업을 영위하고자 하는 자가 법률이 정하는 등록요건을 갖추어 등록신청을 하면 등록관청은 이를 거부할 수 없고 등록을 받아주어야 한다.

(3) **대인적 성격**

등록은 대인적 성격을 가지며, 등록의 효력은 일신전속적이므로 이전성이 없다. 따라서 등록명의를 양도 · 대여할 수 없고, 개업공인중개사의 사망시 상속되지도 않는다.

(4) 영속성

현행법상 등록갱신에 관하여는 규정되어 있지 않으므로 등록의 효력은 영속적이다. 따라서 폐업이나 등록취소처분, 사망 등 법률에서 정한 사유가 없는 한 등록의 효력은 지속되고 등록을 갱신할 필요가 없다.

02 등록절차

1 등록신청자

❶주의 1인 1등록주의에 따라 등록신청은 개별적으로 하여야 하며, 공동명의의 등록신청은 허용하지 않는다.

(1) 공인중개사 및 법인

공인중개사(소속공인중개사 제외) **또는 법인이 아닌 자**는 중개사무소의 개설**등록을 신청할 수 없다.** 따라서 중개사무소의 개설등록을 신청할 수 있는 자는 일정한 요건을 갖춘 **공인중개사와 법인에 한한다.**

OX

1. 소속공인중개사는 중개사무소 개설등록을 신청할 수 있다. (×) 제28회, 제32회, 제33회
2. 법인 아닌 사단은 개설등록을 할 수 있다. (×) 제31회
3. 변호사는 공인중개사자격이 없더라도 중개사무소 개설등록을 할 수 있다. (×) 제20회
4. 변호사가 부동산중개업무를 하기 위해서는 공인중개사법령에서 정한 기준에 따라 개설등록을 해야 한다. (○) 제24회

(2) 소속공인중개사

「공인중개사법」은 이중소속을 명문의 규정으로 금지하고 있고, 등록을 신청할 수 있는 '공인중개사'에 소속공인중개사는 포함되지 않는다. 따라서 소속공인중개사인 자가 등록을 신청하려면 해당 중개사무소를 사직하여야 한다.

(3) 변호사

변호사가 중개업을 영위하고자 하는 경우에는 공인중개사법령이 정한 등록기준(자격취득, 실무교육)을 갖추어 중개사무소의 개설등록을 하여야 한다.

(4) 외국인 및 외국법인

현행법상 외국인도 공인중개사 자격시험에 응시하여 자격을 취득할 수 있으므로 요건을 갖춘 **외국인** 및 **외국법인**도 등록을 신청하여 부동산중개업을 영위할 수 있다.

2 등록요건의 구비

등록기준은 다음과 같다. 다만, **다른 법률에 따라 부동산중개업을 할 수 있는 경우**에는 다음의 기준을 적용하지 않는다.

1. 공인중개사의 등록기준

(1) 실무교육을 받았을 것

① 중개사무소의 개설등록을 하고자 하는 공인중개사는 **등록신청일 전 1년 이내에 시·도지사**가 실시하는 **실무교육**을 받아야 한다.

② 다만, **폐업신고 후 1년 이내에** 중개사무소의 개설등록을 다시 신청하려는 자나 소속공인중개사로서 **고용관계 종료 신고 후 1년 이내에** 중개사무소의 개설등록을 신청하려는 자는 실무교육을 받지 않아도 된다.

③ 중개사무소의 개설등록을 하여 중개업을 영위하는 자가 **개업공인중개사의 종별을 달리하여 중개업을 계속 영위하고자** 하는 경우에는 개업공인중개사의 지위가 유지되므로 실무교육을 받지 않아도 된다.

OX 실무교육을 받는 것은 중개사무소 개설등록의 기준에 해당한다. (○) 제29회

(2) 중개사무소를 확보할 것

① **건축물대장에 기재된 건물에 중개사무소를 확보하여야 한다. 이러한 '건물'**에는 준공검사, 준공인가, 사용승인, 사용검사 등을 받은 건물로서 **건축물대장에 기재되기 전의 건물이 포함된다.** 다만, '건축물대장'에는 **가설건축물대장은 제외**되므로 가설건축물에 중개사무소를 확보한 경우에는 등록을 받을 수 없다. 주의할 점은 건축물대장에 기재된 건물이면 족하므로 반드시 소유권보존등기가 경료된 건물일 필요는 없다는 것이다.

② 중개사무소는 소유·전세·임대차 또는 사용대차 등의 방법에 의하여 사용권을 확보한 것이어야 한다.

③ 개업공인중개사는 업무의 효율적 수행을 위하여 중개사무소를 공동으로 사용할 수 있다. 따라서 다른 개업공인중개사가 이미 개설등록을 하여 사용 중인 중개사무소의 사용권을 확보한 경우에도 등록이 가능하며, 다른 개업공인중개사가 휴업기간 중이라도 무방하다 할 것이다. 다만, 업무정지처분을 받은 다른 개업공인중개사의 중개사무소에 신규등록을 하는 것은 불가하다.

④ 공인중개사법령에는 중개사무소의 면적 관련규정이 명문화되어 있지 아니하므로 중개사무소로 사용하기에 적합할 정도의 상당한 면적이면 족할 것이다.

OX
1. 「건축법」상 가설건축물대장에 기재된 건축물에 개설등록 할 수 있다. (×) 제22회
2. 개설등록을 하려면 소유권에 의하여 사무소의 사용권을 확보하여야 한다. (×) 제31회

OX 중개사무소 개설등록을 하기 위해서는 20m^2 이상의 사무소 면적을 확보해야 한다. (×) 제24회

(3) 등록의 결격사유에 해당하지 않을 것

2. 법인의 등록기준

OX
1. 자본금이 5천만원 이상인 「협동조합 기본법」상 사회적 협동조합은 중개사무소의 등록을 할 수 있다. (×) 제32회, 제33회
2. 자본금이 1,000만원 이상인 「협동조합 기본법」상 협동조합은 개설등록을 할 수 있다. (×) 제31회
3. 합명회사는 자본금이 5천만원 미만이더라도 개설등록을 할 수 있다. (×) 제24회

(1) 「상법」상 회사 또는 「협동조합 기본법」상 협동조합(사회적 협동조합 제외)으로서 자본금이 5천만원 이상일 것

① 「상법」상 회사란 상행위 그 밖의 영리를 목적으로 설립된 사단 · 영리법인을 말하며, 그 종류는 합명회사 · 합자회사 · 유한책임회사 · 유한회사 · 주식회사의 5종이 있으며, 본점소재지에서 설립등기를 함으로써 성립한다.

② 영리법인인 「상법」상 회사는 법인인 개업공인중개사로 등록이 가능하지만 비영리법인인 「민법」상의 법인은 등록을 할 수 없다. 또한 「상법」상 회사인 경우 회사의 종류를 불문하므로 반드시 「상법」상 주식회사일 필요는 없다.

③ 「협동조합기본법」상 협동조합도 등록이 가능하다. 다만, **사회적 협동조합**은 비영리 법인이므로 등록을 할 수 없다.

④ 「상법」상 회사든 「협동조합 기본법」상 협동조합이든 **자본금은 5천만원 이상**이어야 한다.

OX
1. 중개업 및 주택의 분양대행업을 영위할 목적으로 설립된 법인은 개설등록을 신청할 수 있다. (○) 제23회
2. 법인이 중개사무소 개설등록을 하기 위해서는 중개업 및 겸업제한에 위배되지 않는 업무만을 영위할 목적으로 설립되어야 한다. (○) 제28회

(2) 법정업무(법 제14조)만을 영위할 목적으로 설립된 법인일 것

중개사무소의 개설등록은 중개업을 영위하기 위해 필요한 것이므로 법인인 개업공인중개사는 **필수적으로 중개업**을 영위할 목적으로 설립되어야 하며, **중개업 이외의 다음의 6가지 업무만**을 영위할 목적으로 설립되어야 한다.

① 상업용 건축물 및 주택의 임대관리 등 **부동산의 관리대행**

② **부동산**의 **이용 · 개발** 및 **거래(투자)**에 관한 **상담**

③ **개업공인중개사를 대상**으로 한 중개업의 **경영기법** 및 **경영정보의 제공**

④ 주택 및 상가의 **분양대행**

⑤ 중개업에 부수되는 업무로서 주거이전에 부수되는 **용역의 알선**

⑥ 「민사집행법」에 의한 **경매** 및 「국세징수법」, 그 밖의 법령에 의한 **공매**대상 부동산에 대한 **권리분석** 및 취득의 알선과 매수신청 또는 입찰신청의 **대리**

OX 대표자를 포함한 임원 또는 사원(합명회사 또는 합자회사의 무한책임사원을 말함)의 3분의 1 이상은 공인중개사어야 한다. (×) 제31회, 제34회

(3) 대표자는 공인중개사이어야 하며, 대표자를 제외한 임원 또는 사원의 3분의 1 이상은 공인중개사일 것

① 법인의 **임원**이란 주식회사나 유한회사의 **이사**(주식회사의 집행임원 포함)와 **감사**를 말하며, 유한책임회사의 **업무집행자**를 말한다.

② 법인의 **사원**이란 합명회사나 합자회사의 **무한책임사원**을 말한다. 본래 「상법」상 합명회사는 무한책임사원만으로 구성되며, 합자회사는 무한책임사원

과 유한책임사원으로 구성된다. 그러나 공인중개사법령상 등록기준으로서의 '사원'에는 무한책임사원만 해당되고, 유한책임사원은 해당되지 않는다는 점을 주의하여야 한다.

(4) **대표자, 임원 또는 사원 전원이 실무교육을 받았을 것**

① 임원 또는 사원 **전원**은 등록신청일 전 1년 이내에 시·도지사가 실시하는 실무교육을 받아야 한다. 이 경우 임원 또는 사원은 공인중개사 자격 유무를 불문하며, 중개업을 담당하는 자뿐만 아니라 중개업을 담당하지 않는 자도 포함한다. 다만, 공인중개사인 개업공인중개사이었던 자가 폐업신고를 한 경우 1년 이내에 법인의 임원 또는 사원이 되고자 하는 경우는 실무교육을 받지 않아도 될 것이다.

② 기존에 등록을 하여 중개업을 영위하고 있는 법인인 개업공인중개사의 임원 또는 사원이 되고자 하는 경우에도 실무교육을 미리 받아야 한다. 다만, 중개사무소 개설등록을 받은 개업공인중개사가 법인인 개업공인중개사로 종별을 변경하여 법인의 대표자가 될 경우에는 실무교육을 받지 않아도 될 것이다.

(5) **중개사무소를 확보할 것**: 공인중개사의 사무소와 동일

(6) **임원 또는 사원 전원이 등록의 결격사유에 해당하지 않을 것**

넓혀 보기

다른 법률의 규정에 따라 부동산중개업을 할 수 있는 경우(특수법인)

다른 법률에 따라 부동산중개업을 할 수 있는 경우(특수법인)란 「공인중개사법」이 아닌 다른 법률에서 부동산중개업을 할 수 있는 근거규정을 두고 있어 부동산중개업을 할 수 있는 경우를 말한다. 대표적으로 「농업협동조합법」상 지역농업협동조합, 「산림조합법」상 지역산림조합 등이 있다.

공인중개사법령은 다른 법률의 규정에 따라 부동산중개업을 할 수 있는 경우에 대하여 다음과 같은 근거규정을 두고 있다. 첫째, 등록기준을 적용하지 않는다. 둘째, 분사무소를 설치하는 경우 책임자규정이 적용되지 아니하므로 그 책임자가 공인중개사가 아니어도 된다. 셋째, 업무보증설정에 대하여 지역농업협동조합은 2천만원 이상의 업무보증을 설정하도록 규정하고 있다.

OX

1. 법인이 중개사무소 개설등록을 하기 위해서는 대표자, 임원 또는 사원 전원이 부동산거래사고 예방교육을 받아야 한다. (×) 제27회
2. 법인이 중개사무소 개설등록을 하기 위해서는 법인의 대표자, 임원 또는 사원의 3분의 1 이상이 실무교육을 받아야 한다. (×) 제26회

OX 법인이 등록을 하기 위해서는 건축물대장에 기재된 건물에 $100m^2$ 이상의 중개사무소를 확보하여야 한다. (×) 제27회

OX 법인은 주된 중개사무소를 두려는 지역을 관할하는 등록관청에 중개사무소 개설등록을 해야 한다. (○) 제29회

주의 등록신청서 서식상 개업공인중개사의 종별로는 법인과 공인중개사만 있다.

OX
1. 중개사무소의 개설등록신청서에는 신청인의 여권용 사진을 첨부하지 않아도 된다. (×) 제28회
2. 외국에 주된 영업소를 둔 법인이 개설등록을 하기 위해서는 「상법」상 외국회사 규정에 따른 영업소의 등기를 증명할 수 있는 서류를 첨부해야 한다. (○) 제22회
3. 사용승인을 받았으나 건축물대장에 기재되지 아니한 건물에 중개사무소를 확보하였을 경우에는 건축물대장 기재가 지연되는 사유를 적은 서류를 제출하여야 한다. (○) 제34회

3 등록신청

1. 등록관청

① 중개사무소(법인은 주된 사무소) 관할 **시장 · 군수 · 구청장**

② '시'는 구가 설치되지 않아야 하며, 신청자의 주소지를 기준으로 하지 않음

③ '구'는 자치구, 비자치구를 모두 포함

2. 등록신청

(1) 등록신청서류

등록관청은 공인중개사자격증을 발급한 시 · 도지사에게 개설등록을 하려는 자의 **공인중개사자격 확인을 요청**하여야 하고, 「전자정부법」에 따라 행정정보의 공동이용을 통하여 **법인등기사항증명서, 건축물대장**을 확인하여야 한다.

제출서류(○)	제출서류(×)
① 실무교육 수료증 사본(전자확인 가능시 제외) ② 여권용 사진 ③ 사무소 확보 증명서류(단, 건축물대장 기재 전의 건물은 지연사유서 제출) ④ 결격사유 미해당 증명서류(외국인) ⑤ 영업소 등기 증명서류(외국법인)	① 자격증 사본 ② 법인 등기사항증명서 ③ 건축물대장등본 ④ 결격사유 미해당 증명서류 ⑤ 보증설정증명서류

(2) 등록신청수수료

중개사무소 개설등록을 신청하는 자는 해당 중개사무소 소재지 관할 **지방자치단체의 조례**가 정하는 바에 따라 **수수료**를 납부하여야 한다.

넓혀 보기

지방자치단체의 조례에 의한 수수료 납부대상
1. 공인중개사자격시험에 **응시**하는 자 (시 · 도 조례)
2. 공인중개사자격증의 **재교부**를 신청하는 자 (〃)
3. 중개사무소의 개설**등록**을 신청하는 자 (시 · 군 · 구 조례)
4. 중개사무소등록증의 **재교부**를 신청하는 자 (〃)
5. 분사무소설치의 신고를 하는 자 (〃)
6. 분사무소설치신고확인서의 **재교부**를 신청하는 자 (〃)

(3) 종별변경 – 등록신청서 제출방식

등록신청서를 다시 제출 ⇨ 이 경우 종전에 제출한 서류 중 변동사항이 없는 서류는 제출하지 아니할 수 있으며, 종전의 등록증은 이를 반납하여야 한다.

(4) 휴업기간 및 업무정지기간 중의 등록신청

휴업기간 중에는 폐업신고 후 즉시 재등록이 가능하나, 업무정지기간 중에 폐업신고를 한 경우에는 결격사유에 해당되므로 그 기간 중 재등록이 불가하다.

4 등록처분

(1) 등록처분 및 통지

① **등록의 기속성**: 등록관청은 중개사무소 개설등록 신청이 다음의 어느 하나에 해당하는 경우를 제외하고는 개설등록을 해 주어야 한다.

㉠ **공인중개사 또는 법인이 아닌 자**가 중개사무소 개설등록을 신청한 경우
㉡ 중개사무소의 개설등록을 신청한 자가 **등록의 결격사유에 해당**하는 경우
㉢ 중개사무소 개설등록 **기준에 적합하지 아니한** 경우
㉣ 그 밖에 **이 법** 또는 **다른 법령**에 따른 제한에 위반되는 경우

② **등록통지**: 개업공인중개사의 종별에 따라 구분하여 개설등록을 하고, 개설등록 신청을 받은 날부터 7일 **이내에** 등록신청인에게 **서면으로 통지**하여야 한다.

(2) 등록사항 등의 협회통보

① **등록관청이 협회에 통보할 사항**(매월별 사항을 다음 달 10일까지)

㉠ **등록**증 교부사항
㉡ **등록**취소처분 · 업무정지처분 등 행정처분
㉢ 분사무소 설치**신고**사항
㉣ 중개사무소 이전**신고**사항
㉤ 고용**신고** · 고용관계 종료**신고**사항
㉥ 휴업 · 폐업 · 재개 · 변경**신고**사항

② **협회에 통보할 사항이 아닌 것**

㉠ 자격취소처분(시 · 도지사)
㉡ 자격정지처분(시 · 도지사)
㉢ 자격증 교부 · 재교부(시 · 도지사)
㉣ 등록증 재교부

OX 공인중개사인 개업공인중개사가 법인인 개업공인중개사로 업무를 하고자 개설등록신청서를 다시 제출하는 경우 종전의 등록증은 이를 반납하여야 한다. (○) 제35회

OX 등록관청은 개설등록을 하고 등록신청을 받은 날부터 7일 이내에 등록신청인에게 서면으로 통지해야 한다. (○) 제29회

OX

1. 공인중개사협회는 매월 중개사무소의 등록에 관한 사항을 중개사무소등록 · 행정처분등통지서에 기재하여 다음 달 10일까지 시 · 도지사에게 통보하여야 한다. (×) 제35회
2. 등록관청이 중개사무소등록증을 재교부한 때에는 공인중개사협회에 통보하여야 한다. (×) 제29회

5 보증설정, 등록증 교부, 업무개시

(1) 보증설정

① 업무를 시작하기 전에 보증설정을 하고, 등록관청에 신고하여야 한다.

② 보증기관이 보증사실을 등록관청에 직접 통보한 경우 신고를 생략할 수 있다.

(2) 등록증의 교부

① 등록관청은 등록대장에 그 등록에 관한 사항을 기록한 후 **지체 없이** 등록증을 교부해야 한다.

② 등록관청은 등록증을 교부하기 전에 보증의 설정 여부를 확인해야 한다.

(3) 등록증의 재교부

① **분실 · 훼손으로 인한 재교부**: 등록증 · 변경사항 증명서류 첨부(×)

② **기재사항 변경**(사무소 명칭 · 대표자의 변경)**으로 인한 재교부**: 등록증재교부신청서에 종전의 등록증과 변경사항을 증명하는 서류를 첨부

③ **재교부에 의한 종별변경**: 부칙 제6조 2항에 규정된 자가 자격을 취득하여 관할구역 안에서 공인중개사인 개업공인중개사로서 업무를 계속하고자 하는 경우 등록증재교부신청서에 종전 등록증과 변경사항을 증명하는 서류를 첨부하여 등록증의 재교부를 신청하여야 한다.

(4) 업무개시

① 등록증을 교부하기 전에 업무를 개시하면 등록증 게시의무나 보증설정의무를 위반하게 되므로 등록증 교부 후에 업무를 개시하여야 한다.

② 중개사무소 개설등록 후 **3개월을 초과하도록 업무를 개시하지 못할 사유**가 있는 경우에는 **휴업신고**를 하여야 한다.

OX

1. 국토교통부장관은 중개사무소의 개설등록을 한 자에 대하여 국토교통부령이 정하는 바에 따라 중개사무소등록증을 교부해야 한다. (×) 제28회
2. 등록관청은 중개사무소등록증을 교부하기 전에 개설등록을 한 자가 손해배상책임을 보증하기 위한 조치(보증)를 하였는지 여부를 확인해야 한다. (○) 제28회
3. 등록증을 잃어버리거나 못 쓰게 된 경우에는 시 · 도지사에게 재교부를 신청한다. (×) 제26회

03 이중등록 등, 등록의 실효, 무등록중개업

1 이중등록 · 이중소속 및 등록증의 양도 · 대여

(1) 이중등록 금지

① **내용**: 개업공인중개사는 이중으로 등록을 하여 중개업을 **할 수 없다.**

② **이중등록의 형태**

㉠ 중개사무소 개설등록을 한 개업공인중개사가 등록관청을 같이하여 또는 달리하여 또다시 중개사무소 개설등록을 한 경우

㉡ 중개사무소 개설등록을 한 개업공인중개사가 종별을 같이하여 또는 달리하여 또다시 중개사무소 개설등록을 한 경우

㉢ 종전의 중개사무소를 폐쇄하였으나 폐업신고를 하지 아니한 개업공인중개사가 또다시 중개사무소 개설등록을 한 경우

③ **위반시 제재**: **필요적(절대적) 등록취소사유** + 1년 / 1천

OX

1. A군에서 중개사무소 개설등록을 하여 중개업을 하고 있는 자가 다시 A군에서 개설등록을 한 경우, 이중등록에 해당한다. (○) 제27회
2. B군에서 중개사무소 개설등록을 하여 중개업을 하고 있는 자가 다시 C군에서 개설등록을 한 경우, 이중등록에 해당한다. (○) 제27회

(2) 이중소속 금지

① **내용**: **개업공인중개사 등**(개업공인중개사, 소속공인중개사, 중개보조원, 법인의 사원 · 임원)은 다른 개업공인중개사의 소속공인중개사 · 중개보조원 또는 개업공인중개사인 법인의 사원 · 임원이 **될 수 없다.**

② **위반시 제재**

구 분		행정처분	행정형벌
개업공인중개사		필요적 등록취소사유	1년 / 1천
소속 공인중개사	평상시	자격정지사유	1년 / 1천
	자격정지 중	자격취소사유	1년 / 1천
중개보조원		—	1년 / 1천

OX

1. 개업공인중개사는 다른 개업공인중개사의 중개보조원 또는 개업공인중개사인 법인의 사원 · 임원이 될 수 없다. (○) 제30회
2. 이중소속의 금지에 위반한 경우 1년 이하의 징역 또는 1천만원 이하의 벌금형에 처한다. (○) 제27회

(3) 등록증의 양도 · 대여 금지

① **등록증의 양도 · 대여행위의 금지**

㉠ 개업공인중개사는 다른 사람에게 **자기의 성명** 또는 **상호**를 사용하여 중개업무를 하게 하거나 자기의 **등록증**을 **양도** 또는 **대여**하는 행위를 하여서는 아니 된다.

㉡ 위반시 제재: **필요적 등록취소사유** + 1년 / 1천

② **등록증을 양수 · 대여받는 행위의 금지**

㉠ 누구든지 다른 사람의 **성명** 또는 **상호**를 사용하여 중개업무를 하거나 다른 사람의 **등록증**을 **양수** 또는 **대여받아** 이를 사용하는 행위를 하여서는 아니 된다.

㉡ 위반시 제재: 1년 / 1천

③ **등록증 대여 등의 알선 금지**

㉠ 누구든지 등록증 양도 또는 대여 및 양수 · 대여받아 사용 행위를 알선하여서는 아니된다.

㉡ 위반시 제재: 1년 / 1천

④ **양도 · 대여의 판단기준**: 개업공인중개사의 중개행위 수행 여부는 **형식적 기준으로 판단할 것이 아니라 실질적 기준으로 판단**하여야 한다. 따라서 실질적인 중개업무는 다른 사람이 하고, 개업공인중개사가 거래계약서나 확인 · 설명서에 서명 및 날인하는 형식만 갖추었다면 등록증의 양도 또는 대여행위에 해당한다.

2 등록의 실효

(1) 개업공인중개사의 사망, 법인의 해산

사망 · 해산은 등록취소사유이면서 실효사유이므로 등록의 효력은 사망이나 해산시에 소멸한다. 다만, 법인의 대표가 사망하더라도 등록의 효력이 소멸하지 않는다.

(2) 폐업신고

사실상 폐업이 아닌 폐업신고를 한 경우 등록의 효력이 소멸한다.

(3) 등록취소처분

등록취소사유의 발생만으로는 등록의 효력이 소멸하지 않으며, 등록취소처분이 있어야 등록의 효력이 소멸한다.

3 무등록중개업

(1) 무등록중개업의 유형

① 등록을 하지 아니한 자로서 중개업무를 행하는 자

② 사망 · 해산 후 등록취소 전에 중개업을 계속하는 자

③ 폐업신고를 하고 계속해서 중개업무를 행하는 자

④ 등록이 취소된 후 계속해서 중개업무를 행하는 자

❶ 개업공인중개사가 업무정지기간 중에 중개업무를 본 경우나 휴업기간 중에 중개업무를 본 경우라도 제재의 대상이 될 뿐 무등록중개업에 해당하지는 않는다.

(2) 무등록중개행위의 효력

① 중개사무소의 개설등록은 중개업을 영위하기 위한 적법요건일 뿐 유효요건은 아니므로 무등록중개행위로 인한 거래당사자 간의 **거래계약의 효력은 유효**하다.

② 무등록중개업자와 중개의뢰인 간 체결된 보수약정은 **전부 무효**이다.

(3) 무등록업자에 대한 제재

행정처분은 없고, **3년** 이하의 징역 또는 **3천만원** 이하의 벌금형에 처한다.

판 례

1. **무등록중개업을 하면서 체결한 중개보수 지급약정의 효력**
공인중개사 자격이 없는 자가 중개사무소 개설등록을 하지 아니한 채 부동산중개업을 하면서 매매당사자와의 사이에 체결한 중개보수 지급약정은 강행규정에 위반되어 무효에 해당한다(대판 2008다75119).

2. **공인중개사 자격이 없는 자의 중개보수 지급약정이 무효인지 여부**
공인중개사 자격이 없는 자가 우연한 기회에 단 1회 타인 간의 거래행위를 중개한 경우 등과 같이 '중개를 업으로 한' 것이 아니라면 그에 따른 중개보수 지급약정이 강행법규에 위배되어 무효라고 할 것은 아니고, 다만 중개보수 약정이 부당하게 과다하여 민법상 신의성실 원칙이나 형평 원칙에 반한다고 볼만한 사정이 있는 경우에는 상당하다고 인정되는 범위 내로 감액된 보수액만을 청구할 수 있다(대판 2010다86525).

3. **무등록업자에 대한 중개의뢰행위의 처벌 여부**
비록 거래당사자가 무등록중개업자에게 중개를 의뢰하거나 미등기 부동산의 전매에 대하여 중개를 의뢰하였다고 하더라도, 「공인중개사법」의 처벌규정들이 중개행위를 처벌 대상으로 삼고 있을 뿐이므로 그 중개의뢰행위 자체는 위 처벌규정들의 처벌 대상이 될 수 없으며, 또한 위와 같이 중개행위가 중개의뢰행위에 대응하여 서로 구분되어 존재하여야 하는 이상, 중개의뢰인의 중개의뢰행위를 무등록중개업자의 중개행위와 동일시하여 중개행위에 관한 공동정범행위로 처벌할 수도 없다고 해석하여야 한다(대판 2013도3246).

OX 공인중개사 자격이 없는 자가 중개사무소 개설등록을 하지 아니한 채 부동산중개업을 하면서 거래당사자와 체결한 중개보수 지급약정은 무효이다. (○) 제26회

OX 무등록업자에게 중개를 의뢰한 거래당사자는 무등록업자의 중개행위에 대하여 무등록업자와 공동정범으로 처벌된다. (×) 제30회

04 등록의 결격사유 등

1 결격사유의 효과

(1) 중개업무 종사 전 ⇨ 등록신청 등의 제한

① 결격사유에 해당하는 자는 등록을 받을 수 없다.

② 법인의 임원 · 사원이 결격사유에 해당하면 법인인 개업공인중개사로 등록을 받을 수 없다.

③ 결격사유에 해당하는 자는 고용인(소속공인중개사 · 중개보조원) 또는 법인인 개업공인중개사의 분사무소 책임자, 법인인 개업공인중개사의 사원 · 임원 등도 될 수 없다.

(2) 중개업무 종사 중 ⇨ 행정처분 등

① 개업공인중개사 ⇨ **필요적 등록취소사유**

② 사원 · 임원, 고용인 ⇨ **2개월 이내 해소의무**

㉠ 법인인 개업공인중개사의 사원 · 임원이 결격사유에 해당된 경우 ⇨ 해당 사원 · 임원을 **2개월 이내에** 해소하여야 하며, 해소하지 아니한 경우 ⇨ **필요적 등록취소사유**

㉡ 고용인이 결격사유에 해당된 경우 ⇨ 해당 고용인을 **2개월 이내에** 해소하여야 하며, 해소하지 아니한 경우 ⇨ **업무정지처분사유**

(3) 결격사유 해당 여부의 조회

등록관청은 개업공인중개사 등이 결격사유의 어느 하나에 해당하는지 여부를 확인하기 위하여 관계 기관에 조회할 수 있다.

2 결격사유의 내용

(1) **미성년자**(만 19세 미만)

혼인을 하거나 법정대리인의 동의를 얻은 경우라도 결격사유에서 벗어나지 못한다.

(2) 피한정후견인 및 피성년후견인

① **피한정후견인**: 질병, 장애, 노령, 그 밖의 사유로 인한 정신적 제약으로 사무를 처리할 능력이 부족한 자로서 가정법원으로부터 **한정후견개시 심판**을 받은 자

② **피성년후견인**: 질병, 장애, 노령, 그 밖의 사유로 인한 정신적 제약으로 사무를 처리할 능력이 지속적으로 결여된 자로서 **성년후견개시 심판**을 받은 자

❶ **피특정후견인**은 정신적 제약으로 일시적 후원 또는 특정 사무에 대한 후원이 필요한 자로서 결격사유에 해당되지 않는다.

③ **후견종료심판**을 받아야 비로소 결격사유에서 벗어난다.

(3) 파산선고를 받고 복권되지 아니한 자

① 채무변제로 인한 **복권결정**이나 **면책결정**이 확정(법정복권)되면 결격 해소

② 사기파산의 죄에 관하여 유죄의 확정판결을 받음이 없이 **10년이 지나면** 결격사유에서 벗어난다.

(4) 금고 이상의 실형의 선고를 받고 그 집행이 종료(집행이 종료된 것으로 보는 경우를 포함)되거나 집행이 면제된 날부터 3년이 지나지 아니한 자

① **집행종료** ⇨ + 3년

㉠ **만기석방** ⇨ + 3년

㉡ **가석방** ⇨ 잔형기 + 3년

② **집행면제** ⇨ + 3년

㉠ **법률의 변경**으로 인한 집행면제 ⇨ + 3년

㉡ **형의 시효완성**으로 인한 집행면제 ⇨ + 3년

㉢ **특별사면**으로 인한 집행면제 ⇨ + 3년 / **일반사면** ⇨ 즉시

㉣ 외국에서 받은 형의 집행에 의한 면제 ⇨ + 3년

(5) 금고 이상의 형의 집행유예를 받고 그 유예기간이 만료된 날부터 2년이 지나지 아니한 자

① 금고 이상의 형의 집행유예를 받은 자가 **집행유예기간**을 무사히 지나면 형의 선고의 효력은 소멸되나, 추가적으로 2년이 지나야 결격사유에서 벗어나 중개업에 종사할 수 있다.

② 금고 이상의 형의 **선고유예**를 받은 자는 결격사유에 해당되지 않는다.

(6) 공인중개사법을 위반하여 300만원 이상의 벌금형 선고를 받고 3년이 지나지 아니한 자

① '**다른 법률**'에 위반하여 벌금형의 선고를 받은 경우에는 결격사유에 해당되지 않는다.

② 공인중개사법을 위반한 벌금형이라도 '**300만원 이상**'을 선고받아야 결격사유에 해당된다.

OX

1. 피특정후견인은 중개사무소의 등록을 할 수 없다. (×) 제32회
2. 개인회생을 신청한 후 법원의 인가 여부가 결정되지 않은 공인중개사는 등록의 결격사유에 해당된다. (×) 제24회

주의 금고 이상의 실형 선고나 집행유예의 경우에는 어떤 법률을 위반했느냐를 불문하고 결격사유에 해당된다.

OX 금고 이상의 실형의 선고를 받고 그 집행이 면제된 날부터 2년이 된 자는 등록의 결격사유에 해당된다. (○) 제33회

OX

1. 금고 이상의 형의 집행유예를 받고 그 유예기간이 만료된 날부터 2년이 지나지 아니한 자는 개설등록을 할 수 없다. (○) 제35회
2. 형의 선고유예를 받고 3년이 지나지 아니한 자는 등록의 결격사유에 해당된다. (×) 제29회

OX

1. 「집회 및 시위에 관한 법률」 위반으로 벌금형을 선고받고 3년이 지나지 않은 자는 등록의 결격사유에 해당된다. (×) 제23회
2. 공인중개사법을 위반하여 200만원의 벌금형의 선고를 받고 2년이 경과된 자는 결격사유에 해당된다. (×) 제30회, 제33회

③ 벌금형의 '**선고**'를 받아야 하므로 공인중개사법에 위반하였더라도 벌금형에 대한 '**선고유예**'를 받은 경우에는 결격사유에 해당하지 않는다.

④ 개업공인중개사가 고용인의 위법행위로 인하여 **양벌규정을 적용**받아 이 법에 의하여 **벌금형의 선고**를 받은 경우에는 결격사유의 적용이 없다(판례).

⑤ 공인중개사법상 행정형벌에 규정된 죄와 다른 죄의 경합범에 대하여 벌금형을 선고하는 경우에는 이를 **분리하여 선고**하여야 한다.

⑥ 공인중개사법 위반죄와 다른 죄의 경합범에 대하여 징역형을 선고하는 경우에는 중개사무소 개설등록 결격사유에 해당함이 분명하므로, 분리 선고하여야 한다고 볼 수 없다(대판 2021도14471).

OX 공인중개사의 자격이 취소된 후 4년이 된 자는 등록의 결격사유에 해당된다. (×) 제24회

(7) 공인중개사의 자격이 취소된 후 3년이 지나지 아니한 자

① 공인중개사 자격시험 **응시불가사유**에도 해당되므로 공인중개사가 될 수 없다.

② 공인중개사인 개업공인중개사의 자격취소는 등록취소를 불러온다. 그러나 등록취소는 자격취소를 불러오지는 않는다.

(8) 공인중개사의 자격이 정지된 자로서 자격정지기간 중에 있는 자

OX 개업공인중개사인 법인이 해산하여 그 등록이 취소된 경우 해당 법인의 대표자이었던 자는 3년간 등록의 결격사유에 해당된다. (×) 제28회

(9) 중개사무소의 개설등록이 취소된 후 3년이 지나지 아니한 자

① 원칙적으로 등록이 취소되면 3년간 결격사유에 해당되나, 예외적으로 결격사유를 유발하지 않는 등록취소사유는 다음과 같다.

㉠ 개업공인중개사의 **사망 · 법인의 해산**

㉡ **결격사유**(피한정후견 개시심판, 파산선고, 실형선고, 집행유예, 자격취소)

㉢ **등록기준 미달**(무허가건물로 사무소 이전, 실무교육 미수료 임원의 선임)

② 폐업신고 후 재등록을 한 개업공인중개사가 폐업신고 전의 위반행위로 등록취소처분을 받은 경우 3년에서 폐업기간을 공제한 기간 동안 결격사유에 해당된다.

(10) 업무정지처분을 받고 폐업신고를 한 자로서 업무정지기간이 지나지 아니한 자

폐업에도 불구하고 업무정지기간은 **진행되는** 것으로 **간주**하며, 폐업신고시부터 남은 업무정지기간 동안 결격사유에 해당된다.

(11) 업무정지처분을 받은 개업공인중개사인 법인의 업무정지의 사유가 발생한 당시의 사원 또는 임원이었던 자로서 해당 개업공인중개사에 대한 업무정지기간이 지나지 아니한 자

업무정지처분 당시가 아니라 업무정지 사유발생 당시의 사원 또는 임원이었던 자가 결격사유에 해당되며, 고용인이 아니라 사원 또는 임원이 업무정지기간 동안 결격사유에 해당된다.

(12) 사원 또는 임원 중 결격사유에 해당하는 자가 있는 법인

사원 또는 임원 중에 단 1명이라도 결격사유에 해당하는 경우에는 해당 법인이 결격사유에 해당된다.

OX 법인인 개업공인중개사의 업무정지사유 발생 후 업무정지처분을 받기 전에 그 법인의 임원으로 선임되었던 자는 등록의 결격사유에 해당된다. (×) 제22회

OX

1. 미성년자가 임원으로 있는 법인은 등록의 결격사유에 해당된다. (○) 제24회
2. 공인중개사 자격이 취소된 후 3년이 지나지 아니한 임원이 있는 법인은 결격사유에 해당된다. (○) 제31회

Chapter 04

중개영업활동

01 중개사무소

1 중개사무소의 설치

1. 중개사무소의 의의

① 중개사무소는 **등록관청** 및 **주택중개보수 조례**를 결정하는 기준이 된다.

② **휴업기간**이나 **업무정지기간** 중에도 중개사무소를 **유지**하고 있어야 한다.

③ 소유권이 있어야 할 필요가 없으며, 실질적 사용권한만 있으면 된다.

④ 중개업 전용의무규정이 없으므로 겸용(다른 용도로 사용)이 가능하다.

2. 중개사무소의 설치제한

(1) **관할구역 내의 설치원칙**

① **원칙**: 개업공인중개사는 등록관청의 **관할구역 안**에 중개사무소를 두어야 한다.

② **예외**: 법인인 개업공인중개사는 관할구역 외 지역에 분사무소를 설치할 수 있다.

(2) **이중사무소 설치금지원칙**(등록기준을 갖추지 못한 사무소도 포함)

① **원칙**: 개업공인중개사는 **1개의 중개사무소만을 둘 수 있다.**

② **예외**: 법인인 개업공인중개사의 경우에는 이중사무소 설치금지의 원칙에 예외를 인정하여 등록관청 관할구역 외의 지역에 여러 개의 분사무소를 설치할 수 있다.

③ **주의사항**: 1개의 중개사무소를 개설등록한 개업공인중개사가 다른 중개사무소를 두는 경우 그 중개사무소가 「건축법」상 사무실로 사용하기에 적합한 건물이 아니라고 하더라도 중개업을 영위하는 사무소에 해당하는 한 이중사무소설치금지규정의 위반죄가 성립한다고 한다(대판 2003도7508).

④ **위반시 제재**: **임의적(상대적) 등록취소사유 + 1년 / 1천**

OX 법인이 아닌 개업공인중개사는 그 등록관청의 관할구역 안에 1개의 중개사무소만 둘 수 있다. (○) 제32회

OX

1. 법인인 개업공인중개사는 등록관청에 신고하고 그 관할구역 외의 지역에 분사무소를 둘 수 있다. (○) 제30회
2. 공인중개사법을 위반하여 둘 이상의 중개사무소를 둔 경우 등록관청은 중개사무소의 개설등록을 취소할 수 있다. (○) 제26회

(3) 임시 중개시설물 설치금지

① **내용**: 천막 그 밖에 이동이 용이한 **임시 중개시설물**을 설치하여서는 아니 된다.

② **위반시 제재**: 임의적 등록취소사유 + 1년 / 1천

OX 소속공인중개사는 등록관청에 신고를 거쳐 천막, 그 밖에 이동이 용이한 임시 중개시설물을 설치할 수 있다. (×) 제33회

2 법인의 분사무소

1. 설치요건

(1) 개 요

① 분사무소는 법인인 개업공인중개사(특수법인 포함)만이 설치할 수 있다.

② 법인의 분사무소 설치는 임의적 사항이다.

(2) 설치요건

① **주된 사무소**의 소재지가 속한 시·군·구를 **제외한** 시·군·구별로 설치할 것

② 시·군·구별로 1개소를 **초과하여 설치하지 아니할 것**

③ **공인중개사**를 분사무소 **책임자**로 둘 것(특수법인은 적용 ×)

④ 분사무소의 책임자로 근무할 공인중개사가 **실무교육**을 수료할 것

⑤ 손해배상책임을 보장하기 위한 **2억원 이상의 보증을 추가**로 설정할 것

⑥ **건축물대장**(가설건축물대장 제외)에 기재된 건물에 **분사무소를 확보**할 것

OX

1. 법인이 아닌 개업공인중개사는 분사무소를 둘 수 없다. (○) 제26회, 제30회
2. 군(郡)에 주된 사무소가 설치된 경우 동일 군(郡)에 분사무소를 둘 수 있다. (×) 제31회
3. 다른 법률의 규정에 따라 중개업을 할 수 있는 법인의 분사무소에는 공인중개사를 책임자로 두지 않아도 된다. (○) 제32회
4. 법인인 개업공인중개사가 등록관청의 관할구역 외의 지역에 분사무소를 두기 위해서는 등록관청의 허가를 받아야 한다. (×) 제33회

2. 설치절차

(1) 설치신고 ⇨ 주된 사무소 소재지를 관할하는 등록관청

등록관청은 자격증 발급하는 시·도지사에게 분사무소 책임자의 **공인중개사 자격 확인**을 요청하여야 하고, 「전자정부법」에 따라 행정정보의 공동이용을 통하여 **법인등기사항증명서, 건축물대장**을 확인하여야 한다.

① **첨부서류**

㉠ 분사무소 책임자의 실무교육 수료확인증 사본

㉡ 보증설정 증명서류

㉢ 건축물대장에 기재된 건물에 분사무소를 확보하였음을 증명하는 서류(소유·전세·임대차 또는 사용대차 등의 방법에 의하여 사용권을 확보). 다만, 건축물대장에 기재되지 아니한 건물에 분사무소를 확보하였을 경우에는 건축물대장 기재가 지연되는 사유를 적은 서류도 함께 내야 한다.

② **수수료 납부**: 해당 **지방자치단체**(주사무소 기준)의 **조례**가 정하는 바에 따라 수수료를 납부하여야 한다.

OX

1. 개업공인중개사가 분사무소를 설치하기 위해서는 등록관청으로부터 인가를 받아야 한다. (×) 제31회
2. 법인인 개업공인중개사가 분사무소를 설치하려는 경우 분사무소 소재지의 시장·군수 또는 구청장에게 신고해야 한다. (×) 제26회
3. 분사무소의 설치신고를 하려는 자는 법인등기사항증명서를 제출해야 한다. (×) 제25회

(2) **신고확인서의 교부 및 통보**

① **신고확인서의 교부**(7일 이내) : 그 신고내용이 적합한 경우

② **통 보**

㉠ 그 **분사무소 설치예정지역을 관할하는 시장 · 군수 또는 구청장**에게 지체 없이 통보하여야 한다.

㉡ 공인중개사협회에 **다음 달 10일까지** 통보하여야 한다.

OX 분사무소의 설치신고를 받은 등록관청은 그 신고내용이 적합한 경우에는 국토교통부령이 정하는 신고확인서를 교부해야 한다. (○) 제25회

(3) **신고확인서의 재교부**

① 신고확인서를 분실 · 훼손했거나 기재사항이 변경되어 재교부를 받으려면 **신고확인서재교부신청서**를 **등록관청**에 제출하여야 한다.

② 이 경우 **지방자치단체의 조례**가 정하는 바에 따라 **수수료**를 납부해야 한다.

3 **중개사무소의 공동사용**(공동사무소)

(1) **의 의**

개업공인중개사는 다른 개업공인중개사와 중개사무소를 **공동 사용할 수 있다**.

OX 다른 법의 제한이 없는 경우 법인인 개업공인중개사는 종별이 다른 개업공인중개사와 공동으로 중개사무소를 사용할 수 있다. (○) 제21회

(2) **설치요건 및 주의사항**

① 개업공인중개사의 **종별을 혼합**하여 공동사무소를 설치할 수 있다.

② **등록관청이 서로 다른** 개업공인중개사 간에도 공동사무소를 설치할 수 있다.

③ **공동사무소 설치신고** 및 **중개사무소 공동사용신고**는 규정된 바가 없다.

(3) **설치방법**

공동으로 사용하고자 하는 개업공인중개사는 **등록신청** 또는 **이전신고**를 하는 때에 그 중개사무소를 사용할 권리가 있는 **다른 개업공인중개사의 승낙서**를 첨부하여야 한다.

OX 개업공인중개사가 중개사무소를 공동으로 사용하려면 중개사무소의 개설등록 또는 이전신고를 할 때 그 중개사무소를 사용할 권리가 있는 다른 개업공인중개사의 승낙서를 첨부해야 한다. (○) 제32회

(4) **업무정지기간 중 공동사용 제한**

업무정지개업공인중개사는 다음의 방법으로 다른 개업공인중개사와 중개사무소를 공동으로 사용할 수 없다.

① 업무정지개업공인중개사가 **다른 개업공인중개사에게** 중개사무소의 공동사용을 위하여 **승낙서를 주는 방법**. 다만, 업무정지개업공인중개사가 영업정지 처분을 받기 전부터 중개사무소를 공동사용 중인 다른 개업공인중개사는 제외한다.

OX

1. 업무정지기간 중에 있는 개업공인중개사는 중개사무소의 이전신고를 하는 방법으로 다른 개업공인중개사의 중개사무소를 공동으로 사용할 수 없다. (○) 제34회
2. 분사무소의 설치는 업무정지기간 중에 있는 다른 개업공인중개사의 중개사무소를 공동으로 사용하는 방법으로는 할 수 없다. (○) 제26회

② 업무정지개업공인중개사가 다른 개업공인중개사의 중개사무소를 공동으로 사용하기 위하여 **중개사무소의 이전신고를 하는 방법**

(5) **운영 – 개별적 운영의 원칙**

① 공동사무소의 구성개업공인중개사는 중개업무에 사용할 인장의 등록, 업무보증의 설정, 게시사항의 이행 등을 각각 별도로 하여야 한다.

② 고용인 고용도 각각, 고용인의 업무상 행위로 인한 민・형사 책임도 각각 진다.

4 중개사무소의 이전

1. 개 요

① 전국 어디로나 이전 가능, 휴업기간・업무정지기간 중에도 이전 가능

② 부칙 제6조 2항에 규정된 자(중개인)도 전국 어디로나 이전 가능

③ 협회 통보 ⇨ 다음 달 10일까지

2. 중개사무소 이전절차

(1) **등록관청 관할지역 안에서의 이전절차**

① **중개사무소의 이전**

② **중개사무소의 이전신고**(10일 이내에)

㉠ 등록증

㉡ 중개사무소의 확보를 증명하는 서류

③ **등록증 재교부**: 등록관청은 등록증을 **재교부**하여야 한다. 다만, 관할지역 내로 이전한 경우 종전의 등록증에 **변경사항**을 **적어** 이를 **교부할 수 있다.**

(2) **등록관청 관할지역 밖으로의 이전절차**

① **중개사무소의 이전**

② **중개사무소의 이전신고**(10일 이내, 이전 후의 등록관청에)

㉠ 등록증

㉡ 중개사무소의 확보를 증명하는 서류

③ **등록증 재교부**: 등록관청은 등록증을 **재교부**하여야 한다. 다만, 이 경우에는 종전의 등록증에 **변경사항**을 **적어** 이를 **교부할 수 없다.**

OX 중개사무소를 이전한 때에는 이전한 날부터 10일 이내에 이전신고를 해야 한다. (○) 제28회

OX

1. 중개사무소를 등록관청의 관할지역 내로 이전한 경우 이전신고를 받은 등록관청은 중개사무소등록증에 변경사항만을 적어 교부할 수 없고 재교부해야 한다. (×) 제32회
2. 건축물대장에 기재되지 않은 건물로 이전신고를 하는 경우, 건축물대장 기재가 지연되는 사유를 적은 서류도 제출해야 한다. (○) 제32회
3. 중개사무소를 등록관청 관할지역 외의 지역으로 이전한 경우, 이전신고 전에 발생한 사유로 인한 개업공인중개사에 대한 행정처분은 이전 후 등록관청이 행한다. (○) 제28회

④ **서류송부 요청 및 송부**: 이전 전의 등록관청은 **지체 없이** 다음의 **관련 서류**를 **송부**하여야 한다.

> ㉠ 부동산중개사무소등록대장
> ㉡ 부동산중개사무소 개설등록신청서류
> ㉢ 최근 1년간의 행정처분서류 및 행정처분절차가 진행 중인 경우 그 관련서류

⑤ **주의사항**: 관할구역 외의 지역으로 이전한 경우에 있어서 **이전신고 전에 발생한 사유**로 인한 개업공인중개사에 대한 행정처분은 **이전 후의 등록관청**이 행한다.

OX
1. 법인인 개업공인중개사가 분사무소를 이전한 경우 이전 후의 분사무소를 관할하는 등록관청에 이전사실을 신고해야 한다. (×) 제26회
2. 분사무소 이전신고를 하려는 법인인 개업공인중개사는 중개사무소등록증을 첨부해야 한다. (×) 제28회

(3) 분사무소의 이전절차

① **분사무소의 이전**

② **분사무소의 이전신고**(10일 이내, 주사무소 등록관청에)
　㉠ 분사무소설치신고확인서
　㉡ 분사무소의 확보를 증명하는 서류

③ **신고확인서 재교부**: 등록관청은 **신고확인서**를 **재교부**하여야 한다. 다만, 관할지역 내로 이전한 경우 **신고확인서**에 **변경**사항을 **적어** 이를 **교부**할 수 있다.

④ **이전사실 통보**
　㉠ 신고를 받은 등록관청은 지체 없이 그 분사무소의 **이전 전** 및 **이전 후**의 소재지를 관할하는 시장 · 군수 · 구청장에게 이를 **통보**하여야 한다.
　㉡ 분사무소를 관할구역 밖으로 이전한 경우 관련서류를 송부할 필요가 없다.

OX 분사무소의 이전신고를 받은 등록관청은 그 분사무소의 이전 전 및 이전 후의 소재지를 관할하는 시장 · 군수 또는 구청장에게 그 사실을 통보해야 한다. (○) 제24회

02 게시의무 및 사무소 명칭 등

1 등록증 등의 게시의무

(1) 게시사항

① 중개사무소등록증 원본(법인의 분사무소는 분사무소설치 신고확인서 원본)
② 중개보수 · 실비의 요율 및 한도액표
③ 사업자등록증(부가가치세법 시행령)
④ 보증설정 증명서류
⑤ 공인중개사자격증 원본(개업공인중개사 및 소속공인중개사)

OX
1. 소속공인중개사가 있는 경우 소속공인중개사의 공인중개사자격증 사본은 게시사항에 해당된다. (×) 제31회
2. 법인인 개업공인중개사의 분사무소의 경우, 분사무소설치신고확인서 원본을 해당 분사무소 안의 보기 쉬운 곳에 게시해야 한다. (○) 제28회, 제32회
3. 개업공인중개사는 중개사무소 안에 실무교육이수증(수료증)을 게시해야 한다. (×) 제19회
4. 사업자등록증 원본은 게시사항에 해당된다. (○) 제31회

(2) 주의사항

① **실무교육수료증**은 이 법상 게시사항이 아니다.

② 등록증(분사무소는 신고확인서)과 자격증은 **원본**을 게시하여야 하며, **사본**을 게시하여서는 아니 된다.

③ 게시의무는 **개업공인중개사**에게 부과된 것이므로 소속공인중개사의 자격증도 개업공인중개사에게 게시의무가 부과된다.

(3) 위반시 제재

개업공인중개사가 게시의무를 위반한 경우에는 **100만원 이하의 과태료**에 처한다. 소속공인중개사의 자격증이 게시되지 아니한 경우도 개업공인중개사에게 과태료가 부과된다.

2 사무소의 명칭 등

(1) 사무소 명칭(가게 이름)에 법정문자 사용 및 금지의무

① 개업공인중개사는 그 사무소의 명칭에 '공인중개사사무소' 또는 '부동산중개'라는 문자를 사용하여야 한다.

② 중개인은 그 사무소의 명칭에 '공인중개사사무소'라는 문자를 사용하여서는 아니 된다.

OX 법인인 개업공인중개사는 그 사무소의 명칭에 '공인중개사사무소' 또는 '부동산중개'라는 문자를 사용해야 한다. (○) 제27회

(2) 개업공인중개사 아닌 자의 법정문자 사용금지의무

개업공인중개사가 아닌 자는 '공인중개사사무소', '부동산중개' 또는 이와 유사한 명칭을 사용하여서는 아니 된다.

(3) 옥외광고물에 성명표기의무

① 개업공인중개사가 옥외광고물을 설치하는 경우 중개사무소등록증에 표기된 개업공인중개사(법인의 경우에는 대표자, 법인 분사무소의 경우에는 신고필증에 기재된 책임자)의 성명을 표기하여야 한다.

② **주의사항**

㉠ 개업공인중개사의 옥외광고물 설치의무는 없다.
㉡ 사무소 명칭에 성명을 표기할 의무는 없다.
㉢ 옥외광고물에 연락처를 표기할 의무는 없다.

③ **성명 표기방법**

㉠ 개업공인중개사는 옥외광고물을 설치하는 경우 옥외광고물 중 벽면이용간판, 돌출간판 또는 옥상간판에 개업공인중개사의 성명을 인식할 수 있는 정도의 크기로 표기하여야 한다.

㉡ 글자의 크기는 인식할 수 있을 정도이면 충분하고, 구체적 규격이 규정되어 있지는 않다는 점을 주의하여야 한다.

(4) 위반시 제재 및 조치

① **100만원 이하의 과태료**

㉠ 개업공인중개사는 그 사무소의 명칭에 '공인중개사사무소' 또는 '부동산중개'라는 문자를 사용하지 아니한 경우

㉡ 중개인은 그 사무소의 명칭에 '공인중개사사무소'라는 문자를 사용한 경우

㉢ 개업공인중개사가 옥외광고물에 성명을 표기하지 아니하거나 허위로 표기한 경우

② **1년 이하의 징역 또는 1천만원 이하의 벌금**: 개업공인중개사 아닌 자가 '공인중개사사무소', '부동산중개' 또는 이와 유사한 명칭을 사용한 경우

③ **철거명령 및 대집행**: 등록관청은 규정을 위반한 사무소의 간판 등에 대하여 철거를 명할 수 있다. 이 경우 그 명령을 받은 자가 철거를 이행하지 아니하는 경우에는 「행정대집행법」에 의하여 대집행을 할 수 있다.

OX

1. 개업공인중개사는 의뢰받은 중개대상물에 대하여 표시 · 광고를 하려면 개업공인중개사, 소속공인중개사 및 중개보조원에 관한 사항을 명시해야 한다. (×) 제32회
2. 개업공인중개사는 의뢰받은 중개대상물에 대한 표시 · 광고에 중개보조원에 관한 사항을 명시해서는 아니된다. (○) 제33회
3. 중개사무소의 명칭을 명시하지 아니하고 중개대상물의 표시 · 광고를 한 자를 신고한 자는 포상금 지급대상에 해당한다. (×) 제28회
4. 인터넷을 이용하여 표시 · 광고를 하는 경우 중개사무소에 관한 사항은 명시하지 않아도 된다. (×) 제31회

3 중개대상물 표시 · 광고 관련의무

(1) 중개대상물의 표시 · 광고시 명시의무

① **모든 광고 매체에 공통적 명시의무**: 개업공인중개사가 의뢰받은 중개대상물에 대하여 표시 · 광고를 하려면 중개사무소, 개업공인중개사에 관한 사항으로서 다음의 사항을 명시하여야 하며, **중개보조원**에 관한 사항은 명시해서는 아니된다. 다만, 소속공인중개사에 관한 사항은 임의적 명시사항이며, 사업자등록번호는 명시사항에 포함되지 않는다는 점을 주의하여야 한다.

㉠ 중개사무소의 **명**칭
㉡ 중개사무소의 **소**재지
㉢ 중개사무소의 **연**락처
㉣ 중개사무소의 **등**록번호
㉤ 개업공인중개사의 **성**명(법인인 경우에는 대표자의 성명)

② **인터넷을 이용한 광고시 추가적 명시의무**: 개업공인중개사가 인터넷을 이용하여 중개대상물에 대한 표시·광고를 하는 때에는 상기 ①에서 정하는 사항 외에 중개대상물의 종류별로 대통령령으로 정하는 소재지, 면적, 가격 등의 사항을 명시하여야 한다. 추가적 명시사항은 다음과 같다.

> ㉠ **소**재지, **가**격, **면**적
> ㉡ 중개대상물 **종**류
> ㉢ 거래 형**태**
> ㉣ **건**축물 및 그 밖의 토지의 정착물인 경우 다음의 사항
> ⓐ **총** 층수
> ⓑ 관련 법률에 따른 **사**용승인·사용검사·준공검사 등을 받은 날
> ⓒ 건축물의 **방**향, **방** 개수, **욕**실 개수, **입**주가능일, **주**차대수 및 **관**리비

③ 중개대상물에 대한 상기 ① 및 ②에 따른 사항의 구체적인 표시·광고방법에 대해서는 국토교통부장관이 정하여 고시한다.

④ **위반시 제재**: 100만원 이하의 과태료사유

(2) 개업공인중개사 아닌 자의 표시·광고 금지의무

① **개업공인중개사가 아닌** 자는 중개대상물에 대한 표시·광고를 하여서는 아니 된다. 따라서 개업공인중개사가 아닌 소속공인중개사나 중개보조원은 중개대상물에 대한 표시·광고를 하여서는 아니 된다.

② **위반시 제재**: 1년 이하의 징역 또는 1천만원 이하의 벌금사유

(3) 개업공인중개사의 부당한 표시·광고 금지의무

① 개업공인중개사는 중개대상물에 대하여 다음의 어느 하나에 해당하는 부당한 표시·광고를 하여서는 아니 된다.

> ㉠ 중개대상물이 **존재하지 않아서 실제로 거래를 할 수 없는** 중개대상물에 대한 표시·광고
> ㉡ 중개대상물의 가격 등 내용을 **사실과 다르게 거짓으로** 표시·광고하거나 **사실을 과장되게** 하는 표시·광고
> ㉢ 그 밖에 표시·광고의 내용이 부동산거래**질서를 해치거나** 중개의뢰인에게 **피해를 줄 우려**가 있는 것으로서 **대통령령**으로 정하는 다음의 표시·광고
> ⓐ 중개대상물이 **존재하지만 실제로 중개의 대상이 될 수 없는** 중개대상물에 대한 표시·광고
> ⓑ 중개대상물이 **존재하지만 실제로 중개할 의사가 없는** 중개대상물에 대한 표시·광고

OX

1. 개업공인중개사가 아닌 자는 중개대상물에 대한 표시·광고를 해서는 안 된다. (○) 제28회
2. 중개보조원은 중개사무소의 명칭, 소재지 및 연락처, 자기의 성명을 명시하여 중개대상물에 대한 표시·광고를 할 수 있다. (×) 제26회
3. 개업공인중개사는 중개대상물이 존재하지 않아서 실제로 거래를 할 수 없는 중개대상물에 대한 광고와 같은 부당한 표시·광고를 해서는 아니 된다. (○) 제32회
4. 개업공인중개사는 중개대상물의 가격 등 내용을 과장되게 하는 부당한 표시·광고를 해서는 안 된다. (○) 제32회

ⓒ 중개대상물의 입지조건, 생활여건, 가격 및 거래조건 등 **중개대상물 선택에 중요한 영향을 미칠 수 있는 사실을 빠뜨리거나 은폐 · 축소하는** 등의 방법으로 소비자를 속이는 표시 · 광고

② 중개대상물에 대한 부당한 표시 · 광고의 세부적인 유형 및 기준 등에 관한 사항은 **국토교통부장관**이 정하여 **고시**한다.

③ **위반시 제재**: **500만원 이하의 과태료사유**

4 인터넷 표시 · 광고 모니터링

(1) 모니터링

OX 국토교통부장관은 인터넷을 이용한 중개대상물에 대한 표시 · 광고의 규정준수 여부에 관하여 기본 모니터링과 수시 모니터링을 할 수 있다. (○) 제32회

국토교통부장관은 인터넷을 이용한 중개대상물에 대한 표시 · 광고가 법 제18조의2의 규정(명시의무 · 광고금지의무 · 부당광고금지의무)을 준수하는지 여부를 **모니터링 할 수 있다.**

(2) 관련 자료의 제출요구 등

① **자료의 제출 요구**: **국토교통부장관**은 모니터링을 위하여 필요한 때에는 **정보통신서비스 제공자**에게 관련 자료의 제출을 요구할 수 있다. 이 경우 관련 자료의 제출을 요구받은 정보통신서비스 제공자는 정당한 사유가 없으면 이에 따라야 한다.

② **필요한 조치 요구**: **국토교통부장관**은 모니터링 결과에 따라 **정보통신서비스 제공자**에게 이 법 위반이 의심되는 표시 · 광고에 대한 확인 또는 추가정보의 게재 등 필요한 조치를 요구할 수 있다. 이 경우 필요한 조치를 요구받은 정보통신서비스 제공자는 정당한 사유가 없으면 이에 따라야 한다.

③ **위반시 제재**: **500만원 이하의 과태료사유**

(3) 모니터링 업무의 위탁

OX 국토교통부장관은 인터넷 표시 · 광고 모니터링 업무 수행에 필요한 전문인력과 전담조직을 갖췄다고 국토교통부장관이 인정하는 단체에게 인터넷 표시 · 광고 모니터링 업무를 위탁할 수 있다. (○) 제32회

① **국토교통부장관**은 중개대상물에 대한 표시 · 광고 **모니터링 업무**를 대통령령으로 정하는 다음에 해당하는 기관에 **위탁할 수 있다.**

㉠ 「공공기관의 운영에 관한 법률」에 따른 **공공기관**

㉡ 「정부출연연구기관 등의 설립 · 운영 및 육성에 관한 법률」에 따른 **정부출연연구기관**

㉢ **「민법」에 따라 설립된 비영리법인**으로서 인터넷 표시 · 광고 모니터링 또는 인터넷 광고 시장 감시와 관련된 업무를 수행하는 법인

㉣ **그 밖에** 인터넷 표시 · 광고 모니터링 업무 수행에 필요한 전문인력과 전담조직을 갖췄다고 **국토교통부장관이 인정하는 기관 또는 단체**

② **국토교통부장관**은 업무를 위탁하는 경우에는 위탁받는 기관 및 위탁업무의 내용을 고시해야 한다.

③ **국토교통부장관**은 업무위탁기관에 예산의 범위에서 위탁업무 수행에 필요한 **예산을 지원할 수 있다.**

(4) 모니터링의 내용, 방법, 절차 등

① **모니터링의 종류**: 모니터링 업무는 다음의 구분에 따라 수행한다.

㉠ 기본 모니터링: 모니터링 기본계획서에 따라 **분기별로 실시하는 모니터링**

㉡ 수시 모니터링: 법을 위반한 사실이 의심되는 경우 등 **국토교통부장관이 필요하다고 판단하여 실시하는 모니터링**

② **모니터링 계획서 제출**: 모니터링 업무 수탁기관(모니터링 기관)은 업무를 수행하려면 다음에 따라 **계획서**를 **국토교통부장관**에게 **제출**해야 한다.

㉠ 기본 모니터링 업무: **다음 연도**의 모니터링 기본계획서를 **매년 12월 31일까지** 제출할 것

㉡ 수시 모니터링 업무: 모니터링의 기간, 내용 및 방법 등을 포함한 계획서를 제출할 것

③ **결과보고서 제출**: 모니터링 기관은 해당 업무에 따른 **결과보고서**를 다음의 구분에 따른 기한까지 **국토교통부장관**에게 **제출**해야 한다.

㉠ 기본 모니터링 업무: **매 분기**의 마지막 날부터 30일 **이내**

㉡ 수시 모니터링 업무: 해당 모니터링 업무를 완료한 날부터 **15일 이내**

④ **조사 및 조치 요구**: 국토교통부장관은 제출받은 **결과보고서**를 시 · 도지사 및 등록관청 등에 **통보**하고 필요한 **조사 및 조치를 요구**할 수 있다.

⑤ **결과 통보**: **시 · 도지사** 및 **등록관청** 등은 요구를 받으면 신속하게 조사 및 조치를 완료하고, 완료한 날부터 10일 **이내에** 그 결과를 **국토교통부장관에게 통보**해야 한다.

⑥ 규정한 사항 외에 모니터링의 기준, 절차 및 방법 등에 관한 세부적인 사항은 **국토교통부장관**이 정하여 **고시**한다.

OX 인터넷을 이용한 중개대상물의 표시 · 광고 모니터링 업무 수탁기관은 기본계획서에 따라 6개월마다 기본 모니터링 업무를 수행한다. (×) 제31회

5 간판의 철거의무

(1) **간판 철거사유**(지체 없이 철거)

① 등록관청에 중개사무소의 **이**전사실을 신고한 경우

② 등록관청에 **폐**업사실을 신고한 경우

③ 중개사무소의 개설등록 **취**소처분을 받은 경우

❶ 휴업기간, 업무정지기간 중에는 간판철거의무가 없다.

(2) **불이행시 규제**

등록관청은 간판의 철거를 개업공인중개사가 이행하지 아니하는 경우에는 「행정대집행법」에 따라 **대집행**을 할 수 있다.

❶ 간판철거의무를 이행하지 아니한 경우 ⇨ 과태료처분(×)

OX
1. 개업공인중개사는 등록관청에 중개사무소의 이전사실을 신고한 경우 지체 없이 사무소의 간판을 철거해야 한다. (○) 제26회, 제32회
2. 개업공인중개사가 등록관청에 6개월을 초과하는 휴업신고를 한 경우에는 사무소의 간판을 지체 없이 철거하여야 한다. (×) 제25회, 제32회

OX 개업공인중개사가 폐업사실을 신고하고 중개사무소 간판을 철거하지 아니한 경우, 과태료 부과처분을 받을 수 있다. (×) 제31회

03 개업공인중개사의 업무범위

1 겸업범위

1. 법인인 개업공인중개사의 겸업범위

(1) **의 의**

법인인 개업공인중개사(중개법인)은 다른 법률에 규정된 경우(특수법인)를 제외하고는 **중개업** 및 **6가지의 법정업무** 외에 다른 업무를 영위할 수 없다.

(2) **겸업범위**

① **상가 및 주택의 임대관리 등 부동산 관리대행업**
공업용 · 농업용 건축물의 관리대행(×), 직접 부동산임대업(×)

② **부동산 이용 · 개발 · 거래(투자)에 관한 상담업**(컨설팅업)
개업공인중개사 · 일반인 대상(○), 직접 부동산개발업(×), 증권투자상담(×)

③ **개업공인중개사를 대상으로 한 중개업 경영정보의 제공업**(프랜차이즈업)
개업공인중개사 대상(○), 중개업 이외의 업종 대상(×)

④ **주택 및 상가의 분양대행업**
토지(주택용지)의 분양대행업(×), 분양업(×) / 규모의 제한 없음

⑤ **주거이전에 부수되는 용역의 알선업**(이사업체 · 도배업체 소개 등)
직접 용역업(×), 금융의 알선업(×)

OX
1. 법인인 개업공인중개사는 주택의 임대관리 및 부동산 임대업을 영위할 수 있다. (×) 제29회
2. 법인인 개업공인중개사는 금융의 알선을 할 수 있다. (×) 제31회
3. 법인인 개업공인중개사는 '중개업'과 '개업공인중개사를 대상으로 한 중개업의 경영기법 및 경영정보의 제공업무'를 함께 할 수 없다. (×) 제33회
4. 법인인 개업공인중개사는 주택용지의 분양대행을 할 수 있다. (×) 제31회
5. 법인인 개업공인중개사는 개업공인중개사를 대상으로 한 공제업무의 대행을 할 수 있다. (×) 제32회
6. 법인인 개업공인중개사는 「대법원규칙」으로 정하는 요건을 갖춘 경우, 법원에 등록하지 않고 경매대상 부동산의 매수신청대리를 할 수 있다. (×) 제25회

⑥ **「민사집행법」상 경매 · 「국세징수법」 등에 따른 공매대상 부동산에 대한 권리분석 및 취득의 알선 · 매수신청 대리업**

㉠ 법인인 개업공인중개사나 공인중개사인 개업공인중개사가 「민사집행법」에 의한 **경매 대상 부동산에 매수신청 또는 입찰신청의 대리**를 하고자 하는 때에는 「대법원규칙」으로 정하는 요건을 갖추어 **법원에 등록**을 하고 그 감독을 받아야 한다. 주의할 점은 경매 알선업만을 영위하거나 공매 알선 · 대리업을 영위하고자 하는 경우에는 법원에 등록을 하지 않아도 된다는 것이다.

㉡ 법 부칙 제6조 제2항에 따른 개업공인중개사(중개인)는 경매 · 공매 대상 부동산에 대한 알선 · 대리업을 영위할 수 없다.

⑶ **위반시 제재**

임의적 등록취소사유로서 법인인 개업공인중개사의 등록이 취소될 수 있다.

2. **특수법인**(다른 법률에 규정된 경우)**의 겸업범위**

근거법령에 의한 본래의 업무와 해당 법령에서 규정하는 부동산중개업을 겸업할 수 있으므로 해당 법령에서 인정하는 중개업 이외에 법인인 개업공인중개사의 6가지 업무를 추가로 할 수 있는 것은 아니다.

3. 개인인 개업공인중개사의 겸업범위

⑴ **공인중개사인 개업공인중개사**

① 중개업무를 주도적으로 수행하는 한 원칙적으로 겸업이 가능하다.

② 법률의 규정으로 금지하는 경우(공무원, 부동산매매업)에는 겸업이 불가하다.

③ 법인인 개업공인중개사에게 인정된 중개업 이외의 6가지 업무도 영위할 수 있다.

> **OX** 모든 개업공인중개사는 개업공인중개사를 대상으로 한 중개업의 경영기법의 제공업무를 겸업할 수 있다. (○) 제22회

⑵ **부칙 제6조 2항의 개업공인중개사**(중개인)

공인중개사인 개업공인중개사와 유사하다. 다만, 공인중개사인 개업공인중개사와는 달리 경매 · 공매 알선업 및 대리업은 「공인중개사법」상 금지되므로 이를 영위할 수 없다.

4. 겸업에 대한 보수

(1) 원 칙

공인중개사법령상 중개보수규정은 부동산중개업에 적용되는 규정이므로 부동산중개업 이외의 겸업에는 중개보수규정의 적용이 없다. 특히, 경매 대상 부동산에 대한 알선 · 대리업은 공인중개사법령상 중개보수규정이 아닌 「공인중개사의 매수신청대리인 등록 등에 관한 예규」상 보수규정에 따라야 한다.

(2) 예 외

중개업 이외의 겸업 중 **공매대상 부동산 취득의 알선**에 대해서는 공인중개사법령상 중개보수 제한에 관한 규정이 적용된다고 한다(대판 2017다243723).

OX
1. 공인중개사법령상 중개보수 제한규정들은 공매대상 부동산 취득의 알선에 대해서는 적용되지 않는다. (×) 제33회
2. 개업공인중개사는 중개대상물에 대한 거래계약이 완료되지 않을 경우에도 중개의뢰인과 중개행위에 상응하는 보수를 지급하기로 약정할 수 있고, 이 경우 공인중개사법령상 중개보수 제한규정들이 적용된다. (○) 제33회

판 례

중개보수 제한에 관한 규정들이 공매 알선에 대해서도 적용되는지 여부

부동산 중개보수 제한에 관한 공인중개사법령상의 규정들은 공매대상 부동산 취득의 알선에 대해서도 적용된다고 봄이 타당하다. 따라서 공인중개사가 중개대상물에 대한 계약이 완료되지 않을 경우에도 중개행위에 상응하는 보수를 지급하기로 약정할 수 있고, 이러한 보수는 계약이 완료되었을 경우에 적용되었을 부동산 중개보수 제한에 관한 공인중개사법령에 따른 한도를 초과할 수는 없다고 보아야 한다(대판 2017다243723).

2 업무의 지역적 범위

OX 개업공인중개사는 등록관청의 관할구역 외의 지역에 있는 중개대상물을 중개할 수 없다. (×) 제30회

(1) 법인 및 공인중개사인 개업공인중개사의 업무지역 – 전국

법인의 분사무소나 특수법인도 업무지역을 전국으로 볼 것이다.

(2) 법 제7638호의 부칙 제6조 2항의 개업공인중개사(중개인)의 업무지역

① **원칙**: 중개사무소가 소재하는 특별시 · 광역시 · 도의 관할구역으로 하며, 그 관할구역 안에 있는 중개대상물에 한하여 중개행위를 할 수 있다.

② **예외**: 다만, 부동산거래정보망에 가입하고 이를 이용하여 중개하는 경우에는 해당 정보망에 공개된 관할구역 외의 중개대상물에 대하여도 이를 중개할 수 있다.

③ **주의**: 중개인이 정보망에 가입하거나 공인중개사를 고용하거나 다른 개업공인중개사와 공동사무소를 두더라도 업무지역이 전국으로 확대되는 것은 아니다.

④ **위반시 제재**: 업무정지사유

04 개업공인중개사의 고용인

1 고용인의 의의 및 종류

(1) 의 의

개업공인중개사에게 고용되어 **중개업무**를 **수행**하거나 **중개업무**를 **보조**하는 자

(2) 종 류

① 소속공인중개사

② 중개보조원

■ 소속공인중개사와 중개보조원의 비교

구 분	소속공인중개사	중개보조원
고용인원제한	×	○
사전교육	실무교육	직무교육
연수교육	○	×
인장등록의무	○	×
중개업무 수행	○	×
서명 및 날인의무	○	×
품위유지 공정중개	○	×
부동산거래신고서 제출대행	○	×

❶ 공통점: **예**방교육, **금**지행위, **이**중소속, **비**밀준수, **결**격사유 (예금이비결)

OX

1. 중개보조원은 고용신고일 전 1년 이내에 실무교육을 받아야 한다. (×) 제28회
2. 중개보조원은 중개대상물 확인·설명서에 날인할 의무가 있다. (×) 제25회
3. 중개보조원은 외국인이어도 된다. (○) 제31회
4. 소속공인중개사는 개업공인중개사의 위임을 받아 부동산거래계약신고서의 제출을 대행할 수 있다. (○) 제31회

2 고용인의 고용 · 고용관계 종료

(1) 고용제한

① **중개보조원의 고용인원 제한**

㉠ 개업공인중개사가 고용할 수 있는 중개보조원 수는 개업공인중개사와 소속공인중개사를 합한 수의 5배를 초과하여서는 아니 된다.

㉡ 위반시 제재: 필요적 등록취소사유+1년/1천

② 개업공인중개사는 결격사유에 해당하는 자를 고용인으로 고용하여서는 아니 되며, 이미 고용한 고용인이라도 후일 결격사유에 해당되면 그 사유가 발생한 날부터 **2개월 이내**에 그 사유를 **해소**하여야 한다. 개업공인중개사가 이러한 의무를 위반하면 **업무정지처분**을 받을 수 있다.

OX 개업공인중개사가 고용할 수 있는 중개보조원의 수는 개업공인중개사와 소속공인중개사를 합한 수의 5배를 초과하여서는 아니 된다. (○) 제35회

③ 고용인의 결격사유로 인하여 개업공인중개사가 결격사유에 해당되는 것은 아니므로 결격사유에 해당된 고용인을 해고하지 않았더라도 개업공인중개사에게 등록취소사유가 발생하는 것은 아니다.

(2) 신고의무

① 고용신고

㉠ 개업공인중개사는 소속공인중개사 또는 중개보조원을 **고용**한 경우에는 소속공인중개사는 실무교육을, 중개보조원은 직무교육을 받도록 한 후 **업무개시 전까지** 등록관청에 **신고**하여야 하며, **전자문서**에 의한 **신고**도 가능하다. 이 경우 소속공인중개사 또는 중개보조원으로 **외국인**을 **고용**하는 경우에는 결격사유에 해당하지 아니함을 증명하는 서류를 첨부하여야 한다.

㉡ 소속공인중개사에 대한 고용신고를 받은 **등록관청**은 공인중개사자격증을 발급한 시 · 도지사에게 그 소속공인중개사의 **공인중개사 자격 확인을 요청**하여야 한다.

㉢ 고용신고를 받은 **등록관청**은 **결격사유 해당 여부**와 **실무교육 또는 직무교육 수료 여부**를 **확인**하여야 한다.

② **고용관계종료신고**: 개업공인중개사는 소속공인중개사 또는 중개보조원과의 **고용관계가 종료**된 때에는 고용관계가 종료된 날부터 10일 **이내에** 등록관청에 신고하여야 한다.

③ **협회 통보**: 소속공인중개사 또는 중개보조원의 **고용신고**나 고용관계 **종료신고**를 받은 등록관청은 **다음 달 10일까지** 공인중개사협회에 통보하여야 한다.

④ **위반시 제재**: 개업공인중개사가 소속공인중개사 또는 중개보조원의 고용신고나 고용관계 종료신고를 하지 아니한 경우에는 6개월 이하의 **업무정지처분**을 받을 수 있다.

(3) 중개보조원임을 고지할 의무

① 중개보조원은 현장안내 등 중개업무를 보조하는 경우 중개의뢰인에게 본인이 중개보조원이라는 사실을 미리 알려야 한다.

② **위반시 제재**: 중개의뢰인에게 본인이 중개보조원이라는 사실을 미리 알리지 아니한 사람 및 그가 소속된 개업공인중개사는 500만원 이하의 과태료에 처한다. 다만, 개업공인중개사가 그 위반행위를 방지하기 위하여 해당 업무에 관하여 상당한 주의와 감독을 게을리하지 아니한 경우는 제외한다.

OX

1. 개업공인중개사가 소속공인중개사를 고용한 경우 그 업무개시 후 10일 이내에 등록관청에 신고해야 한다. (×) 제26회, 제31회, 제35회
2. 소속공인중개사를 고용하려는 개업공인중개사는 고용 전에 미리 등록관청에 신고해야 한다. (×) 제34회
3. 개업공인중개사는 중개보조원을 고용한 경우, 등록관청에 신고한 후 업무개시 전까지 등록관청이 실시하는 직무교육을 받도록 해야 한다. (×) 제32회
4. 중개보조원의 고용신고는 전자문서에 의해서도 할 수 있다. (○) 제30회
5. 소속공인중개사에 대한 고용신고를 받은 등록관청은 공인중개사자격증을 발급한 시 · 도지사에게 그 자격 확인을 요청해야 한다. (○) 제26회, 제32회
6. 외국인을 소속공인중개사로 고용신고 하는 경우에는 그 공인중개사 자격을 증명하는 서류를 첨부해야 한다. (×) 제28회
7. 등록관청은 중개보조원의 고용신고를 받은 경우 이를 공인중개사협회에 통보하지 않아도 된다. (×) 제35회

3 고용인의 업무상 행위와 책임

(1) **민사책임**

① 고용인의 **업무상 행위**는 그를 고용한 개업공인중개사의 행위로 **본다.**

② 고용인이 중개업무(보조)를 수행함에 있어서 고의 또는 과실로 중개의뢰인에게 손해를 가한 경우 개업공인중개사는 중개의뢰인에게 발생한 손해를 배상하여야 한다.

③ 고용인의 '모든 행위'가 아닌 '**업무상 행위**'에만 적용되며, 업무상 행위는 '주관적 의사'가 아닌 '**외형상 · 객관적**'으로 판단한다.

④ 개업공인중개사에게 직접적인 고의 · 과실이 없더라도 중개의뢰인의 손해를 배상하도록 함으로써 「민법」보다 강력한 **무과실책임주의**를 채택하고 있다.

⑤ 개업공인중개사와 고용인의 손해배상책임 양자의 관계는 '**부진정연대채무관계**'에 있다. 개업공인중개사와 고용인에 대하여 공동 또는 선택적으로 손해배상을 청구할 수 있다.

⑥ 개업공인중개사가 배상을 한 경우 고용인에게 구상권을 행사할 수 있다.

OX
1. 중개보조원의 모든 행위는 그를 고용한 개업공인중개사의 행위로 본다. (×) 제22회
2. 중개보조원의 업무상 행위는 그를 고용한 개업공인중개사의 행위로 추정한다. (×) 제26회

(2) **형사책임**(양벌규정)

① **고용인 및 임원 · 사원**이 중개업무에 관하여 **행정형벌**(행정질서벌×)에 해당하는 위반행위를 한 때에는 그 행위자를 벌하는 외에 그 **개업공인중개사**에 대하여도 규정된 **벌금형**을 과한다.

② 양벌규정과 관련하여 개업공인중개사가 고용인의 위반행위를 방지하기 위하여 해당 업무에 관하여 **상당한 주의와 감독을 게을리하지 아니한 경우**에는 **벌금형을 면한다.**

③ 양벌규정은 '**이 법**'에 위반한 경우에 적용되나, '**다른 법률**'에 위반한 경우는 적용되지 않는다.

④ 개업공인중개사가 **양벌규정의 적용**으로 **벌금형**을 **선고**받아도 결격사유에 해당되지는 않으며, 따라서 등록이 취소되지도 않는다(판례).

⑤ 개업공인중개사는 고용인의 업무상 행위로 이 법에 따른 **징역형**을 선고받지는 않으므로 **자격이 취소**되는 경우는 없다.

⑥ 양벌규정으로 개업공인중개사에게 부과된 벌금형에 대해서는 고용인에게 **구상권을 행사할 수 없다.**

OX 소속공인중개사의 중개행위가 금지행위에 해당하여 소속공인중개사가 징역형의 선고를 받았다는 이유로 개업공인중개사도 해당 조(條)에 규정된 징역형을 선고받는다. (×) 제31회

OX 중개보조원의 업무상 행위가 법령을 위반하더라도 중개보조원에게 업무정지처분을 명할 수 있는 규정이 없다. (○) 제25회

(3) **행정책임**

고용인의 행위가 위법행위를 구성하여 행정처분사유(등록취소사유 · 업무정지사유)에 해당하면 그를 고용한 개업공인중개사의 **등록이 취소되거나 업무정지처분**을 받을 수 있다.

05 인장의 등록 및 사용의무

주의 공인중개사인 개업공인중개사나 중개인, 소속공인중개사는 「인감증명법」에 따라 신고한 인장으로 등록할 필요는 없다.

OX 중개보조원은 중개업무를 보조하기 위해 인장등록을 하여야 한다. (×) 제31회

1 인장등록의무

(1) **적용대상**: 개업공인중개사와 소속공인중개사(중개보조원 ×)

(2) **등록할 인장과 등록관청**

① **등록할 인장**

㉠ 개인인 개업공인중개사 및 소속공인중개사: 가족관계등록부나 주민등록표에 기재되어 있는 성명이 나타난 인장으로서 그 크기가 가로 · 세로 각각 7mm 이상 30mm 이내의 인장

㉡ 법인인 개업공인중개사(주사무소) : 「상업등기규칙」에 의해 신고한 법인의 인장(법인 인감도장)

㉢ 법인의 분사무소: 「상업등기규칙」에 따라 법인의 대표자가 보증하는 인장을 등록할 수 있다.

② **인장등록관청**

㉠ 개인인 개업공인중개사: 등록관청

㉡ 법인의 주된 사무소: 등록관청

㉢ 법인의 분사무소: 주사무소 소재지 관할 등록관청

(3) **등록시기**

① **최초**: 업무개시 전까지

② **개업공인중개사**: 등록신청시에 인장등록을 함께 할 수 있다.

③ **소속공인중개사**: 고용신고시에 인장등록을 함께 할 수 있다.

④ **변경시**: 변경일로부터 **7일 이내에** 변경등록하여야 한다.

(4) 등록방법

① 법인이 아닌 자(㉠ 공인중개사인 개업공인중개사, ㉡ 중개인, ㉢ 소속공인중개사)는 **인장등록신고서**에 인장을 날인하여 제출하면 된다.

② **개업공인중개사 : 등록신청서에 인장을 날인하여 제출할 수 있다.**

③ **소속공인중개사 : 고용신고서에 인장을 날인하여 제출할 수 있다.**

④ 이러한 인장등록은 **전자문서**에 의한 등록이 가능하다.

⑤ 법인인 **개업공인중개사는 인감증명서의 제출로 갈음한다.**

2 등록인장 사용의무

(1) 등록인장을 사용할 문서

문 서	서명 · 날인	개업 공인중개사	소속 공인중개사
일반중개계약서	서명 또는 날인	○	–
전속중개계약서	서명 또는 날인	○	–
확인 · 설명서	**서명 및 날인**	○	○
거래계약서	**서명 및 날인**	○	○
부동산거래신고서 등	서명 또는 날인	○	–

OX 공동중개의 경우 참여한 개업공인중개사 모두 거래계약서에 서명 또는 날인해야 한다. (×) 제28회

(2) **등록인장을 사용하지 않은 계약의 효력**: 거래계약의 효력에는 영향이 없다.

3 위반시 제재

(1) **개업공인중개사**: 업무정지처분사유

(2) **소속공인중개사**: 자격정지처분사유

06 휴업 · 폐업

1 휴 업

(1) **휴업신고**(전자문서×)

① **3개월을 초과**하는 휴업을 하고자 하는 때에는 신고서에 **등록증(분사무소는 신고확인서)을 첨부**하여 등록관청에 미리 신고하여야 한다.

② 휴업신고시에는 등록증을 첨부하므로 전자문서에 의한 신고가 불가하며, 휴업기간 판단에 있어서 **등록 후 업무를 개시하지 아니하는 경우**를 포함한다.

(2) **휴업관련 주의사항**

① 휴업기간 중이라도 등록기준을 갖추어야 하므로 **사무소**를 **유지**하여야 한다.

② 휴업기간 중이라도 이중소속은 불가하다.

③ 휴업기간 중에도 **폐업**, **폐업 후 재등록**, 중개**사무소 이전**이 가능하다.

④ 휴업기간 중에 **간판**을 **철거**하거나 **휴업사실**을 출입문에 **표시**할 의무는 없다.

2 휴업기간 및 변경

(1) **휴업기간**

휴업기간은 **6개월을 초과할 수 없다**. 다만, 다음의 경우에는 그러하지 아니하다.

① 질병으로 인한 **요양**

② 징집으로 인한 **입영**

③ **취학**

④ 임신 또는 출산

⑤ 그 밖에 ①~④까지의 규정에 준하는 부득이한 사유로서 국토교통부장관이 정하여 고시하는 사유

(2) **휴업기간 변경신고**(전자문서○)

① 휴업신고를 한 개업공인중개사는 휴업기간을 **변경하고자 하는 때에는** 신고서를 제출하여 등록관청에 미리 신고하여야 한다.

② 휴업기간 변경신고는 전자문서에 의한 신고가 가능하다.

③ 부득이한 사유가 없는 경우에도 **6개월 내**에서 휴업기간을 변경할 수 있다.

④ 휴업기간변경신고서에 **등록증(분사무소는 신고확인서)을 첨부하지 않는다**.

주의 법인의 분사무소는 주된 사무소와 별도로 휴업 및 폐업을 할 수 있고, 신고는 주된 사무소 소재지 관할 등록관청에 하여야 한다.

OX

1. 개업공인중개사가 3개월의 휴업을 하려는 경우 등록관청에 신고해야 한다. (×) 제32회
2. 휴업신고는 원칙적으로 휴업개시 후 휴업종료 전에 해야 한다. (×) 제29회
3. 법인인 개업공인중개사가 4개월간 분사무소의 휴업을 하려는 경우 휴업신고서에 그 분사무소설치 신고확인서를 첨부하여 분사무소의 휴업신고를 해야 한다. (○) 제35회

OX

1. 개업공인중개사가 6개월을 초과하여 휴업을 할 수 있는 사유는 취학, 질병으로 인한 요양, 징집으로 인한 입영에 한한다. (×) 제32회
2. 임신은 6개월을 초과하여 휴업할 수 있는 사유에 해당한다. (○) 제34회

OX 개업공인중개사가 휴업기간 변경신고를 하려면 중개사무소등록증을 휴업기간변경신고서에 첨부하여 제출해야 한다. (×) 제29회, 제32회, 제35회

3 중개업무의 재개

(1) **중개업 재개신고**(전자문서○)

① 개업공인중개사는 3개월을 초과하여 휴업한 부동산중개업을 재개하려는 경우에는 신고서를 제출하여 등록관청에 미리 신고하여야 한다.

② 중개업 재개신고는 전자문서에 의한 신고가 가능하며, 휴업기간 중에 재개하든 휴업기간이 만료되어 재개하든 중개업 재개신고를 하여야 한다.

(2) **등록증의 반환**

재개신고를 받은 등록관청은 등록증(분사무소는 신고확인서)을 개업공인중개사에게 즉시 **반환**하여야 한다.

OX

1. 재개신고를 받은 등록관청은 중개사무소등록증을 즉시 반환해야 한다. (○) 제27회
2. 재개신고는 휴업기간 변경신고와 달리 전자문서에 의한 신고를 할 수 없다. (×) 제32회

4 폐 업

(1) **폐업신고**(전자문서×)

개업공인중개사는 폐업을 하고자 하는 때에는 폐업신고서에 **등록증(분사무소는 신고확인서)을 첨부**하여 등록관청에 미리 신고하여야 한다.

(2) **폐업관련 주의사항**

① 개업공인중개사가 폐업신고 후 재등록 한 때에는 폐업신고 전의 개업공인중개사의 지위를 승계한다.

② 개업공인중개사가 사망한 경우 세대를 같이 했던 자의 폐업신고의무규정은 폐지되었다.

OX

1. 개업공인중개사가 중개사무소를 폐업하고자 하는 경우, 국토교통부장관에게 미리 신고하여야 한다. (×) 제31회
2. 개업공인중개사가 부동산중개업폐업신고서를 작성하는 경우에는 폐업기간, 부동산중개업휴업신고서를 작성하는 경우에는 휴업기간을 기재하여야 한다. (×) 제30회

5 휴업 · 폐업의 일괄신고

(1) **등록관청에 일괄신고**

휴업 · 폐업 · 재개 · 변경신고를 하려는 자가 「부가가치세법」에 따른 신고를 같이 하려는 경우에는 신고서에 「부가가치세법」에 따른 신고서를 함께 제출해야 한다. 이 경우 등록관청은 함께 제출받은 신고서를 지체 없이 관할 세무서장에게 송부(정보통신망을 이용한 송부를 포함)해야 한다.

(2) **세무서장에 일괄신고**

관할 세무서장이 「부가가치세법 시행령」에 따라 「공인중개사법」상 휴업 · 폐업등신고서를 받아 해당 **등록관청에 송부**한 경우에는 「공인중개사법」상 휴업 · **폐업등신고서가 제출된 것으로 본다**.

OX 관할 세무서장이 「부가가치세법 시행령」에 따라 공인중개사법령상의 휴업신고서를 함께 받아 이를 해당 등록관청에 송부한 경우에는 휴업신고서가 제출된 것으로 본다. (○) 제35회

6 기 타

(1) **법인의 분사무소의 경우**: 주된 사무소와 별도로 휴업 · 폐업 · 재개 · 변경신고를 할 수 있다

(2) **협회 통보**: 다음 달 10일까지

(3) **위반시 제재**

① **휴업 · 폐업 · 변경 · 재개신고의무 위반**: 100만원 이하의 과태료사유

② **신고하지 않고 6개월을 초과하여 휴업한 경우**: 임의적 등록취소사유

OX 등록관청은 개업공인중개사가 대통령령으로 정하는 부득이한 사유가 없음에도 계속하여 6개월을 초과하여 휴업한 경우 중개사무소의 개설등록을 취소할 수 있다. (○) 제35회

Chapter 05

중개계약 및 부동산거래정보망

01 중개계약

1 일반중개계약서 작성제도

(1) 일반중개계약서의 작성요청

① **중개의뢰인**은 중개의뢰내용을 명확하게 하기 위하여 필요한 경우에는 개업공인중개사에게 **일반중개계약서의 작성을 요청할 수 있다.**

② 임의규정이므로 중개의뢰인이 이의 작성을 반드시 요청해야 하는 것이 아니며, 개업공인중개사가 중개계약을 체결하는 경우 이를 반드시 작성해 주어야 하는 것도 아니다.

(2) 일반중개계약서의 서식

① **국토교통부장관**은 **일반중개계약**의 **표준이 되는 서식**을 정하여 개업공인중개사에게 그 **사용을 권장할 수 있으며**, 이에 따라 표준서식(법정서식)이 시행규칙에 마련되어 있다.

② 국토교통부장관의 권장사항에 불과하므로 개업공인중개사는 표준서식(법정서식)을 사용할 의무는 없으며, 임의서식을 사용하더라도 무방하다.

(3) 일반중개계약서의 기재사항

① 중개대상**물**의 위치 및 규모
② 거래예정**가**격
③ 거래예정가격에 대하여 법 제32조에 따라 정한 중개보**수**
④ 그 밖에 개업공인중개사와 중개의뢰인이 **준**수하여야 할 사항

OX 중개의뢰인은 동일한 내용의 일반중개계약을 다수의 개업공인중개사와 체결할 수 있다. (○) 제28회

OX
1. 일반중개계약을 체결하는 경우 국토교통부장관이 관련 법령에 의하여 정한 표준서식의 중개계약서를 사용해야 한다. (×) 제24회
2. 일반중개계약은 계약서의 작성 없이도 체결할 수 있다. (○) 제35회

OX 중개의뢰인은 일반중개계약서에 개업공인중개사가 준수해야 할 사항의 기재를 요청할 수 없다. (×) 제28회

(4) **법률관계**

① 중개의뢰인의 요청에 의해 개업공인중개사가 일반중개계약서를 작성한 경우라도 정보공개의무를 부담하지 않으며, 업무처리상황의 보고의무도 부담하지 않는다.

② 개업공인중개사가 작성하는 법정서식의 일반중개계약서에는 전속중개계약서와는 달리 일정기간 보관의무도 규정되어 있지 않다.

③ 일반중개계약서가 작성된 경우라도 개업공인중개사에게 독점권이 부여된 것은 아니므로 중개의뢰인이 다른 개업공인중개사에게 중복하여 중개의뢰하는 것은 가능하다.

OX

1. 개업공인중개사가 일반중개계약을 체결한 때에는 부동산거래정보망에 중개대상물에 관한 정보를 공개해야 한다. (×) 제28회, 제33회
2. 개업공인중개사가 일반중개계약을 체결한 때에는 중개의뢰인에게 2주일에 1회 이상 중개업무 처리상황을 문서로 통지해야 한다. (×) 제33회

■ 공인중개사법 시행규칙 [별지 제14호 서식] <개정 2014.7.29> (앞 쪽)

일 반 중 개 계 약 서

([ ] 매도 [ ] 매수 [ ] 임대 [ ] 임차 [ ] 그 밖의 계약( ))

※ 해당하는 곳의 [ ]란에 V표를 하시기 바랍니다.

중개의뢰인(갑)은 이 계약서에 의하여 뒤쪽에 표시한 중개대상물의 중개를 개업공인중개사(을)에게 의뢰하고 을은 이를 승낙한다.

1. 을의 의무사항
   을은 중개대상물의 거래가 조속히 이루어지도록 성실히 노력하여야 한다.
2. 갑의 권리·의무 사항
   1) 갑은 이 계약에도 불구하고 중개대상물의 거래에 관한 중개를 다른 개업공인중개사에게도 의뢰할 수 있다.
   2) 갑은 을이 「공인중개사법」(이하 "법"이라 한다) 제25조에 따른 중개대상물의 확인·설명의무를 이행하는 데 협조하여야 한다.
3. 유효기간
   이 계약의 유효기간은 년 월 일까지로 한다.
   ※ 유효기간은 3개월을 원칙으로 하되, 갑과 을이 합의하여 별도로 정한 경우에는 그 기간에 따른다.
4. 중개보수
   중개대상물에 대한 거래계약이 성립한 경우 갑은 거래가액의 ( )%(또는 원)을 중개보수로 을에게 지급한다.
   ※ 뒤쪽 별표의 요율을 넘지 않아야 하며, 실비는 별도로 지급한다.
5. 을의 손해배상 책임
   을이 다음의 행위를 한 경우에는 갑에게 그 손해를 배상하여야 한다.
   1) 중개보수 또는 실비의 과다수령 : 차액 환급
   2) 중개대상물의 확인·설명을 소홀히 하여 재산상의 피해를 발생하게 한 경우 : 손해액 배상
6. 그 밖의 사항
   이 계약에 정하지 않은 사항에 대하여는 갑과 을이 합의하여 별도로 정할 수 있다.

이 계약을 확인하기 위하여 계약서 2통을 작성하여 계약 당사자 간에 이의가 없음을 확인하고 각자 서명 또는 날인한 후 쌍방이 1통씩 보관한다.

년 월 일

계약자

중개의뢰인 (갑)	주소(체류지)		성명	(서명 또는 인)
	생년월일		전화번호	
개업 공인중개사 (을)	주소(체류지)		성명 (대표자)	(서명 또는 인)
	상호(명칭)		등록번호	
	생년월일		전화번호	

210mm×297mm[일반용지 60g/m^2(재활용품)]

(뒤 쪽)

※ 중개대상물의 거래내용이 권리를 이전(매도 · 임대 등)하려는 경우에는 「Ⅰ. 권리이전용(매도 · 임대 등)」에 적고, 권리를 취득(매수 · 임차 등)하려는 경우에는 「Ⅱ. 권리취득용(매수 · 임차 등)」에 적습니다.

Ⅰ. 권리이전용(매도 · 임대 등)

<table>
<tr><td>구 분</td><td colspan="7">[ ] 매도 [ ] 임대 [ ] 그 밖의 사항( )</td></tr>
<tr><td rowspan="2">소유자 및
등기명의인</td><td>성 명</td><td colspan="2"></td><td colspan="4">생년월일</td></tr>
<tr><td>주 소</td><td colspan="6"></td></tr>
<tr><td rowspan="5">중개대상물의 표시</td><td rowspan="2">건축물</td><td>소재지</td><td colspan="3"></td><td>건축연도</td><td></td></tr>
<tr><td>면 적</td><td>m²</td><td>구 조</td><td></td><td>용 도</td><td></td></tr>
<tr><td rowspan="2">토 지</td><td>소재지</td><td colspan="3"></td><td>지 목</td><td></td></tr>
<tr><td>면 적</td><td>m²</td><td>지역 · 지구 등</td><td></td><td>현재 용도</td><td></td></tr>
<tr><td colspan="7">은행융자 · 권리금 · 제세공과금 등(또는 월임대료 · 보증금 · 관리비 등)</td></tr>
<tr><td>권리관계</td><td colspan="7"></td></tr>
<tr><td>거래규제 및
공법상 제한사항</td><td colspan="7"></td></tr>
<tr><td>중개의뢰 금액</td><td colspan="7"></td></tr>
<tr><td>그 밖의 사항</td><td colspan="7"></td></tr>
</table>

Ⅱ. 권리취득용(매수 · 임차 등)

<table>
<tr><td>구 분</td><td colspan="2">[ ] 매수 [ ] 임차 [ ] 그 밖의 사항( )</td></tr>
<tr><td>항 목</td><td>내 용</td><td>세부 내용</td></tr>
<tr><td>희망물건의 종류</td><td></td><td></td></tr>
<tr><td>취득 희망가격</td><td></td><td></td></tr>
<tr><td>희망 지역</td><td></td><td></td></tr>
<tr><td>그 밖의 희망조건</td><td colspan="2"></td></tr>
</table>

첨부서류	중개보수 요율표(「공인중개사법」 제32조 제4항 및 같은 법 시행규칙 제20조에 따른 요율표를 수록합니다) ※ 해당 내용을 요약하여 수록하거나, 별지로 첨부합니다.

유의사항

[개업공인중개사 위법행위 신고안내]

개업공인중개사가 중개보수 과다수령 등 위법행위시 시 · 군 · 구 부동산중개업 담당 부서에 신고할 수 있으며, 시 · 군 · 구에서는 신고사실을 조사한 후 적정한 조치를 취하게 됩니다.

2 전속중개계약제도

1. 개 요

(1) 전속중개계약의 의의

전속중개계약이라 함은 중개의뢰인이 중개대상물의 중개를 의뢰하는 경우 **특정한 개업공인중개사를 정하여** 그 개업공인중개사에 **한정하여** 해당 중개대상물을 중개하도록 하는 중개계약을 말한다.

(2) 전속중개계약의 성격

① 전속중개계약의 체결은 임의적 사항이다. 그러나 전속중개계약이 체결된 이후에는 개업공인중개사와 중개의뢰인 모두에게 강력한 의무가 부과된다.

② 전속중개계약은 권리이전 중개의뢰인(매도·임대)뿐만 아니라 권리취득 중개의뢰인과(매수·임차)도 체결될 수 있으며, 매매뿐만 아니라 임대차와 관련된 전속중개계약의 체결도 가능하다.

2. 전속중개계약의 법률관계

(1) 유효기간

3개월로 한다. 다만, 당사자 간에 **다른 약정**이 있는 경우에는 그 약정에 따른다.

(2) 개업공인중개사의 의무

① 전속중개계약서 작성·보존의무

㉠ 국토교통부령이 정하는 전속중개계약서를 **사용**하여 **작성**하여야 한다.

㉡ 전속중개계약서를 3년 동안 **보존**하여야 한다.

② 정보공개의무

㉠ 정보의 공개: 전속중개계약 체결 후 **7일 이내에** 중개대상물에 관한 **정보**를 공개하여야 한다. 단, 중개의뢰인이 비공개를 요청한 경우 이를 공개하여서는 아니 된다.

㉡ 공개의 매체: **부동산거래정보망** 또는 **일간신문**(양자 택일). 다만, 정보망을 선택하는 경우에는 국토교통부장관으로부터 지정받은 정보망이어야 한다.

㉢ 공개사실 통지: 개업공인중개사는 **지체 없이** 중개의뢰인에게 **공개사실**을 문서로써 **통지**하여야 한다.

OX 특정한 개업공인중개사를 정하여 그 개업공인중개사에 한하여 중개대상물을 중개하도록 하는 계약이 전속중개계약이다. (○) 제27회

OX

1. 전속중개계약을 체결하면서 유효기간을 3개월 미만으로 약정한 경우 그 유효기간은 3개월로 한다. (×) 제35회
2. 개업공인중개사가 국토교통부령으로 정하는 전속중개계약서에 의하지 아니하고 전속중개계약을 체결한 행위는 업무정지사유에 해당하지 않는다. (×) 제33회
3. 중개의뢰인이 비공개를 요청하지 않은 경우, 개업공인중개사는 전속중개계약 체결 후 2주 내에 부동산에 관한 정보를 정보망 또는 일간신문에 공개해야 한다. (×) 제28회

㉣ 공개사항

ⓐ 중개대상물의 종류, 소재지, 지목 및 면적, 건축물의 용도 · 구조 및 건축연도 등 중개대상물을 특정하기 위하여 필요한 사항 ⓑ 벽면 및 도배의 상태 ⓒ 수도 · 전기 · 가스 · 소방 · 열공급 · 승강기, 오수 · 폐수 · 쓰레기 처리시설 등의 상태 ⓓ 도로 및 대중교통수단과의 연계성, 시장 · 학교 등과의 근접성, 지형 등 입지조건, 일조량 · 소음 · 진동 등 환경조건 ⓔ 소유권 · 전세권 · 저당권 · 지상권 및 임차권 등 중개대상물의 권리관계에 관한 사항. 다만, 각 권리자의 주소 · 성명 등 인적사항은 공개하여서는 아니 된다. ⓕ 공법상 이용제한 및 거래규제에 관한 사항 ⓖ 중개대상물의 거래예정금액 및 공시지가. 단, 임대차의 경우에는 공시지가를 공개하지 아니할 수 있다.

※참고 공개사항에 해당하지 않는 것 ⇨ 각 **권**리자의 인적사항, 취득관련 조**세**에 관한 사항, 중개보**수** 및 실비에 관한 사항은 공개사항에 해당하지 않는다. 또한 임대차의 경우에는 공시**지**가를 공개하지 아니할 수 있다.

③ **업무처리상황 통지의무**: 개업공인중개사는 중개의뢰인에게 **2주일에 1회** 이상 중개업무 처리상황을 문서로써 통지하여야 한다.

④ 개업공인중개사는 확인 · 설명의무를 성실히 이행하여야 한다.

(3) 중개의뢰인의 의무

① **위약금 지불의무**(중개보수에 해당하는 금액)

㉠ 유효기간 내에 **다른 개업공인중개사**에게 중개를 의뢰하여 거래한 경우

㉡ 유효기간 내에 개업공인중개사의 소개에 의하여 알게 된 상대방과 **개업공인중개사를 배제**하고 거래당사자 간에 직접 거래한 경우

② **소요비용 지불의무**(중개보수의 50%에 해당 금액의 범위 안에서): 전속중개계약 유효기간 내에 중개의뢰인이 **스스로 발견한 상대방**과 거래한 경우

③ **협조의무**: 개업공인중개사의 **확인 · 설명의무 이행**에 **협조**하여야 한다.

(4) 위반시 제재

임의적 등록취소사유	개업공인중개사가 중개대상물에 관한 정보를 공개하지 아니하거나 중개의뢰인의 비공개요청에도 불구하고 정보를 공개한 경우
업무정지사유	개업공인중개사가 전속중개계약서에 의하지 아니하고 전속중개계약을 체결하거나 전속중개계약서를 보존하지 아니한 경우

OX

1. 전속중개계약 체결 후 乙이 공개해야 할 X부동산에 관한 정보에는 도로 및 대중교통수단과의 연계성이 포함된다. (○) 제28회
2. 전속중개계약을 체결한 개업공인중개사는 각 권리자의 성명 · 주소 등 인적사항을 공개하여야 한다. (×) 제30회
3. 부동산에 대한 임대차계약을 위한 전속중개계약을 체결한 개업공인중개사는 해당 부동산의 공시지가를 부동산거래정보망 또는 일간신문에 공개하여야 한다. (×) 제30회

OX 개업공인중개사의 중개업무 처리상황에 대한 통지의무는 전속중개계약서의 서식에만 있는 기재사항이다. (○) 제31회

OX

1. 전속중개계약의 유효기간 내에 甲이 스스로 발견한 상대방과 거래한 경우, 甲은 乙에게 지급해야 할 중개보수 전액을 위약금으로 지급해야 한다. (×) 제33회, 제34회
2. 전속중개계약을 체결한 중개의뢰인이 그 유효기간 내에 스스로 발견한 제3자와 직접 매매계약을 체결한 경우 그 매매계약은 무효가 된다. (×) 제23회

■ 공인중개사법 시행규칙 [별지 제15호 서식] <개정 2021. 8. 27.>　　　　(앞 쪽)

전 속 중 개 계 약 서

([ ] 매도 [ ] 매수 [ ] 임대 [ ] 임차 [ ] 그 밖의 계약(　　　))

※ 해당하는 곳의 [ ]란에 V표를 하시기 바랍니다.

중개의뢰인(갑)은 이 계약서에 의하여 뒤쪽에 표시한 중개대상물의 중개를 개업공인중개사(을)에게 의뢰하고 을은 이를 승낙한다.

1. 을의 의무사항
   ① 을은 갑에게 계약체결 후 2주일에 1회 이상 중개업무 처리상황을 문서로 통지하여야 한다.
   ② 을은 이 전속중개계약 체결 후 7일 이내 「공인중개사법」(이하 "법"이라 한다) 제24조에 따른 부동산거래정보망 또는 일간신문에 중개대상물에 관한 정보를 공개하여야 하며, 중개대상물을 공개한 때에는 지체 없이 갑에게 그 내용을 문서로 통지하여야 한다. 다만, 갑이 비공개를 요청한 경우에는 이를 공개하지 아니한다. (공개 또는 비공개 여부:　　　　)
   ③ 법 제25조 및 같은 법 시행령 제21조에 따라 중개대상물에 관한 확인·설명의무를 성실하게 이행하여야 한다.
2. 갑의 권리·의무 사항
   ① 다음 각 호의 어느 하나에 해당하는 경우에는 갑은 그가 지불하여야 할 중개보수에 해당하는 금액을 을에게 위약금으로 지불하여야 한다. 다만, 제3호의 경우에는 중개보수의 50퍼센트에 해당하는 금액의 범위에서 을이 중개행위를 할 때 소요된 비용(사회통념에 비추어 상당하다고 인정되는 비용을 말한다)을 지불한다.
      1. 전속중개계약의 유효기간 내에 을 외의 다른 개업공인중개사에게 중개를 의뢰하여 거래한 경우
      2. 전속중개계약의 유효기간 내에 을의 소개에 의하여 알게 된 상대방과 을을 배제하고 거래당사자 간에 직접 거래한 경우
      3. 전속중개계약의 유효기간 내에 갑이 스스로 발견한 상대방과 거래한 경우
   ② 갑은 을이 법 제25조에 따른 중개대상물 확인·설명의무를 이행하는 데 협조하여야 한다.
3. 유효기간
   이 계약의 유효기간은　　　　년　　월　　일까지로 한다.
   ※ 유효기간은 3개월을 원칙으로 하되, 갑과 을이 합의하여 별도로 정한 경우에는 그 기간에 따른다.
4. 중개보수
   중개대상물에 대한 거래계약이 성립한 경우 갑은 거래가액의 (　)%(또는　　원)을 중개보수로 을에게 지급한다.
   ※ 뒤쪽 별표의 요율을 넘지 않아야 하며, 실비는 별도로 지급한다.
5. 을의 손해배상 책임
   을이 다음의 행위를 한 경우에는 갑에게 그 손해를 배상하여야 한다.
   1) 중개보수 또는 실비의 과다수령 : 차액 환급
   2) 중개대상물의 확인·설명을 소홀히 하여 재산상의 피해를 발생하게 한 경우 : 손해액 배상
6. 그 밖의 사항
   이 계약에 정하지 않은 사항에 대하여는 갑과 을이 합의하여 별도로 정할 수 있다.

이 계약을 확인하기 위하여 계약서 2통을 작성하여 계약 당사자 간에 이의가 없음을 확인하고 각자 서명 또는 날인한 후 쌍방이 1통씩 보관한다.

년　　월　　일

계약자

중개의뢰인(갑)	주소(체류지)		성명	(서명 또는 인)
	생년월일		전화번호	
개업 공인중개사(을)	주소(체류지)		성명 (대표자)	(서명 또는 인)
	상호(명칭)		등록번호	
	생년월일		전화번호	

(뒤 쪽)

※ 중개대상물의 거래내용이 권리를 이전(매도 · 임대 등)하려는 경우에는 「I. 권리이전용(매도 · 임대 등)」에 적고, 권리를 취득(매수 · 임차 등)하려는 경우에는 「II. 권리취득용(매수 · 임차 등)」에 적습니다.

I. 권리이전용(매도 · 임대 등)

<table>
<tr><td>구 분</td><td colspan="7">[ ] 매도 [ ] 임대 [ ] 그 밖의 사항( )</td></tr>
<tr><td rowspan="2">소유자 및
등기명의인</td><td>성 명</td><td colspan="2"></td><td colspan="4">생년월일</td></tr>
<tr><td>주 소</td><td colspan="6"></td></tr>
<tr><td rowspan="5">중개대상물의
표시</td><td rowspan="2">건축물</td><td>소재지</td><td colspan="3"></td><td>건축연도</td><td></td></tr>
<tr><td>면 적</td><td>m²</td><td>구 조</td><td></td><td>용 도</td><td></td></tr>
<tr><td rowspan="2">토 지</td><td>소재지</td><td colspan="3"></td><td>지 목</td><td></td></tr>
<tr><td>면 적</td><td>m²</td><td>지역 · 지구 등</td><td></td><td>현재 용도</td><td></td></tr>
<tr><td colspan="7">은행융자 · 권리금 · 제세공과금 등(또는 월임대료 · 보증금 · 관리비 등)</td></tr>
<tr><td>권리관계</td><td colspan="7"></td></tr>
<tr><td>거래규제 및
공법상 제한사항</td><td colspan="7"></td></tr>
<tr><td>중개의뢰 금액</td><td colspan="7">원</td></tr>
<tr><td>그 밖의 사항</td><td colspan="7"></td></tr>
</table>

II. 권리취득용(매수 · 임차 등)

<table>
<tr><td>구 분</td><td colspan="2">[ ] 매수 [ ] 임차 [ ] 그 밖의 사항( )</td></tr>
<tr><td>항 목</td><td>내 용</td><td>세부 내용</td></tr>
<tr><td>희망물건의 종류</td><td></td><td></td></tr>
<tr><td>취득 희망가격</td><td></td><td></td></tr>
<tr><td>희망 지역</td><td></td><td></td></tr>
<tr><td>그 밖의 희망조건</td><td colspan="2"></td></tr>
</table>

첨부서류	중개보수 요율표(「공인중개사법」 제32조 제4항 및 같은 법 시행규칙 제20조에 따른 요율표를 수록합니다) ※ 해당 내용을 요약하여 수록하거나, 별지로 첨부합니다.

유의사항

[개업공인중개사 위법행위 신고안내]
개업공인중개사가 중개보수 과다수령 등 위법행위시 시 · 군 · 구 부동산중개업 담당 부서에 신고할 수 있으며, 시 · 군 · 구에서는 신고사실을 조사한 후 적정한 조치를 취하게 됩니다.

■ 일반중개계약서와 전속중개계약서의 비교

서식 내용(앞면) ([ ]매도 [ ]매수 [ ]임대 [ ]임차 [ ]그 밖의 계약)		일 반	전속
개업 공인중개사 의무	업무처리상황 통지의무(2주일에 1회 이상)	×	○
	정보의 공개(7일 이내) 및 공개사실 통지의무	×	○
	확인 · 설명의무를 성실하게 이행하여야 ~	×	○
중개의뢰인 의무	위약금(보수 전액) 및 소요비용(50%↓) 지불의무	×	○
	개업공인중개사의 확인 · 설명의무 이행에 협조할 의무	○	○
유효기간	원칙 : 3개월 / 예외 : 별도의 약정	○	○
중개보수	거래가액의 ( )%, ( )원을 지급한다.	○	○
손해배상책임	1. 중개보수 또는 실비의 과다수령 : 차액 환급 2. 확인 · 설명 소홀로 재산상 피해 발생 : 손해액 배상	○	○
그 밖의 사항	이 계약에 정하지 않은 사항 : 별도로 정할 수 있다.	○	○
서명 또는 날인	중개의뢰인과 개업공인중개사가 각각 ~	○	○

서식 내용(뒷면 : 접수처리)			일 반	전속
권리이전용 (매도 · 임대)	소유자 및 등기명의인		○	○
	중개대상물의 표시	건축물(소 · 건 · 면 · 구 · 용) 토지(소 · 지 · 면 · 지 · 현) 은행융자 · 권리금 · 제세공과금 등 (또는 월임대료 · 보증금 · 관리비 등)	○	○
	권리관계		○	○
	거래규제 및 공법상 제한사항		○	○
	중개의뢰금액		○	○
	그 밖의 사항		○	○
권리취득용 (매수 · 임차)	희망물건의 종류		○	○
	취득 희망가격		○	○
	희망지역		○	○
	그 밖의 희망조건		○	○
첨부서류 : 중개보수 요율표(해당 내용을 요약 수록 · 별지 첨부)			○	○
유의사항 : 중개보수 과다수령 등 위법행위시 관할 부서에 신고 가능			○	○

OX

1. 개업공인중개사의 중개업무 처리상황에 대한 통지의무는 일반중개계약서와 전속중개계약서의 서식에 공통으로 기재된 사항이다. (×) 제31회
2. 표준서식인 일반중개계약서와 전속중개계약서에는 개업공인중개사가 중개보수를 과다수령시 그 차액의 환급을 공통적으로 규정하고 있다. (○) 제33회
3. 전속중개계약에 정하지 않은 사항에 대하여는 중개의뢰인과 개업공인중개사가 합의하여 별도로 정할 수 있다. (○) 제33회

OX

1. 개업공인중개사가 주택의 매수 또는 임차의뢰인과 일반중개계약을 체결한 경우 '소유자 및 등기명의인'은 일반중개계약서에 기재할 사항이다. (×) 제30회, 제33회
2. 첨부서류로서 중개보수 요율표는 일반중개계약서와 전속중개계약서의 서식에 공통으로 기재된 사항이다. (○) 제31회

02 부동산거래정보망

1 부동산거래정보망의 의의

부동산거래정보망이란 **개업공인중개사 상호 간**에 중개대상물의 중개에 관한 정보를 교환하는 체계를 말한다.

2 거래정보사업자의 지정

(1) 지정요건

「전기통신사업법」의 규정에 의한 부가통신사업자로서 다음의 요건을 갖추어야 한다. 다만, 법인인 개업공인중개사는 겸업제한으로 지정받을 수 없다.

① 정보망의 가입 · 이용신청을 한 개업공인중개사의 수가 **500명 이상**이고, **2개 이상**의 시 · 도에서 각각 **30인 이상**의 **개업공인중개사**가 가입 · 이용신청을 할 것

② **공인중개사** 1인 이상을 확보할 것

③ 정보처리기사 1인 이상을 확보할 것

④ 국토교통부장관이 정하는 용량 및 성능을 갖춘 컴퓨터 설비를 확보할 것

(2) 지정신청

지정신청서에 다음의 서류를 첨부하여 **국토교통부장관**에게 제출. 이 경우 담당공무원은 행정정보의 공동이용을 통하여 **법인등기사항증명서**(법인인 경우)를 **확인**하여야 한다.

> ① 개업공인중개사로부터 받은 **가입 · 이용신청서** 및 **등록증 사본**(500부 이상)
> ② 정보처리기사**자격증 사본**(1부 이상)
> ③ 공인중개사**자격증 사본**(1부 이상)
> ④ 주된 컴퓨터 용량 및 성능 등을 알 수 있는 서류
> ⑤ 부가통신사업신고서를 제출하였음을 확인할 수 있는 서류

(3) 지정 및 지정서 교부

국토교통부장관은 지정신청을 받은 때에는 **30일 이내에** 이를 검토하여 지정기준에 적합하다고 인정되는 경우에는 지정대장에 기재하고, 지정서를 교부하여야 한다.

OX
1. 「전기통신사업법」의 규정에 의한 부가통신사업자가 아니어도 국토교통부령으로 정하는 요건을 갖추면 거래정보사업자로 지정받을 수 있다. (×) 제35회
2. 거래정보사업자로 지정받으려는 자는 공인중개사의 자격을 갖추어야 한다. (×) 제35회

OX 거래정보사업자로 지정받기 위하여 신청서를 제출하는 경우 공인중개사자격증 원본을 첨부해야 한다. (×) 제24회

OX 국토교통부장관은 거래정보사업자 지정신청을 받은 날부터 14일 이내에 이를 검토하여 그 지정여부를 결정해야 한다. (×) 제24회

(4) 운영규정의 제정 · 승인

① 거래정보사업자는 지정받은 날부터 3개월 이내에 운영규정을 정하여 국토교통부장관의 승인을 얻어야 하며, 변경 또한 같다.

② 운영규정에 정할 내용

㉠ 부동산거래정보망에의 등록절차 ㉡ 자료의 제공 및 이용방법에 관한 사항 ㉢ 가입자에 대한 회비 및 그 징수에 관한 사항 ㉣ 거래정보사업자 및 가입자의 권리 · 의무에 관한 사항 ㉤ 그 밖에 부동산거래정보망의 이용에 관하여 필요한 사항

OX 거래정보사업자로 지정받으려는 자는 지정받기 전에 운영규정을 정하여 국토교통부장관의 승인을 얻어야 한다. (×) 제21회

(5) 거래정보망의 설치 · 운영

거래정보사업자로 지정받은 자는 정당한 사유가 있는 경우를 제외하고는 지정받은 날부터 1년 이내에 부동산거래정보망을 설치 · 운영하여야 한다.

부동산거래정보망의 이용과정

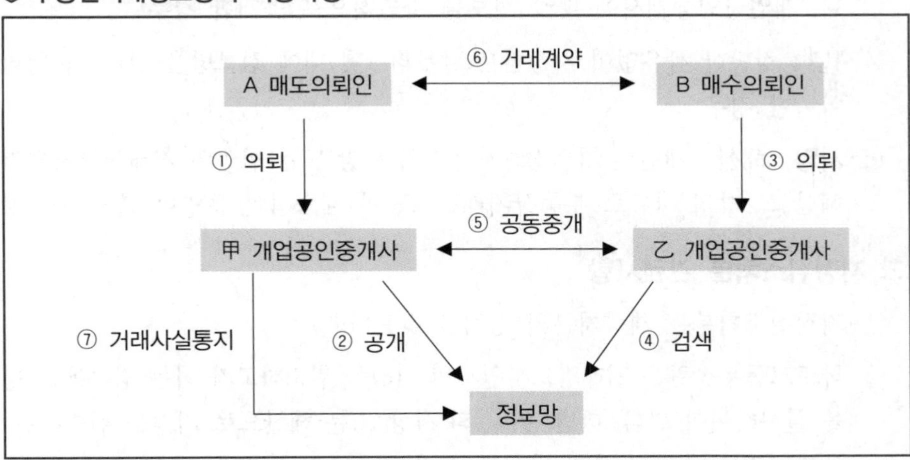

3 정보망의 운영 및 이용관련 의무

(1) 거래정보사업자의 운영관련 의무 ⇨ 위반시: 지정취소 + 1년/1천

① 개업공인중개사로부터 의뢰받은 정보에 **한정하여** 공개하여야 하며

② 의뢰받은 내용과 **다르게 정보를 공개**하거나

③ 어떠한 방법으로든지 개업공인중개사에 따라 정보가 **차별적으로 공개**되도록 하여서는 아니 된다.

OX 거래정보사업자는 개업공인중개사로부터 공개를 의뢰받은 중개대상물의 정보를 개업공인중개사에 따라 차별적으로 공개할 수 있다. (×) 제30회

OX 부동산거래정보망에 정보가 공개된 중개대상물의 거래가 완성된 경우 개업공인중개사는 3개월 이내에 해당 거래정보사업자에게 이를 통보하여야 한다. (×) 제35회

(2) **개업공인중개사의 이용관련 의무 ⇨ 위반시**: 업무정지처분사유

① 중개대상물에 관한 정보를 **거짓으로 공개**하여서는 아니 되며

② 거래가 완성된 때에는 **지체 없이** 거래정보사업자에게 **통보하여야** 한다.

4 거래정보사업자에 대한 행정처분

OX

1. 거짓이나 그 밖의 부정한 방법으로 거래정보사업자로 지정받은 경우 그 지정은 무효이다. (×) 제35회
2. 거래정보사업자가 정당한 사유 없이 지정받은 날부터 1년 이내에 부동산거래정보망을 설치·운영하지 아니한 경우에는 그 지정을 취소해야 한다. (×) 제26회
3. 거래정보사업자가 정당한 사유 없이 지정받은 날부터 6개월 이내에 부동산거래정보망을 설치하지 아니한 경우 지정취소 사유에 해당된다. (×) 제31회

(1) 지정취소사유

국토교통부장관은 다음의 경우 거래정보사업자의 **지정을 취소할 수 있다**.

① **부정지정**: 거짓이나 그 밖의 부정한 방법으로 지정을 받은 경우

② **운영규정 관련**: 운영규정의 승인 또는 변경승인을 받지 아니하거나 운영규정에 위반하여 부동산거래정보망을 운영한 경우

③ **부정공개**: 개업공인중개사로부터 공개를 의뢰받은 중개대상물의 정보 이외의 정보를 정보망에 공개하거나, 의뢰받은 내용과 다르게 정보를 공개하거나, 개업공인중개사에 따라 정보를 차별적으로 공개한 경우

④ **1년**: 정당한 사유없이 지정받은 날부터 1년 내에 정보망을 설치·운영하지 아니한 경우

⑤ **사망·해산**: 개인인 거래정보사업자의 사망 또는 법인인 거래정보사업자의 해산 그 밖의 사유로 부동산거래정보망의 계속적인 운영이 불가능한 경우

(2) 지정취소처분 관련사항

① 지정취소처분은 재량처분의 성격을 갖는다.

② **국토교통부장관**은 거래정보사업자의 지정을 취소하고자 하는 경우에는 **청문**을 실시하여야 한다. 다만, 위 ⑤의 **사망** 또는 **해산으로** 지정을 취소하는 경우에는 **청문을 실시하지 않아도 된다**.

OX 법인인 거래정보사업자의 해산으로 부동산거래정보망의 계속적인 운영이 불가능한 경우 국토교통부장관은 청문없이 그 지정을 취소할 수 있다. (○) 제35회

■ 거래정보사업자에 대한 제재 일반

위반행위	지정취소	500과	1년/1천
1. 부정한 방법으로 지정을 받은 경우	○		
2. 운영규정 관련(3가지)	○	○	
3. 부정공개 관련(3가지)	○		○
4. 1년 이내에 설치·운영하지 아니한 경우	○		
5. 사망·해산 등으로 계속적 운영 불가	○		
6. 감독상 명령 위반		○	

Chapter

06 개업공인중개사 등의 의무

01 개업공인중개사 등의 기본윤리

1 공정중개의무 등

(1) 품위유지 및 공정중개의무

① 개업공인중개사 및 소속공인중개사에게 적용되는 의무이다.

② 중개보조원에게는 적용되지 않는 의무규정이다.

(2) 선량한 관리자의 주의의무

① 「공인중개사법」 명문규정(×) 학설과 판례가 인정(○)

② 개업공인중개사가 주의의무를 게을리하면 과실에 의한 손해배상책임이 발생할 수 있다.

2 비밀준수의무

(1) 적용대상 및 준수기간

① **적용대상**: 개업공인중개사, 법인의 사원・임원, 소속공인중개사, 중개보조원

② **준수기간**: 그 업무를 **떠난 후에도** 준수하여야 한다.

(2) 내 용

개업공인중개사 등은 (이 법 및 다른 법률에 특별한 규정이 있는 경우를 제외하고는) 그 업무상 알게 된 비밀을 누설하여서는 아니 된다.

(3) 예 외

① **이 법에 의한 예외**: 확인・설명의무사항

② **다른 법률에 의한 예외**: 재판상 증언, 세무공무원의 조사・질문

③ **본인의 승낙이 있는 경우**: 위법성이 없다.

(4) 위반시 제재

① 1년 이하의 징역 또는 1천만원 이하의 벌금사유

② **반의사불벌죄**(고소가 없어도 처벌 가능, 피해자가 원하지 않으면 처벌 불가)

> **OX** 개업공인중개사가 그 업무상 알게 된 비밀을 누설한 경우 피해자의 명시한 의사에 반하여 벌하지 않는다. (○) 제32회

02 중개대상물 확인 · 설명의무

1 확인 · 설명의무(중개완성 전)

(1) 의의 및 특징

① **개업공인중개사**는 중개를 의뢰받은 경우 (중개완성 전에) 법정사항을 **확인**하여 이를 해당 중개대상물에 관한 권리를 취득**하고자 하는 중개의뢰인**에게 성실 · 정확하게 **설명**하고, 등기사항증명서 등 설명의 근거자료를 **제시**하여야 한다.

② **설명의 근거자료**: 토지대장, 건축물대장, 등기사항증명서, 지적도, 토지이용계획확인서 등(○) / 확인 · 설명서, 보증관계증서의 사본(×)

③ **설명의 상대방**: **권리취득중개의뢰인**(○) / 권리이전중개의뢰인(×)

④ 소속공인중개사나 중개보조원에게는 확인 · 설명의 의무가 없다. 다만, 소속공인중개사는 확인 · 설명할 권한은 있다.

⑤ **의무의 이행시기**: 중개완성 전

> **OX**
> 1. 개업공인중개사는 중개대상물에 대한 확인 · 설명을 중개가 완성된 후 해야 한다. (×) 제30회
> 2. 중개보조원은 중개의뢰인에게 중개대상물의 확인 · 설명의무를 진다. (×) 제30회

(2) 확인 · 설명사항

① **확인 · 설명사항**(기 · 상 · 지 · 권 · 공 · 세 · 거 · 수)

구 분		세부적 내용
기본적인 사항		중개대상물의 종류 · 소재지 · 지번 · 지목 · 면적 · 용도 · 구조 · 건축연도 등
상태	내 · 외부 시설상태	수도 · 전기 · 가스 · 소방 · 열공급 · 승강기설비 및 배수 등
	벽면상태	벽면 · 바닥면 및 도배의 상태
	환경조건	일조 · 소음 · 진동 등
입지조건		도로 및 대중교통수단과의 연계성, 시장 · 학교와의 근접성 등
권리관계		소유권 · 전세권 · 저당권 · 지상권 및 임차권 등
공법상 제한		토지이용계획, 공법상 거래규제 및 이용제한에 관한 사항
조세(취득관련)		권리를 취득함에 따라 부담하여야 할 조세의 종류 및 세율
거래예정금액		거래예정금액
중개보수 · 실비		중개보수 및 실비의 금액과 그 산출내역

> **OX**
> 1. 시장 · 학교와의 근접성 등 중개대상물의 입지조건은 개업공인중개사가 확인 · 설명해야 하는 사항에 해당한다. (○) 제28회
> 2. 주거용 건축물의 구조나 진동에 관한 확인 · 설명의무는 없다. (×) 제24회
> 3. 토지이용계획은 주거용 건축물 매매계약의 중개의뢰를 받은 개업공인중개사가 확인 · 설명해야 할 사항에 포함되지 않는다. (×) 제31회
> 4. 공법상의 거래규제에 관한 사항은 '확인 · 설명사항'과 '전속중개계약에 따른 공개해야 할 정보'에 공통적으로 해당된다. (○) 제32회

② **주택 임대차 중개시의 설명의무**

㉠ 개업공인중개사는 주택의 임대차계약을 체결하려는 중개의뢰인에게 다음 사항을 설명하여야 한다(법 제25조의3).

ⓐ 「주택임대차보호법」에 따라 확정일자부여기관에 정보제공을 요청할 수 있다는 사항

ⓑ 「국세징수법」 및 「지방세징수법」에 따라 임대인이 납부하지 아니한 국세 및 지방세의 열람을 신청할 수 있다는 사항

㉡ 주택 임대차 중개의 경우에만 설명할 사항(관 · 확 · 세 · 최 · 전 · 보)

구 분	세부적 내용
관리비	**관**리비 금액과 그 산출내역
임대인의 정보제시의무	임대차계약을 체결할 때 임대인은 다음 사항을 임차인에게 제시하여야 한다(「주택임대차보호법」 제3조의7). ㉠ 해당 주택의 **확**정일자 부여일, 차임 및 보증금 등 정보. 다만, 임대인이 임대차계약을 체결하기 전에 동의함으로써 이를 갈음할 수 있다. ㉡ 「국세징수법」에 따른 납**세**증명서 및 「지방세징수법」에 따른 납세증명서. 다만, 임대인이 임대차계약을 체결하기 전에 미납국세와 체납액의 열람 및 미납지방세의 열람에 각각 동의함으로써 이를 갈음할 수 있다.
최우선변제	소액보증금 중 일정액의 보호에 관한 사항
전입세대 확인	**전**입세대확인서의 열람 또는 교부에 관한 사항
임대보증금에 대한 보증	「민간임대주택에 관한 특별법」에 따른 임대보증금에 대한 보증에 관한 사항(중개대상물인 주택이 같은 법에 따른 민간임대주택인 경우만 해당한다)

(3) 중개대상물의 상태에 관한 자료요구권

① 개업공인중개사는 확인 · 설명을 위하여 필요한 경우에는 중개대상물의 **매도 · 임대의뢰인** 등에게 중개대상물의 **상태에 관한 자료를 요구할 수 있다.**

② 매도 · 임대의뢰인이 자료요구에 **불응**한 경우 그 **사실**을 매수 · 임차의뢰인에게 **설명**하고 확인 · 설명서에 **기재하**여야 한다.

OX 개업공인중개사는 임대의뢰인이 중개대상물의 상태에 관한 자료요구에 불응한 경우 그 사실을 중개대상물 확인 · 설명서에 기재할 의무가 없다. (×) 제29회

(4) 증표 제시요구권

개업공인중개사는 중개업무 수행을 위하여 필요한 경우 중개의뢰인(이전 · 취득)에게 주민등록증(모바일 주민등록증을 포함) 등 신분을 확인할 수 있는 증표를 제시할 것을 요구할 수 있다.

2 확인 · 설명서의 작성 · 교부 등의 의무(중개완성시)

(1) 작성 · 교부 · 보관의무

① **개업공인중개사**는 (중개가 완성되어 거래계약서를 작성하는 때에는) 확인 · 설명사항을 **서면**으로 **작성**하여 거래당사자에게 **교부**하고 그 원본, 사본 또는 전자문서를 **3년간 보존**하여야 한다. 다만, 확인 · 설명사항이 공인전자문서센터에 보관된 경우에는 그러하지 아니하다.

② 소속공인중개사는 확인 · 설명서 작성 · 교부 · 보존의무가 없다. 다만, 작성할 권한은 있다.

③ 확인 · 설명서는 **법정서식**(4종)으로 작성하여야 한다.

④ **확인 · 설명서의 작성 · 교부의 상대방**: 거래당사자 쌍방

(2) 서명 및 날인의무

① **개업공인중개사**는 중개대상물확인 · 설명서에 **서명** 및 **날인**하여야 한다. 법인인 개업공인중개사에 있어서 주된 사무소의 경우에는 **대표자**가 **서명** 및 **날인**하여야 하고, 분사무소의 경우에는 그 **책임자**가 서명 및 날인하여야 한다.

② 해당 중개행위를 한 소속공인중개사가 있는 경우에는 **소속공인중개사**가 개업공인중개사와 함께 **서명** 및 **날인**하여야 한다.

③ 소속공인중개사가 확인 · 설명업무와 확인 · 설명서 작성업무를 수행한 경우에도 **개업공인중개사**는 확인 · 설명서에 서명 및 날인하여야 한다.

④ **공동중개**의 경우에는 참여한 개업공인중개사 **모두** 서명 및 날인하여야 한다.

확인 · 설명의무와 확인 · 설명서 작성 · 교부의무의 비교

구 분	확인 · 설명의 의무	확인 · 설명서 작성 · 교부의 의무
의무이행 시기	중개완성 전	중개완성시
의무이행 상대방	권리취득 중개의뢰인	거래당사자(쌍방)
의무이행 방법	성실 · 정확하게 설명 근거자료 제시하여	법정서식으로 작성 서명 · 날인, 교부 · 보존
의무이행 주체	개업공인중개사의 의무 소속공인중개사는 가능	개업공인중개사의 의무 소속공인중개사는 작성 가능

OX

1. 작성된 중개대상물확인 · 설명서를 거래당사자 모두에게 교부해야 한다. (○) 제29회
2. 확인 · 설명서가 공인전자문서센터에 보관된 경우 그 원본, 사본 또는 전자문서의 보존의무가 면제된다. (○) 제32회
3. 개업공인중개사는 중개대상물 확인 · 설명서를 작성하여 거래당사자에게 교부하고 그 원본을 5년간 보존하여야 한다. (×) 제30회

OX

1. 2명의 개업공인중개사가 공동중개한 경우 중개대상물확인 · 설명서에는 공동중개한 개업공인중개사 중 1인만 서명 · 날인하면 된다. (×) 제30회
2. 중개대상물확인 · 설명서에는 개업공인중개사가 서명 또는 날인하되, 해당 중개행위를 한 소속공인중개사가 있는 경우에는 소속공인중개사가 함께 서명 또는 날인해야 한다. (×) 제25회

(3) 확인 · 설명의무 관련판례

① 개업공인중개사가 중개대상물확인 · 설명서를 작성하여 교부하지 않더라도 중개대상물에 대하여 구두로 정확하게 확인 · 설명한 경우에는 손해배상책임이 없다.

② 개업공인중개사의 확인 · 설명의무와 손해배상의무는 중개의뢰인이 개업공인중개사에게 소정의 보수를 지급하지 아니하였다 해서 당연히 소멸하는 것이 아니다.

③ 개업공인중개사는 중개대상물건에 근저당이 설정된 경우 그 **채권최고액**을 조사 · 확인하여 의뢰인에게 설명하면 족하고, **실채무액**까지 조사 · 확인하여 설명할 의무까지 있다고 할 수는 없다. 다만, 그릇된 정보를 제대로 확인하지도 않은 채 그것이 진실인 것처럼 의뢰인에게 그대로 전달한 경우 선관주의 의무에 위반된다.

④ 개업공인중개사는 다가구주택 일부에 관한 임대차계약을 중개하면서 임대의뢰인에게 다가구주택 내에 이미 거주해서 살고 있는 다른 임차인의 임대차계약내역 중 개인정보를 제외하고 보증금 및 임대차의 시기와 종기 등에 관한 자료를 요구하여 이를 확인한 다음 임차의뢰인에게 설명하고 자료를 제시하여야 한다.

⑤ 개업공인중개사가 '서명 및 날인하여야 하는 확인 · 설명서'란 '거래당사자에게 교부하는' 중개대상물확인 · 설명서를 의미하고, 개업공인중개사가 보존하는 중개대상물확인 · 설명서는 포함되지 않는다(2022두57381).

OX

1. 중개대상물에 근저당권이 설정된 경우 실제의 피담보채무액까지 조사 · 확인하여 설명할 의무는 없다. (○) 제24회
2. 개업공인중개사가 상가건물의 임차권 양도계약을 중개할 경우 양수의뢰인이 「상가건물 임대차보호법」에서 정한 대항력, 우선변제권 등의 보호를 받을 수 있는지를 확인 · 설명할 의무가 있다. (○) 제29회
3. 개업공인중개사는 중개대상물에 근저당권이 설정된 경우, 실제의 피담보채무액을 조사 · 확인하여 설명할 의무가 있다. (×) 제34회

3 위반시 제재

개업공인중개사	의무위반의 행태		소속공인중개사
500만원 이하 과태료	① **성실 · 정확하게 설명**× ② **근거자료 제시**×		자격정지사유
업무정지사유	③ **서명**×	④ **날인**×	자격정지사유
	⑤ **교부**×	⑥ **보존**×	–

OX

1. 개업공인중개사가 성실 · 정확하게 중개대상물의 확인 · 설명을 하지 아니하면 업무정지사유에 해당한다. (×) 제26회
2. 중개업무를 수행하는 소속공인중개사가 성실 · 정확하게 중개대상물의 확인 · 설명을 하지 않은 것은 소속공인중개사의 자격정지사유에 해당한다. (○) 제28회

03 거래계약서 작성 등의 의무

1 거래계약서 작성의무

(1) 의 의

① **개업공인중개사**는 중개가 완성된 때에는 **거래계약서**를 **작성**하여 거래당사자에게 **교부**하고 **5년간** 그 원본, 사본 또는 전자문서를 **보존**하여야 한다. 다만, 거래계약서가 공인전자문서센터에 보관된 경우에는 그러하지 아니하다.

② 거래계약서 작성 · 교부 · 보존의무는 개업공인중개사에게 부과된 의무이다. 다만, 소속공인중개사는 작성할 수 있으나, 중개보조원은 작성할 수 없다.

OX
1. 개업공인중개사는 중개가 완성된 때에만 거래계약서를 작성 · 교부하여야 한다. (○) 제31회
2. 거래계약서가 「전자문서 및 전자거래 기본법」에 따른 공인전자문서센터에 보관된 경우 3년간 그 사본을 보존해야 한다. (×) 제33회
3. 개업공인중개사가 국토교통부장관이 정하는 거래계약서 표준서식을 사용하지 아니한 경우, 시 · 도지사는 그 자격을 취소해야 한다. (×) 제33회

(2) 거래계약서의 서식

① 거래계약서의 서식에 관해서는 특별히 정하는 바는 없으므로 어떠한 형식의 거래계약서를 사용해도 상관없다. 다만, 필요적 기재사항은 반드시 기재되어야 한다.

② **국토교통부장관**은 거래계약서에 관하여 **표준서식**을 정하여 이의 **사용을 권장할 수 있다**. 단, 표준서식이 정해진 바는 없다.

(3) 거래계약서의 필요적 기재사항

필수적 기재사항(○)	필수적 기재사항(×)
① 거래**당**사자의 인적사항 ② **물**건의 표시 ③ 계약**일** ④ **거**래금액 · 계약금액 · 지급일자 등 지급에 관한 사항 ⑤ 물건의 **인**도일시 ⑥ **권**리이전의 내용 ⑦ 계약의 **조**건 · 기한이 있는 경우에는 그 조건 · 기한 ⑧ 중개대상물**확**인 · 설명서 교부일자 ⑨ **그** 밖의 약정내용	① **공**법상 제한 ② 조**세**(취득관련) ③ **거**래예정금액 ④ 중개보**수** 및 실비

OX
1. 거래계약서에는 물건의 인도일시를 기재해야 한다. (○) 제29회
2. 중개대상물확인 · 설명서 교부일자는 거래계약서의 필수 기재사항에 해당한다. (○) 제31회
3. 개업공인중개사는 거래당사자간 담보책임 면제의 특약이 있는 경우 이를 거래계약서에 기재하여야 한다. (○) 제24회

(4) 거래계약서의 서명 및 날인

① **거래계약서**에는 **개업공인중개사**(법인인 경우에는 **대표자**, 법인에 분사무소가 설치되어 있는 경우에는 분사무소의 **책임자**)가 **서명** 및 **날인**하여야 한다.

② 거래계약서에는 해당 중개행위를 한 소속공인중개사가 있는 경우에는 그 **소속공인중개사**도 개업공인중개사와 함께 **서명** 및 **날인**하여야 한다.

OX 개업공인중개사는 거래계약서를 작성하는 경우 거래계약서에 서명하거나 날인하면 된다. (×) 제32회

(5) 공동중개

공동중개의 경우 거래계약서를 **공동으로 작성하여 함께 서명 및 날인**하고, 손해배상책임도 거래계약서에 함께 서명 및 날인한 개업공인중개사 모두에게 책임이 있다.

2 거짓기재 · 이중계약서 작성 금지의무

개업공인중개사 · 소속공인중개사는 거래계약서 작성시 거래금액 등 거래내용을 거짓으로 기재하거나 서로 다른 둘 이상의 거래계약서를 작성하여서는 아니 된다.

3 위반시 제재

개업공인중개사	의무위반의 행태	소속공인중개사
임의적 등록취소사유	① **거짓기재** ② **이중계약서**	자격정지사유
업무정지사유	③ **서명×** ④ **날인×**	자격정지사유
	⑤ **교부×** ⑥ **보존×**	–

▮ 각종 서면의 비교

구 분	전속중개계약서	거래계약서	확인 · 설명서
계약당사자	개업공인중개사와 중개의뢰인	거래당사자	–
작성시기	중개의뢰시	중개완성시	중개완성시
작성부수	2부	3부	3부
서 식	법정서식 있음	법정서식 없음	법정서식 있음
교부대상자	중개의뢰인 일방	거래당사자 쌍방	거래당사자 쌍방
보관기간	3년	5년	3년

OX 공동중개의 경우 참여한 개업공인중개사가 모두 서명 및 날인해야 한다. (○) 제29회

OX

1. 하나의 거래계약에 대하여 서로 다른 둘 이상의 거래계약서를 작성한 경우, 시 · 도지사는 3개월의 범위 안에서 그 업무를 정지해야 한다. (×) 제33회
2. 거래계약서의 원본, 사본 또는 전자문서를 보존기간 동안 보존하지 않은 경우 등록관청은 중개사무소의 개설등록을 취소할 수 있다. (×) 제27회
3. 개업공인중개사가 국토교통부장관이 정한 거래계약서 표준서식을 사용하지 않는 경우 과태료 부과처분을 받게 된다. (×) 제32회

04 손해배상책임과 업무보증

1 손해배상책임의 성립요건

1. 개업공인중개사의 귀책사유

(1) 개업공인중개사의 업무상 고의 · 과실

① **개업공인중개사**는 **중개행위**를 함에 있어서 고의 또는 과실로 인하여 거래당사자에게 **재산상의 손해**를 발생하게 한 때에는 그 손해를 배상할 **책임**이 있다.

② 본 개업공인중개사의 책임은 '**과실책임**'의 성격을 갖는다.

③ '**개업공인중개사 등이 아닌 제3자**'의 중개행위로 거래당사자에게 재산상 손해가 발생한 경우 「공인중개사법」이 아닌 「**민법**」에 따른 손해배상책임을 진다.

④ 부동산 매매계약을 중개하고 계약금과 중도금 지급에 관여한 **개업공인중개사**가 잔금 중 일부를 횡령한 경우 「**민법**」이 아닌 「**공인중개사법**」에 따른 손해배상책임이 있다.

⑤ '**무상 중개행위**'에 대하여도 손해배상책임이 인정된다.

⑥ 개업공인중개사의 '**중개행위가 아닌 행위**'로 발생한 손해는 「공인중개사법」에 의한 손해배상책임의 범위에 포함되지 않는다.

⑦ '**중개행위**'에 해당되는지 여부는 **주관적 의사**에 의해 결정할 것이 아니라, 개업공인중개사의 중개행위를 **객관적**으로 보아 결정되어야 할 것이다(판례).

OX

1. 개업공인중개사 등이 아닌 제3자의 중개행위로 거래당사자에게 재산상 손해가 발생한 경우 그 제3자는 공인중개사법에 따른 손해배상책임을 진다. (×) 제29회
2. 중개의뢰인이 개업공인중개사에게 소정의 보수를 지급하지 아니한 무상중개의 경우에 손해배상의무가 당연히 소멸되는 것은 아니다. (○) 제22회
3. 부동산 매매계약을 중개하고 계약금 및 중도금 지급에 관여한 개업공인중개사가 잔금 중 일부를 횡령한 경우 공인중개사법에 따른 손해배상책임이 있다. (○) 제29회

(2) 중개사무소를 다른 사람의 중개행위의 장소로 제공

① **개업공인중개사**는 자기의 **중개사무소**를 다른 사람의 **중개행위의 장소로 제공**함으로써 거래당사자에게 **재산상의 손해**를 발생하게 한 때에는 그 손해를 배상할 **책임**이 있다.

② 사무소 제공으로 인한 개업공인중개사의 책임은 '**무과실책임**'의 성격을 띤다.

③ '**다른 사람**'에는 무등록중개업자, 명의를 대여받은 자, 다른 개업공인중개사가 포함된다.

④ 개업공인중개사와 '다른 사람'이 연대하여 배상책임을 지며, 거래당사자는 개업공인중개사와 '다른 사람'에 대해 선택적으로 또는 공동으로 손해배상을 청구할 수 있다.

OX 개업공인중개사는 자기의 중개사무소를 다른 사람의 중개행위의 장소로 제공함으로써 거래당사자에게 재산상의 손해를 발생하게 한 때에는 그 손해를 배상할 책임이 없다. (×) 제26회, 제32회

(3) 고용인의 업무상 고의 · 과실

① 고용인의 업무상 행위로 인한 개업공인중개사의 책임은 **'무과실책임'**의 성격을 띤다.

② 고용인과 개업공인중개사는 부진정연대책임을 부담한다.

2. 거래당사자의 재산상 손해 발생

(1) **'재산상' 손해**: 정신적 손해는 「민법」에 의한다.

(2) **손해의 '발생'**: 손해가 확정적으로 발생하여야 한다.

3. 인과관계

개업공인중개사의 귀책사유와 재산상 손해 간에 인과관계가 있어야 한다.

4. 입증책임 및 소멸시효

(1) 입증책임

손해배상책임 성립 요건사실의 입증책임은 이를 주장하는 자가 진다.

(2) 소멸시효

중개의뢰인의 손해배상청구권은 손해 및 가해자를 안 날로부터 3년, 불법행위를 한 날로부터 10년간 청구권을 행사하지 않으면 시효로 소멸한다.

OX 개업공인중개사는 고의로 거래당사자에게 손해를 입힌 경우에는 재산상의 손해뿐만 아니라 비재산적 손해에 대해서도 공인중개사법령상 손해배상책임보장 규정에 의해 배상할 책임이 있다. (×) 제32회

2 업무보증제도

1. 업무보증제도의 의의 및 성격

(1) 모든 개업공인중개사(특수법인 포함)는 예외 없이 업무보증을 설정하여야 한다.

(2) 보증설정은 등록증 교부요건이므로 보증을 설정하지 않으면 등록증을 교부받을 수 없다.

넓혀 보기

1. **보증금 지급사유**
   ① 개업공인중개사 자신의 중개행위로 인한 손해
   ② 중개사무소를 타인의 중개행위의 장소로 제공하여 발생한 손해
   ③ 고용인의 업무상 행위로 인한 손해
2. **손해배상책임과 보증금의 관계**
   ① 개업공인중개사는 업무보증을 설정하지 않았더라도 손해배상책임을 진다.
   ② 개업공인중개사의 손해배상책임은 업무보증금에 한정되지 않으므로 중개의뢰인에게 업무보증금을 초과한 손해가 발생한 경우라도 전액을 당연히 배상하여야 한다.
   ③ 중개의뢰인은 업무보증을 통해 손해배상을 받아야 하는 것은 아니므로 개업공인중개사에게 직접적으로 손해배상을 청구할 수도 있다.

OX

1. 개업공인중개사는 업무개시 후 즉시 손해배상책임의 보장을 위하여 보증보험 또는 공제에 가입해야 한다. (×) 제27회
2. 손해배상책임의 보장을 위한 공탁금은 개업공인중개사가 폐업 또는 사망한 날부터 3년 이내에는 회수할 수 없다. (○) 제29회
3. 분사무소 1개를 설치한 법인인 개업공인중개사가 손해배상책임의 보장을 위해 공탁만을 하는 경우 총 6억원 이상을 공탁해야 한다. (○) 제24회

OX 법인인 개업공인중개사가 분사무소를 두는 경우 분사무소마다 추가로 2억원 이상의 손해배상책임의 보증설정을 해야 하나 보장금액의 상한은 없다. (○) 제32회

2. 업무보증의 설정

(1) 설정시기

① 개업공인중개사는 **업무를 시작하기 전**에 보증을 설정하여야 한다.

② 지역농업협동조합은 **중개업무를 개시하기 전**에 보증을 설정하여야 한다.

③ 법인의 분사무소는 **설치신고 전**에 미리 보증을 설정하여야 한다.

(2) 설정방법

① 보증보험, 공제, 공탁 중 하나를 택일하여 보증을 설정하여야 한다.

② 공탁금은 개업공인중개사가 폐업 · 사망한 날부터 3년간 회수할 수 없다.

(3) 설정금액

① **법인인 개업공인중개사**: 4억원 이상

② **법인의 분사무소**: 분사무소마다 2억원 이상을 추가로 설정

③ **법인이 아닌 개업공인중개사**: 2억원 이상

④ **다른 법률에 따라 중개업을 할 수 있는 자**(특수법인): 2천만원 이상

■ 업무보증제도 정리

구 분	설정시기	설정금액
법인인 개업공인중개사	업무를 시작하기 전에	4억원 이상
법인의 분사무소	설치신고 전에	2억원 이상
법인이 아닌 개업공인중개사	업무를 시작하기 전에	2억원 이상
특수법인(다른 법률에 ~)	중개업무를 개시하기 전에	2천만원 이상

(4) 설정신고

① 보증을 **설정**한 후 그 증빙서(전자문서 포함)를 갖추어 등록관청에 **신고**하여야 한다.

② 지역농협 등 특수법인도 보증을 설정한 후 등록관청에 신고하여야 한다.

③ 보증기관이 보증사실을 등록관청에 **직접 통보**한 경우에는 **신고를 생략**할 수 있다.

3. 업무보증의 변경 · 재설정

(1) 보증의 변경(종류변경)

① **이미 설정한 보증의 효력이 있는 기간 중에** 다른 보증을 설정하여야 한다.

② 변경설정신고서에 새로운 보증관계증서 사본을 첨부하여 신고하여야 한다.

③ 종전의 보증을 먼저 해지한 후 새로운 보증을 설정하여서는 아니 된다.

(2) 보증의 재설정(기간만료)

① **해당 보증기간 만료일까지** 다시 설정하고 등록관청에 신고하여야 한다.

② 공탁의 경우에는 적용되지 않는다.

(3) 신고의 생략

보증기관이 등록관청에 보증사실을 **직접 통보**한 경우에는 **신고를 생략**할 수 있다.

4. 보증관련 설명 · 교부의무

개업공인중개사는 중개가 완성되면 거래당사자에게 손해배상책임의 보장에 관한 다음의 사항을 **설명**하고 관계증서의 사본을 **교부**하거나 관계증서에 관한 전자문서를 **제공**하여야 한다.

① 보장금액

② 보증기관 및 그 소재지

③ 보장기간

OX 개업공인중개사가 보증설정신고를 할 때 등록관청에 제출해야 할 증명서류는 전자문서로 제출할 수 없다. (×) 제32회

OX 보증기관이 보증사실을 등록관청에 직접 통보한 경우라도 개업공인중개사는 보증설정신고를 해야 한다. (×) 제32회

OX 개업공인중개사가 보증을 다른 보증으로 변경하려면 이미 설정된 보증의 효력이 있는 기간이 지난 후에 다른 보증을 설정해야 한다. (×) 제32회

OX 개업공인중개사는 중개가 완성된 때에는 거래당사자에게 손해배상책임의 보장기간을 설명해야 한다. (○) 제32회

5. 업무보증금의 지급

(1) 보증금의 지급

① **보증금 지급청구**: 다음 서류를 첨부하여 보증기관에 청구하여야 한다.

㉠ 중개의뢰인과 개업공인중개사 간의 손해배상합의서 ㉡ 확정된 법원의 판결문 사본 ㉢ 판결에 준하는 효력이 있는 서류(화해조서 · 조정조서 · 청구인낙조서 등)

② **중개행위와 손해발생 시점 간 보증기관이 다른 경우**: 중개의뢰인은 **중개행위를 할 당시**에 개업공인중개사가 가입한 보증기관에 배상청구를 하여야 한다.

③ **재산상 손해가 보증금을 초과하는 경우**: 보증금 범위 내에서 지급한다.

④ **법인 분사무소의 중개행위로 인한 손해**: 법인 전체의 보증금 한도 내에서 책임을 진다.

⑤ **보증기관의 구상권**: 보증기관은 개업공인중개사에게 구상할 수 있다.

OX 개업공인중개사가 보증보험금으로 손해배상을 한 때에는 그 보증보험의 금액을 보전해야 하며 다른 공제에 가입할 수 없다. (×) 제32회

(2) 보증금 지급 후의 재가입 · 보전

개업공인중개사는 보증보험금 · 공제금 · 공탁금으로 손해배상을 한 때에는 **15일 이내에** 보증보험 · 공제에 다시 가입하거나 공탁금 중 부족금액을 보전하여야 한다.

넓혀 보기

1. 보증 재설정

보증의 효력은 지속되어야 하는 것이므로 보증의 만료일이 공휴일인 경우에는 보증계약을 미리 체결하여 보증기간이 연속되어야 할 것이다.

2. 휴업기간 중 보증기간 만료

「공인중개사법 시행령」 제25조의 규정에 의한 보증설정은 개업공인중개사가 중개행위를 함에 있어 고의 또는 과실로 인하여 중개의뢰인에게 재산상 손해를 발생하게 한 경우 그 손해를 배상하기 위한 것이므로 휴업기간 중에는 등록증을 등록관청에 반납한 상태에 있고 원칙적으로 중개행위가 이루어질 수 없기 때문에 휴업기간 중 업무보증설정기간이 만료되었을 경우에는 휴업기간 만료일까지 다시 보증을 설정하고 그 증빙서류를 갖추어 등록관청에 신고하면 된다(국토교통부 토관 58370-683, 1998.8.24).

3. 공제계약 당시 공제사고 발생 확정 여부

개업공인중개사와 피고 사이에 체결된 공제계약은 기본적으로 보험계약으로서의 본질을 갖고 있으므로, 적어도 공제계약이 유효하게 성립하기 위해서는 공제계약 당시에 공제사고의 발생 여부가 확정되어 있지 않아야 한다(대판 2010다101776).

OX 협회와 개업공인중개사 간에 체결된 공제계약이 유효하게 성립하려면 공제계약 당시에 공제사고의 발생 여부가 확정되어 있지 않은 것을 대상으로 해야 한다. (○) 제25회

4. 장래 공제사고를 일으킬 의도를 가진 경우
개업공인중개사가 장래 공제사고를 일으킬 의도를 가지고 공제계약을 체결하고 나아가 실제로 고의로 공제사고를 일으켰다고 하더라도, 그러한 사정만으로는 공제계약 당시 공제사고의 발생 여부가 객관적으로 확정되어 있다고 단정하여 우연성이 결여되었다고 보거나 공제계약을 무효라고 볼 수 없다(대판 2010다92407).

5. 공동중개시 보증관계증서의 교부
매도인과 매수인이 서로 다른 개업공인중개사에게 중개를 의뢰하여 양측의 개업공인중개사가 중개대상물의 매매를 공동으로 중개한 경우 각 개업공인중개사는 자신의 의뢰인뿐만 아니라 다른 개업공인중개사의 의뢰인에게도 공제증서 사본을 교부하여 매도인과 매수인 모두에게 공제증서 사본을 교부하여야 한다(법제처 13-0208, 2013.6.24, 국토교통부).

6. 위반시 제재

(1) 행정처분 – 임의적 등록취소사유

보증설정의무를 이행하지 아니하고 업무를 개시한 경우

(2) 행정질서벌 – 100만원 이하의 과태료사유

손해배상책임에 관한 사항을 설명하지 아니하거나 관계증서의 사본 또는 관계증서에 관한 전자문서를 교부하지 아니한 경우

OX 개업공인중개사가 손해배상책임을 보장하기 위한 조치를 이행하지 아니하고 업무를 개시한 경우 등록관청은 개설등록을 취소할 수 있다. (○) 제31회

05 계약금 등의 반환채무이행의 보장제도

1 예치권고 및 예치 여부

(1) 개업공인중개사 – 예치권고의 임의성

① **개업공인중개사**는 거래의 안전을 보장하기 위하여 필요하다고 인정하는 경우 거래계약의 **이행이 완료될 때까지** 계약금 · 중도금 또는 잔금(계약금 등)을 개업공인중개사 등의 명의로 금융기관 등에 **예치**하도록 거래당사자에게 **권고할 수 있다**.

② 개업공인중개사가 거래당사자에게 계약금 등에 대한 예치를 권고할 의무는 없다.

OX 개업공인중개사는 거래의 안전을 보장하기 위하여 필요하다고 인정하는 경우, 계약금 등을 예치하도록 거래당사자에게 권고할 수 있다. (○) 제30회

(2) **거래당사자 – 예치의 임의성**

① 개업공인중개사가 예치를 권고하더라도 거래당사자는 계약금 등을 예치할 의무는 없다.

② 계약금 등을 예치한 경우에도 계약금을 교부한 자는 계약금을 포기하고 계약을 해제할 수 있다.

③ 거래당사자가 예치권고를 거부하더라도 중개계약이나 거래계약에 영향이 없고, 중개보수청구권에도 영향이 없다.

2 예치명의자 · 예치기관 등

(1) **예치명의자 · 예치기관 · 보증서 발행기관**

예치명의자		예치기관	보증서 발행기관
① **개**업공인중개사 ② **공**제사업자 ③ **은**행	④ **신**탁업자 ⑤ **체**신관서 ⑥ **보**험회사 ⑦ **전**문회사	① **금**융기관 ② **공**제사업자 ③ **신**탁업자 **등**	① **금**융기관 ② **보**증보험회사

(2) **예치기한**: 거래계약의 이행이 완료될 때까지

3 개업공인중개사 명의로 예치되는 경우의 특칙

(1) **거래안전보장을 위한 약정**

개업공인중개사는 계약이행의 완료 또는 계약해제 등의 사유로 인한 계약금 등의 인출에 대한 거래당사자의 동의방법, 반환채무이행 보장에 소요되는 실비 그 밖에 거래안전을 위하여 필요한 사항을 약정하여야 한다.

(2) **분리관리 및 인출제한**

① 자기 소유의 예치금과 **분리하여 관리**될 수 있도록 하여야 한다.

② 예치된 계약금 등은 거래당사자의 **동의 없이 인출하여서는 아니 된다.**

(3) **예치금에 대한 지급보장**

① 해당 계약금 등을 거래당사자에게 지급할 것을 보장하기 위하여 예치대상이 되는 계약금 등에 해당하는 금액을 보장하는 보증보험 또는 공제에 가입하거나 공탁을 하여야 하며,

② 거래당사자에게 관계증서의 사본을 교부하거나 전자문서를 제공하여야 한다.

OX

1. 개업공인중개사는 거래당사자에게 공인중개사법에 따른 공제사업을 하는 자의 명의로 계약금 등을 예치하도록 권고할 수 없다. (×) 제30회
2. 계약금 등을 예치하는 경우 매도인 명의로 금융기관에 예치할 수 있다. (×) 제21회

OX

1. 개업공인중개사는 계약금 등을 자기 명의로 금융기관 등에 예치하는 경우 자기 소유의 예치금과 분리하여 관리될 수 있도록 하여야 한다. (○) 제30회
2. 계약금 등을 개업공인중개사 명의로 금융기관 등에 예치하는 경우 개업공인중개사는 거래당사자의 동의 없이 이를 인출할 수 있다. (×) 제19회

(4) 위반시 제재

개업공인중개사가 계약금 등의 예치·관리 관련 **의무사항을 위반**한 경우 등록관청은 6개월의 범위 내에서 **업무정지**를 명할 수 있다.

(5) 실비청구권

개업공인중개사가 **권리취득 중개의뢰인**으로부터 계약금 등의 반환채무이행 보장에 소요되는 **실비를 받을 수 있다.**

4 계약금 등의 사전수령

계약금 등을 예치한 경우 매도인·임대인 등 계약금 등을 수령할 수 있는 권리가 있는 자는 해당 계약을 해제한 때에 계약금 등의 반환을 보장하는 내용의 금융기관 또는 보증보험회사가 발행하는 보증서를 계약금 등의 **예치명의자**(예치기관×)에게 교부하고 계약금 등을 미리 수령할 수 있다.

OX

1. 개업공인중개사의 명의로 계약금 등을 예치시 예치되는 계약금 등의 안전을 보장하기 위한 규정을 위반한 경우 업무정지 1개월을 명할 수 있다. (○) 제19회
2. 금융기관에 예치하는 데 소요되는 실비는 특별한 약정이 없는 한 매도인이 부담한다. (×) 제23회

06 개업공인중개사 등의 금지행위

1 개 설

(1) 적용대상

「공인중개사법」 제33조에서는 ① **개업공인중개사 등의 금지행위**(9가지)와 ② **개업공인중개사 등의 업무를 방해하는 행위**를 구분하여 규정하고 있다. **전자**의 경우는 개업공인중개사뿐만 아니라 법인의 임원·사원, 소속공인중개사, 중개보조원 등 중개업 종사자 모두에게 적용되는 규정이다. **후자**의 경우는 아파트단지 주민이나 지역커뮤니티 운영자 등 일반인에게 적용되는 규정이다.

(2) 금지행위관련 주의사항

① 금지행위규정을 위반한 경우에는 **개업공인중개사 등**에게 **행정책임**과 **형사책임**이 발생한다.

② **개업공인중개사 등의 업무를 방해한 자**에 대해서는 **형사책임**이 발생한다.

③ '고의'에 의한 경우만 금지행위에 해당, '과실'에 의한 경우는 제외된다.

④ 공인중개사법령상 미수범 처벌규정은 없다.

2 개업공인중개사 등의 금지행위

(1) 법정중개대상물의 매매업

개업공인중개사 등은 법정중개대상물에 대한 매매를 업으로 하는 행위를 하여서는 아니 된다.

① 법정중개대상물(5가지)에 한하여 적용

② 부동산의 거래태양이나 규모, 횟수, 보유기간 등에 비추어 사회통념상 사업활동으로 볼 수 있을 정도의 계속성·반복성이 있을 경우 부동산매매업에 해당

③ 중개대상물에 대한 **임대업**이나 **분양대행업** – 금지행위(×)

④ '중개의뢰인이 아닌 자'와 1회성 매매 ⇨ 금지행위(×)
'중개의뢰인이 아닌 자'를 대상으로 한 부동산임대업 ⇨ 금지행위(×)
'중개의뢰인'과 1회성 매매 ⇨ 직접거래로서 금지행위(○)

⑤ '중개의뢰인이 아닌 자'를 대상으로 한 중개대상물 매매업 ⇨ 금지행위(○)

(2) 무등록업자와 협조행위

개업공인중개사 등은 중개사무소의 개설등록을 하지 아니하고 중개업을 영위하는 자인 사실을 알면서 그를 통하여 중개를 의뢰받거나 그에게 자기의 명의를 이용하게 하는 행위를 하여서는 아니 된다.

① 무등록업자임을 모르고 소개받은 경우는 금지행위가 아니다.

② 무등록업자를 통해 중개를 의뢰받는 것으로 족하고, 거래성사 여부는 불문

③ 무등록업자가 아닌 제3자를 활용하여 중개를 의뢰받는 행위는 허용

④ 명의를 이용하게 하는 행위 ⇨ 명의대여에 이르지 않는 사무소 제공, 명의제공

(3) 초과금품수수(효력규정)

개업공인중개사 등은 사례·증여 그 밖의 어떠한 명목으로도 법정중개보수 또는 실비를 초과하여 금품을 받는 행위를 하여서는 아니 된다.

① **초과금품의 판단**
㉠ 초과의 기준 ⇨ 법령 및 조례에서 정한 중개보수 및 실비의 상한기준
㉡ 법정 중개보수 외에 별도의 실비를 받는 행위 ⇨ 금지행위(×)

② **초과금품의 사례**: 개업공인중개사가 부동산의 거래를 중개한 후 사례비나 수고비 등의 명목으로 금원을 받은 경우

OX

1. 법인인 개업공인중개사의 사원이 중개대상물의 매매를 업으로 하는 것은 금지되지 않는다. (×) 제30회
2. 공인중개사인 개업공인중개사가 중개업과 별도로 문구점의 운영을 업으로 하는 행위는 금지행위에 해당된다. (×) 제23회
3. 법인이 아닌 개업공인중개사가 중개대상물 외 건축자재의 매매를 업으로 하는 행위는 금지행위에 해당된다. (×) 제28회

OX

1. 무등록업자에게 중개를 의뢰한 거래당사자는 무등록업자의 중개행위에 대하여 무등록업자와 공동정범으로 처벌된다. (×) 제30회
2. 거래당사자가 무자격자에게 중개를 의뢰한 행위는 처벌의 대상이 된다. (×) 제28회

OX

1. 사례금 명목으로 법령이 정한 한도를 초과하여 중개보수를 받는 행위는 금지행위에 해당된다. (○) 제28회
2. 상업용 건축물의 분양을 대행하고 법정의 중개보수 또는 실비를 초과하여 금품을 받는 행위는 금지행위에 해당된다. (×) 제27회
3. 권리금은 법령상의 중개대상물이 아니므로 중개보수에 관한 규정이 적용되지 않는다. (○) 제19회

③ **초과금품에 포함되지 않는 사례**: 분양을 대행하고 보수를 받는 행위, 권리금을 알선해 주고 보수를 받는 행위, 중개보수 외에 실비를 받는 행위

④ **순가중개계약** 자체가 금지행위는 아니며, 후일 초과수수해야 금지행위에 해당

⑤ **한도를 초과한 보수약정** ⇨ 초과부분이 무효(판례), 초과수수시 초과부분 반환

⑥ 보수 등의 명목으로 한도를 초과하는 액면금액의 당좌수표를 교부받고 후일 그 당좌수표가 부도처리되어 중개의뢰인에게 그대로 반환 ⇨ 금지행위에 해당(○)

⑦ 개업공인중개사가 토지와 건물의 임차권 및 권리금·시설비의 교환계약을 중개하고 그 사례 명목으로 포괄적으로 금원을 지급받은 경우 ⇨ 금지행위에 해당(×)

4. 「공인중개사법」 등 관련 법령에서 정한 한도를 초과하는 부동산 중개보수 약정은 그 전부가 무효이다. (×) 제22회
5. 법령상 한도를 초과하는 보수를 유효한 당좌수표로 받았으나 부도처리 되어 개업공인중개사가 그 수표를 반환한 경우에도 이는 위법하다. (○) 제19회

판례

1. 분양대행보수 및 권리금 알선보수

상가분양대행은 상가를 분양하면서 어느 정도의 위험부담과 함께 이득을 취할 수 있는 영업행위로서, 이러한 분양대행은 중개와는 구별되는 것이어서 피고인이 분양대행과 관련하여 교부받은 금원은 「공인중개사법」 제33조 제1항 제3호에 의하여 초과수수가 금지되는 금원이 아니다(대판 98도1914). 또한 '권리금'을 수수하도록 중개한 것은 중개행위에 해당하지 아니한다 할 것이고, 따라서 위 법률이 규정하고 있는 중개보수 한도 역시 이러한 거래대상의 중개행위에는 적용되지 아니한다(대판 2006두156).

2. 의뢰인의 손해발생이 금품초과수수의 요건인지 여부

법 제33조 제1항 제3호(금품초과수수) 금지규정의 본질은 개업공인중개사 등이 중개의뢰인으로부터 보수 등의 명목으로 법정의 한도를 초과하는 금품을 취득함에 있는 것이지 중개의뢰인에게 현실적으로 그 한도 초과액 상당의 재산상 손해가 발생함을 요건으로 하는 것이 아니다. 따라서 보수 등의 명목으로 한도를 초과하는 액면금액의 당좌수표를 교부받고 후일 그 당좌수표가 부도처리되었다거나 또는 중개의뢰인에게 그대로 반환되었더라도 특별한 사정이 없는 한 위 죄의 성립에는 아무런 영향이 없다(대판 2004도4136).

3. 토지의 조성·분양관련 보수가 초과수수가 금지되는 금품에 해당하는지 여부

개업공인중개사가 자신의 비용으로 토지를 택지로 조성하여 분할한 다음 토지 중 일부를 개업공인중개사가 임의로 정한 매매대금으로 타에 매도하되, 토지의 소유자에게는 확정금을 지급하고 그로 인한 손익은 개업공인중개사에게 귀속시키기로 하는 약정은 위임 및 도급의 복합적 성격을 가지는 약정이라 할 것이어서 중개행위에 해당하지 않는다 할 것이고, 따라서 개업공인중개사가 취득한 금원 또한 「공인중개사법」 제33조 제3호에 의하여 초과수수가 금지되는 개업공인중개사의 보수 등 금품에는 해당하지 않는다고 봄이 상당하다고 할 것이다(대판 2004도5271).

(4) 거짓된 언행

개업공인중개사 등은 해당 중개대상물의 거래상의 중요사항에 관하여 거짓된 언행 그 밖의 방법으로 중개의뢰인의 판단을 그르치게 하는 행위를 하여서는 아니 된다.

① 적극적인 거짓된 언행

㉠ 개발예정이 없는 토지를 마치 개발계획이 확정된 것처럼 적극 설명하는 행위
㉡ 의뢰가격을 숨기고 고액에 매수하도록 하는 행위
㉢ 공인중개사가 매도의뢰인과 서로 짜고 매도의뢰가격을 숨긴 채 이에 비하여 무척 높은 가격으로 매수의뢰인에게 부동산을 매도하고 그 차액을 취득한 행위는 금지행위에 해당된다(판례).

② 소극적인 거짓된 언행

㉠ 부동산의 하자를 숨기는 행위
㉡ 공법상 제한받을 사실을 숨기는 행위
㉢ 해당 부동산에 대하여 소송이 계류 중인 사실을 의뢰인에게 숨기는 행위

판례

매수의뢰인에게 고가로 전매할 수 있다고 기망하여 매매계약을 체결시킨 행위

중개대상물인 임야가 개발제한구역으로 결정되어 가격이 떨어지고 매수하려는 사람도 없어 상당한 가격으로 현금화하기 어려운 데도 그러한 사정을 모르는 매수의뢰인에게 바로 비싼 값에 전매할 수 있다고 기망하여 매매계약을 체결하였다면 이는 불법행위로 된다(대판 79다1746).

(5) 증서의 중개 · 매매업

개업공인중개사 등은 관계법령에서 양도 · 알선 등이 금지된 부동산의 분양 · 임대 등과 관련 있는 증서 등의 매매 · 교환 등을 중개하거나 그 매매를 업으로 하는 행위를 하여서는 아니 된다.

① 증서 등 ⇨ 입주자저축증서, 주택상환사채, 무허가건물확인서 · 건물철거예정증명서 또는 건물철거확인서, 이주대책대상자확인서 등

② 아파트의 특정 동 · 호수에 대한 피분양자로 선정되거나 분양계약이 체결된 후에 특정된 아파트 ⇨ 증서(×)

③ 「도시 및 주거환경 정비법」상 관리처분계획의 인가에 의한 **입주권**, 「빈집 및 소규모주택 정비에 관한 특례법」상 사업시행계획의 인가에 의한 **입주권** ⇨ 증서(×)

④ 상가의 전부를 매도할 때 사용하려고 매각조건 등을 기재하여 인쇄해 놓은 양식에 매매대금과 지급기일 등 해당 사항을 기재한 **분양계약서** ⇨ 증서(×)

OX

1. 관계법령에서 양도 · 알선 등이 금지된 부동산의 분양과 관련 있는 증서의 매매를 중개하는 행위는 금지행위에 해당된다. (○) 제28회
2. 「도시 및 주거환경정비법」상 관리처분계획의 인가에 의한 입주권은 중개대상물이 될 수 있다. (○) 제24회
3. 상가 전부의 매도시에 사용하려고 매각조건 등을 기재하여 인쇄해 놓은 양식에 매매대금과 지급기일 등 해당 사항을 기재한 분양계약서는 양도 · 알선 등이 금지된 부동산의 분양 등과 관련 있는 증서에 해당하지 않는다. (○) 제29회

(6) 직접거래 · 쌍방대리

개업공인중개사 등은 중개의뢰인과 직접거래를 하거나 거래당사자 쌍방을 대리하는 행위를 하여서는 아니 된다(단속규정).

① **직접거래**: 중개를 의뢰한 중개의뢰인과 직접 거래계약을 체결하는 경우

㉠ '중개의뢰인'에는 중개대상물의 **소유자뿐**만 아니라 대리권을 수여 받은 **대리인**이나 거래에 관한 사무처리를 위탁받은 **수임인**도 포함(판례)

㉡ '직접거래'에는 **매매뿐**만 아니라 **교환 · 임대차** 계약 등도 포함

㉢ 「민법」상 자기계약과는 달리 중개의뢰인의 허락이 있어도 금지행위(○)

㉣ 개업공인중개사가 중개의뢰인에게 중개보수를 받지 않아도 금지행위(○)

㉤ 중개의뢰를 받은 개업공인중개사가 다른 개업공인중개사와 공동으로 거래계약을 체결한 경우 ⇨ 직접거래(○)

㉥ 개업공인중개사가 다른 개업공인중개사의 중개로 부동산을 매수하여 또 다른 개업공인중개사의 중개로 매도한 경우에는 직접거래에 해당하지 않음(판례)

㉦ 생활정보지 등 광고에 게재된 부동산을 거래한 경우 ⇨ 직접거래(×)

㉧ 개업공인중개사의 배우자를 임차인으로 하여 중개한 경우 직접거래에 해당한다(판례).

판례

개업공인중개사의 배우자를 임차인으로 하여 중개한 경우 직접거래 해당 여부

전세계약서상 명의자는 공인중개사의 남편이지만 이들은 부부관계로서 경제적 공동체 관계이고, 공인중개사가 해당 아파트에 실제로 거주했으며, 집주인에게 자신이 중개하는 임차인이 남편이라는 사실을 알리지 않았을 뿐만 아니라, 집주인으로부터 중개를 의뢰받고 집주인이 전임차인의 전세금을 빨리 반환해줘야 해 희망하는 금액보다 적은 금액으로 새로운 임차인을 구한다는 사정을 알고 자신이 직접 시세보다 저렴한 금액으로 임차하는 이익을 얻은 경우 직접거래 금지규정의 취지에 정면으로 위배된다(대판 2021도6910).

---

② **쌍방대리**: 개업공인중개사가 중개의뢰인 쌍방으로부터 대리권을 수여받아 쌍방 모두를 대리하여 거래계약을 체결하는 경우

㉠ 「민법」과는 달리 본인의 승낙이 있어도 금지

㉡ 일방대리는 허용(임대인을 대리하여 임차인과 임대차계약 체결)

OX

1. 중개보조원이 중개의뢰인과 직접거래를 하는 것은 금지되지 않는다. (×) 제22회
2. 중개의뢰인인 소유자로부터 거래에 관한 대리권을 수여받은 대리인과 중개대상물을 직접거래하는 행위는 금지행위에 해당된다. (○) 제27회
3. 개업공인중개사가 중개의뢰인과 직접거래를 하는 행위를 금지하는 규정은 효력규정이다. (×) 제29회

OX

1. 개업공인중개사가 자신의 자(子)가 거주할 주택을 다른 개업공인중개사의 중개로 임차하는 행위는 금지행위에 해당된다. (×) 제23회
2. 개업공인중개사가 거래당사자 쌍방을 대리하는 것은 금지되지 않는다. (×) 제30회
3. 개업공인중개사가 중개의뢰인을 대리하여 타인에게 중개대상물을 임대하는 행위는 금지행위에 해당된다. (×) 제27회

(7) 부동산투기를 조장하는 행위

개업공인중개사 등은 탈세 등 관계법령을 위반할 목적으로 소유권보존등기 또는 이전등기를 하지 아니한 부동산이나 관계법령의 규정에 의하여 전매 등 권리의 변동이 제한된 부동산의 매매를 중개하는 등 부동산투기를 조장하는 행위를 하여서는 아니 된다.

① '미등기전매부동산'과 '권리변동제한부동산'의 중개행위가 금지행위에 해당

② 권리변동제한부동산 ⇨ 투기과열지구 내 전매금지 분양권

③ 토지거래허가구역 내 토지 ⇨ 권리변동제한부동산(×)

④ 개업공인중개사가 중개의뢰인이 전매차익을 노려 계약금만 걸어 놓고 중간생략등기의 방법으로 부동산을 단기전매하여 각종 세금을 포탈하려는 것을 알고도 동조하여 그 전매를 중개하였는데, 사정이 여의치 아니하여 중개의뢰인이 전매차익을 올리지 못하였다 하더라도 개업공인중개사의 전매중개는 부동산투기를 조장하는 행위에 해당한다(대판 90누4464).

(8) 시세에 부당한 영향을 주는 행위(시세조작)

개업공인중개사 등은 부당한 이익을 얻거나 제3자에게 부당한 이익을 얻게 할 목적으로 거짓으로 거래가 완료된 것처럼 꾸미는 등 중개대상물의 **시세에 부당한 영향을 주거나 줄 우려가 있는 행위**를 하여서는 아니 된다.

(9) 독과점 행위(왕따)

개업공인중개사 등은 **단체를 구성하여** 특정 중개대상물에 대하여 중개를 **제한**하거나 단체 구성원 이외의 자와 공동중개를 **제한**하는 행위를 하여서는 아니 된다.

3 개업공인중개사 등의 업무를 방해하는 행위

누구든지 시세에 부당한 영향을 줄 목적으로 다음의 어느 하나의 방법으로 개업공인중개사 등의 업무를 방해해서는 아니 된다.

① 안내문, 온라인 커뮤니티 등을 이용하여 **특정 개업공인중개사 등**에 대한 **중개의뢰를 제한**하거나 **제한을 유도**하는 행위
② 안내문, 온라인 커뮤니티 등을 이용하여 중개대상물에 대하여 **시세보다 현저하게 높게 표시 · 광고** 또는 **중개**하는 **특정 개업공인중개사 등에게만 중개의뢰를 하도록 유도함**으로써 **다른 개업공인중개사 등을 부당하게 차별**하는 행위

OX

1. 중개의뢰인이 부동산을 단기 전매하여 세금을 포탈하려는 것을 알고도 개업공인중개사가 이에 동조하여 그 전매를 중개한 행위는 금지행위에 해당된다. (○) 제25회
2. 중개의뢰인이 중간생략등기의 방법으로 전매하여 세금을 포탈하려는 것을 개업공인중개사가 알고도 투기목적의 전매를 중개하였으나, 전매차익이 발생하지 않은 경우 그 행위는 금지행위에 해당된다. (○) 제28회

OX

1. 제3자에게 부당한 이익을 얻게 할 목적으로 거짓으로 거래가 완료된 것처럼 꾸미는 등 중개대상물의 시세에 부당한 영향을 줄 우려가 있는 행위는 개업공인중개사 등의 금지행위에 해당된다. (○) 제31회
2. 단체를 구성하여 단체 구성원 이외의 자와 공동중개를 제한하는 행위는 개업공인중개사 등의 금지행위에 해당된다. (○) 제31회

OX

1. 중개의뢰인과 직접 거래를 하는 행위는 누구든지 시세에 부당한 영향을 줄 목적으로 개업공인중개사등의 업무를 방해해서는 아니 되는 행위에 해당된다. (×) 제35회
2. 단체를 구성하여 특정 중개대상물에 대하여 중개를 제한하거나 단체 구성원 이외의 자와 공동중개를 제한하는 행위 누구든지 시세에 부당한 영향을 줄 목적으로 개업공인중개사등의 업무를 방해해서는 아니 되는 행위에 해당된다. (×) 제35회

> ③ 안내문, 온라인 커뮤니티 등을 이용하여 **특정 가격 이하로 중개를 의뢰하지 아니하도록 유도**하는 행위
> ④ 정당한 사유 없이 개업공인중개사 등의 중개대상물에 대한 **정당한 표시·광고 행위를 방해하는 행위**
> ⑤ 개업공인중개사 등에게 중개대상물을 **시세보다 현저하게 높게 표시·광고하도록 강요**하거나 **대가를 약속하고 시세보다 현저하게 높게 표시·광고하도록 유도**하는 행위

4 금지행위 위반의 효과

1. 행정형벌

(1) 1년 이하의 징역 또는 1천만원 이하의 벌금

① 법정중개대상물의 매매를 업으로 하는 행위

② 무등록중개업자와의 협조행위

③ 법정보수 또는 실비를 초과하여 금품을 받는 행위

④ 거짓된 언행 등으로 중개의뢰인의 판단을 그르치게 하는 행위

(2) 3년 이하의 징역 또는 3천만원 이하의 벌금

① 증서 등의 중개 또는 매매를 업으로 하는 행위

② 직접거래 및 쌍방대리행위

③ 부동산투기를 조장하는 행위

④ 부당한 이익을 얻거나 제3자에게 부당한 이익을 얻게 할 목적으로 거짓으로 거래가 완료된 것처럼 꾸미는 등 중개대상물의 시세에 부당한 영향을 주거나 줄 우려가 있는 행위 ⇨ 시세조작

⑤ 단체를 구성하여 특정 중개대상물에 대하여 중개를 제한하거나 단체 구성원 이외의 자와 공동중개를 제한하는 행위 ⇨ 독과점행위

⑥ 개업공인중개사 등의 업무를 방해하는 행위(5가지)

2. 행정처분

금지행위규정을 위반한 경우 등록관청은 개업공인중개사에 대하여 등록을 취소할 수 있으며, 시 · 도지사는 소속공인중개사에 대하여 자격정지처분을 할 수 있다.

■ 금지행위 효과 총정리

금지행위의 내용	행정처분			형 벌
	개업 공인중개사	소속 공인중개사	중개 보조원	
1. **매매업**(중개대상물)	임의적 등록취소	자격정지	–	1년/1천
2. **무등록업자와 협조**	임의적 등록취소	자격정지	–	1년/1천
3. **수수**(금품초과)	임의적 등록취소	자격정지	–	1년/1천
4. **거짓된 언행**	임의적 등록취소	자격정지	–	1년/1천
5. **증서의 중개, 매매업**	임의적 등록취소	자격정지	–	3년/3천
6. **직접거래, 쌍방대리**	임의적 등록취소	자격정지	–	3년/3천
7. **투기조장행위**	임의적 등록취소	자격정지	–	3년/3천
8. **시세조작행위**	임의적 등록취소	자격정지	–	3년/3천
9. **단체구성**(독과점)	임의적 등록취소	자격정지	–	3년/3천
10. **방해행위** (개업공인중개사의업무)	–	–	–	3년/3천

07 부동산거래질서교란행위 신고센터의 설치 · 운영

(1) 신고센터의 설치 · 운영

① 국토교통부장관은 부동산 시장의 건전한 거래질서를 조성하기 위하여 부동산거래질서교란행위 신고센터를 설치 · 운영할 수 있다.

② **거래질서 교란행위**: 누구든지 부동산중개업 및 부동산 시장의 건전한 거래질서를 해치는 다음에 해당하는 행위(부동산거래질서교란행위)를 발견하는 경우 그 사실을 신고센터에 신고할 수 있다.

㉠ 「공인중개사법」 위반행위 중 다음에 해당하는 행위

ⓐ 자격증의 양도・대여행위, 양수・대여받는 행위, 알선행위
ⓑ 등록증의 양도・대여행위, 양수・대여받는 행위, 알선행위
ⓒ 공인중개사 아닌 자의 사칭
ⓓ 중개사무소 개설등록을 하지 아니하고 중개업을 하는 행위
ⓔ 거짓 그밖의 부정한 방법으로 등록을 한 행위
ⓕ 이중으로 중개사무소의 개설등록을 한 행위
ⓖ 개업공인중개사 등이 둘 이상의 중개사무소에 소속하는 행위
ⓗ 이중사무소・임시 중개시설물 설치행위
ⓘ 법인인 개업공인중개사의 겸업제한 위반행위
ⓙ 중개보조원 고용인원제한 위반행위
ⓚ 중개보조원임을 고지할 의무 위반행위
ⓛ 중개사무소등록증 등의 게시의무 위반행위
ⓜ 중개사무소 명칭사용, 사용금지, 옥외광고물 성명표기 의무 위반행위
ⓝ 성실・정확하게 설명할 의무 및 설명의 근거자료 제시의무 위반행위
ⓞ 주택임대차 중개시 관련사항 설명의무 위반행위
ⓟ 거래계약서 작성시 거짓기재・이중계약서 작성행위
ⓠ 비밀누설금지의무 위반행위
ⓡ 개업공인중개사 등의 금지행위(제33조 제1항)에 해당하는 행위(9가지)
⇨ 매・무・수・거 / 중・직・투・시・체
ⓢ 개업공인중개사 등의 업무를 방해하는 행위(제33조 제2항)에 해당하는 행위(5가지) ⇨ 특・특・특・정・부

㉡ 「부동산 거래신고 등에 관한 법률」 위반행위 중 다음에 해당하는 행위

ⓐ 부동산거래 신고의무 위반행위
ⓑ 해제 등의 신고의무 위반행위
ⓒ 금지행위로서 개업공인중개사에게 부동산거래신고를 하지 아니하게 하거나 거짓신고를 요구하는 행위, 신고의무자가 아닌 자로서 거짓으로 신고하는 행위, 거짓신고를 조장・방조하는 행위, 위장거래신고 및 위장해제신고행위

OX

1. 중개보조원이 중개업무를 보조하면서 중개의뢰인에게 본인이 중개보조원이라는 사실을 미리 알리지 않은 경우에는 부동산거래질서교란행위에 해당한다. (○) 제35회
2. 개업공인중개사가 동일한 중개대상물에 대한 하나의 거래를 완성하면서 서로 다른 둘 이상의 거래계약서를 작성한 경우에는 부동산거래질서교란행위에 해당한다. (○) 제35회

OX 개업공인중개사가 중개행위로 인한 손해배상책임을 보장하기 위하여 가입해야 하는 보증보험이나 공제에 가입하지 않은 경우에는 부동산거래질서교란행위에 해당한다. (×) 제35회

⊙ 거래질서교란행위에 해당되지 않는 사항

1. 중개대상물 표시 · 광고시 명시의무위반(명소연등성)
2. 인터넷 광고시 추가 명시의무위반(솔까면 종태가~)
3. 부당한 표시광고 위반(존다존존빠)
4. 개업공인중개사 아닌 자가 중개대상물에 대한 표시 · 광고
5. 인장등록의무 위반, 휴업 · 폐업신고 위반
6. 개업공인중개사의 업무보증 설정의무 위반

(2) 신고센터의 업무

신고센터는 다음의 업무를 수행한다.

① 부동산거래질서교란행위 **신고의 접수 및 상담**

② 신고사항에 대한 **확인** 또는 시 · 도지사 및 등록관청 등에 신고사항에 대한 **조사 및 조치 요구**

③ 신고인에 대한 신고사항 **처리결과 통보**

(3) 신고센터의 운영

① **부동산거래질서교란행위의 신고**: 부동산거래질서교란행위 신고센터에 부동산거래질서교란행위를 신고하려는 자는 다음의 사항을 서면(전자문서를 포함)으로 제출해야 한다.

㉠ 신고인 및 피신고인의 인적사항

㉡ 부동산거래질서교란행위의 발생일시 · 장소 및 그 내용

㉢ 신고내용을 증명할 수 있는 증거자료 또는 참고인의 인적사항

㉣ 그 밖에 신고 처리에 필요한 사항

② **보완 요청**: 신고센터는 신고받은 사항에 대해 보완이 필요한 경우 기간을 정하여 신고인에게 **보완을 요청**할 수 있다.

③ **조사 및 조치 요구**: 신고센터는 제출받은 신고사항에 대해 **시 · 도지사** 및 **등록관청** 등에 **조사 및 조치를 요구**해야 한다. 다만, 다음의 어느 하나에 해당하는 경우에는 **국토교통부장관의 승인**을 받아 접수된 신고사항의 **처리를 종결할 수 있다.**

㉠ 신고내용이 명백히 거짓인 경우

㉡ 신고인이 보완 요청에 따른 보완을 하지 않은 경우

㉢ 신고인이 신고사항의 처리결과를 통보받은 사항에 대하여 정당한 사유 없이 다시 신고한 경우로서 새로운 사실이나 증거자료가 없는 경우

㉣ 신고내용이 이미 수사기관에서 수사 중이거나 재판이 계속 중이거나 법원의 판결에 의해 확정된 경우

④ **신고센터에 처리결과 통보**: 조사 및 조치 요구를 받은 **시·도지사** 및 **등록관청** 등은 신속하게 조사 및 조치를 완료하고, 완료한 날부터 10일 **이내**에 그 결과를 **신고센터에 통보**해야 한다.

⑤ **신고인에게 처리결과 통보**: **신고센터**는 시·도지사 및 등록관청 등으로부터 처리결과를 통보받은 경우 **신고인에게** 신고사항 **처리결과를 통보**해야 한다.

⑥ **국토교통부장관에게 제출**: 신고센터는 **매월 10일까지** 직전 달의 신고사항 접수 및 처리결과 등을 **국토교통부장관에게 제출**해야 한다.

⑦ **업무의 위탁**

㉠ 국토교통부장관은 신고센터의 업무를 「한국부동산원법」에 따른 **한국부동산원**에 위탁한다.

㉡ **한국부동산원**은 신고센터의 업무처리방법, 절차 등에 관한 **운영규정**을 정하여 **국토교통부장관**의 **승인**을 받아야 한다. 이를 **변경**하려는 경우에도 또한 같다.

Chapter 07

중개보수 및 실비

01 중개보수 및 실비의 개요

중개보수	주 택	국토교통부령이 정하는 범위 내에서 시·도 조례
	주택 외의 중개대상물	국토교통부령으로 정함
실 비	권리관계 등의 확인에 소요되는 실비	국토교통부령이 정하는 범위 내에서 시·도 조례
	반환채무 이행보장에 소요되는 실비	

02 중개보수

1 중개보수청구권

(1) 의의 및 성질

① 개업공인중개사는 중개업무에 관하여 의뢰인으로부터 소정의 보수를 받는다.

② 중개보수는 상인의 자격으로 당연히 존재하는 상인의 보수로 인정되므로 중개계약에서 유상임을 명시하지 않더라도 중개보수청구권은 인정된다(판례).

(2) 중개보수청구권의 발생

① 중개계약 체결시에 발생하며, 중개계약은 특별한 방식을 요하지 않는다.

② 중개완성 전에 양도가 가능하고 전부명령·압류의 대상으로 할 수 있다(판례).

(3) 중개보수청구권의 행사요건

① 거래계약의 체결

② 인과관계(중개행위와 거래계약 간)

(4) 중개보수청구권의 소멸 여부

① **청구권의 소멸**

㉠ 중개완성 이후 거래당사자 간 거래계약이 **개업공인중개사의 고의 · 과실**로 무효 · 취소 · 해제된 경우에는 개업공인중개사의 중개보수청구권은 소멸한다.

㉡ 이미 중개보수를 수령한 경우에는 이를 반환하여야 하고 아직 중개보수를 수령하지 않은 경우라면 장래에 받을 수 없다.

② **청구권의 존속**

㉠ 거래계약이 성립된 후 **개업공인중개사의 고의나 과실 없이 중개의뢰인의 사정**으로 거래계약이 무효 · 취소 또는 해제된 경우에는 중개보수청구권이 소멸하지 않는다.

㉡ 이미 수령한 중개보수는 반환하지 않아도 되며, 아직 수령하지 않은 경우라면 장래에 중개보수청구권을 행사할 수 있다.

OX

1. 개업공인중개사의 과실로 인하여 중개의뢰인 간의 거래행위가 취소된 경우에도 개업공인중개사는 중개업무에 관하여 중개의뢰인으로부터 소정의 보수를 받는다. (×) 제33회
2. 개업공인중개사의 고의와 과실 없이 중개의뢰인의 사정으로 거래계약이 해제된 경우라도 개업공인중개사는 중개보수를 받을 수 있다. (○) 제31회

2 중개보수의 범위

(1) 적용기준

① 현행법은 '**주택**'과 '**주택 외의 중개대상물**'로 이원화하여 서로 다른 기준을 적용하고 있다.

② 중개대상물인 건축물 중 **주택의 면적**이 **2분의 1 이상**인 경우 주택으로 분류하고, 주택의 면적이 2분의 1 미만인 경우 '주택 외의 중개대상물'로 분류한다.

OX 중개대상물인 건축물 중 주택의 면적이 2분의 1 이상인 건축물은 주택의 중개보수규정을 적용한다. (○) 제29회

(2) 주택의 경우

① **공인중개사법**: 주택(부속토지 포함)의 중개보수에 관하여 필요한 사항은 **국토교통부령**이 정하는 범위 안에서 **시 · 도의 조례**로 정하도록 하고 있다.

② **국토교통부령의 범위**: 주택의 중개에 대한 보수는 중개의뢰인 쌍방으로부터 각각 받되, 그 일방으로부터 받을 수 있는 한도는 **국토교통부령**에 따르되, 그 금액은 **시 · 도의 조례**로 정하는 요율 한도 이내에서 중개의뢰인과 개업공인중개사가 서로 협의하여 결정한다.

③ **시 · 도의 조례**

㉠ 중개대상물 소재지와 중개사무소 소재지가 다른 경우에는 **중개사무소의 소재지를 관할하는 시 · 도의 조례**에서 정한 기준에 따라 중개보수를 받는다.

㉡ 법인의 분사무소에서 중개행위로 거래계약을 체결시킨 경우 **분사무소 소재지 관할 시 · 도 조례**로 정한 기준에 따라 중개보수를 받는다.

OX

1. 주택의 중개보수는 국토교통부령으로 정하는 범위 안에서 시 · 도의 조례로 정하고, 주택 외의 중개대상물의 중개보수는 국토교통부령으로 정한다. (○) 제31회
2. 주택인 중개대상물 소재지와 중개사무소 소재지가 다른 경우, 개업공인중개사는 중개대상물 소재지를 관할하는 시 · 도의 조례에서 정한 기준에 따라 중개보수를 받아야 한다. (×) 제28회

■ **중개보수의 범위**(국토교통부령)

거래내용	거래금액	상한요율	한도액
매매 · 교환	5천만원 미만	1천분의 6	25만원
	5천만원 이상 2억원 미만	1천분의 5	80만원
	2억원 이상 9억원 미만	1천분의 4	−
	9억원 이상 12억원 미만	1천분의 5	−
	12억원 이상 15억원 미만	1천분의 6	−
	15억원 이상	1천분의 7	−
임대차 등	5천만원 미만	1천분의 5	20만원
	5천만원 이상 1억원 미만	1천분의 4	30만원
	1억원 이상 6억원 미만	1천분의 3	−
	6억원 이상 12억원 미만	1천분의 4	−
	12억원 이상 15억원 미만	1천분의 5	−
	15억원 이상	1천분의 6	−

OX

1. 주택 외의 중개대상물의 중개보수 한도는 시·도의 조례로 정한다. (×) 제28회, 제33회
2. 전용면적이 85제곱미터 이하이고, 상·하수도 시설이 갖추어진 전용입식 부엌, 전용수세식 화장실 및 목욕시설을 갖춘 오피스텔의 임대차에 대한 중개보수의 상한 요율은 거래금액의 1천분의 5이다. (×) 제29회

(3) 주택 외의 중개대상물의 경우

① **공인중개사법**: **국토교통부령**이 정하는 바에 의한다(시 · 도 조례×).

② **주거용 오피스텔**(전용 85m² 이하, 입식부엌 · 화장실 · 목욕시설 구비)

㉠ **매매 · 교환**의 경우에는 **1천분의 5**

㉡ **임대차** 등의 경우에는 **1천분의 4**의 요율 범위에서 중개보수를 결정

③ **주택 외의 중개대상물**(주거용 오피스텔 제외): **쌍방**으로부터 **각각** 받되, 거래금액의 **0.9% 이내**에서 상호 협의 · 결정

④ **실제 수수하고자 하는 상한요율**: 개업공인중개사는 **주택 외의 중개대상물**에 대하여 법정중개보수 요율 범위 안에서 실제 자기가 받고자 하는 중개보수의 상한요율을 '중개보수 · 실비의 요율 및 한도액표'에 명시하여야 하며, 이를 초과하여 금품을 수수하여서는 아니 된다.

(4) 중개보수규정의 적용범위

법인의 겸업업무인 **부동산컨설팅**이나 주택 및 상가의 **분양대행업무**는 중개보수규정의 적용이 없고, 특별한 규정이 없는 한 당사자 간 약정에 의할 것이다.

(5) 한도를 초과한 보수약정의 효력

한도액 초과부분이 무효 ⇨ 부당이득반환청구권 발생

판례

조례를 잘못 해석하여 금품을 초과수수한 경우

지방자치단체의 조례를 잘못 해석한 경우: 중개보수 산정에 관한 지방자치단체의 조례를 잘못 해석하여 법에서 허용하는 금액을 초과한 중개보수를 수수한 경우 법률의 착오에 해당하지 않으므로, 보수 초과수수죄에 해당한다(대판 2004도62).

■ 중개보수의 체계

주 택	주택 이외의 중개대상물	
	주거용 오피스텔 (전용 85m² 이하, 일정시설)	그 밖에 중개대상물 (토지·상가·공장/전용 85m² 초과 오피스텔)
(1) **공인중개사법** 국토교통부령 범위 내 ⇨ 시·도의 조례○ (2) **국토교통부령** ① 매매·교환: 0.7% ↓ ② 임대차 등: 0.6% ↓ (3) **시·도 조례** 사무소 소재지 관할 기준	국토교통부령으로 정함(시·도 조례×) ① 매매·교환: 0.5% ↓ ② 임대차 등: 0.4% ↓	거래금액의 0.9% 이내에서 상호 협의·결정 개업공인중개사는 '주택 외의 중개대상물'에 대하여 법정 중개보수 요율의 범위 안에서 실제 자기가 받고자 하는 중개보수의 상한요율을 '중개보수 요율표'에 명시하여야 하며, 이를 초과하여 중개보수를 받아서는 아니 된다.

3 중개보수의 계산 및 지불시기

(1) 산정방법

① 거래금액 × 보수요율 = 산출액

② 주택의 경우 산출액과 한도액 비교 후 낮은 금액을 법정보수로 한다.

(2) 산정의 기준금액(거래금액)

① 매매계약

㉠ **매매대금**을 거래금액으로 한다.

㉡ 분양권 전매는 **기납입액**(계약금, 중도금 등)과 **프리미엄**을 합산한 금액을 거래금액으로 한다.

㉢ **동일한 중개대상물**에 대하여 **동일 당사자 간**에 매매를 포함한 둘 이상의 거래가 **동일 기회**에 이루어지는 경우 **매매계약에 관한 거래금액만**을 적용한다.

OX

1. 법정한도를 초과하는 중개보수 약정은 그 한도를 초과하는 범위 내에서 무효이다. (○) 제31회
2. 개업공인중개사가 중개보수 산정에 관한 지방자치단체의 조례를 잘못 해석하여 법정한도를 초과한 중개보수를 받은 경우 「공인중개사법」 제33조의 금지행위에 해당하지 않는다. (×) 제31회

OX

1. 중도금의 일부만 납부된 아파트 분양권의 매매를 중개하는 경우, 중개보수는 총 분양대금과 프리미엄의 합산한 금액을 거래대금으로 하여 계산한다. (×) 제28회
2. 동일한 중개대상물에 대하여 동일한 당사자 간에 매매와 임대차가 동일 기회에 이루어지는 경우, 매매계약과 임대차계약의 거래금액을 합산한 금액을 기준으로 보수를 산정한다. (×) 제23회
3. 교환계약의 경우 거래금액은 교환대상 중개대상물 중 거래금액이 큰 중개대상물의 가액으로 한다. (○) 제28회, 제29회

② **교환계약**

㉠ 교환대상 중개대상물 중 **거래금액이 큰 중개대상물의** 가액을 거래금액으로 한다.

㉡ 보충금은 거래금액에 산입하지 않는다.

③ **전세계약**: 전세보증금을 거래금액으로 한다.

④ **임대차계약**

㉠ 보증금 외에 차임이 있는 경우에는 월 단위의 차임액에 **1분의 100**을 곱하여 환산한 금액을 보증금에 합산하여 거래금액을 계산한다(주택, 비주택 불문).

㉡ 환산합산한 금액이 **5천만원 미만**인 경우에는 월 단위의 차임액에 70을 곱한 금액과 보증금을 합산한 금액을 거래금액으로 한다(주택, 비주택 불문).

OX 개업공인중개사와 중개의뢰인 간의 약정이 없는 경우, 중개보수의 지급시기는 거래계약이 체결된 날로 한다. (×) 제28회

(3) 중개보수 지불시기

개업공인중개사와 중개의뢰인 간의 **약정**에 따르되, 약정이 없을 때에는 중개대상물의 **거래대금 지급이 완료된** 날로 한다.

03 실 비

종 류	권리관계 등의 확인에 소요되는 실비	반환채무 이행보장에 소요되는 실비
부담자	권리이전 중개의뢰인	권리취득 중개의뢰인
기 준	① 국토교통부령이 정하는 범위 내 ⇨ 시 · 도 조례로 정함 ② 중개대상물 소재지와 중개사무소 소재지가 다른 경우 ⇨ 중개사무소 소재지 관한 시 · 도 조례 적용	
내 용	① 공부의 발급 · 열람수수료 ② 교통비 · 숙박비 등의 여비 ③ 공부의 발급 · 열람 대행비	① 금융기관 등에 예치수수료 ② 반환보증 가입비 ③ 공부의 발급 · 열람수수료 ④ 교통비 · 숙박비 등의 여비
지불 시기	확인 · 설명을 마친 때	계약금 등을 지급 · 반환하는 때

Chapter 08

보칙, 공인중개사협회

01 보 칙

1 업무의 위탁

(1) 의 의

국토교통부장관, 시 · 도지사 또는 등록관청은 대통령령으로 정하는 바에 따라 그 업무의 일부를 협회 또는 대통령령으로 정하는 기관에 위탁할 수 있다.

(2) 업무의 위탁

위탁기관	위탁업무	수탁기관
국토교통부장관	신고센터 운영업무	• 한국부동산원
시험시행기관장	자격시험 시행업무	• 공인중개사**협**회 • **공**기업 · 준정부기관
시 · 도지사	• 실무교육 • 직무교육 • 연수교육	• 공인중개사**협**회 • **공**기업 · 준정부기관 • **대**학 · 전문대학 등
국토교통부장관	인터넷 표시 · 광고 모니터링 업무	• **공**공기관 • **정**부출연 연구기관 • **비**영리법인(민법상) • **기**관 또는 단체(인력 · 조직)

(3) 관보에 고시

시 · 도지사 또는 시험시행기관장은 업무를 위탁한 때에는 위탁받은 기관의 명칭 · 대표자 및 소재지와 위탁업무의 내용 등을 관보에 고시하여야 한다.

2 포상금 제도

1. 지급관청 및 신고 · 고발 대상자

(1) **신고 · 고발관청**: 등록관청, 수사기관, 부동산거래질서교란행위 신고센터

(2) **포상금 지급관청**: 등록관청

(3) **신고 · 고발 대상자**

① **양**도 · 대여하거나 **양**수 · 대여받은 자(등록증 · 자격증)
② **부**정한 방법으로 중개사무소 개설등록을 한 자
③ **무**등록중개업자(등록을 하지 아니하고 중개업을 한 자)
④ **표**시 · 광고를 한 자(개업공인중개사 아닌 자로서)
⑤ **시**세조작, 단**체**구성(**독**과점), 업무**방**해

❶ 공인중개사 자격을 부정한 방법으로 취득한 자, 개업공인중개사로서 이중등록을 한 자, 이중사무소를 설치한 자, 중개대상물의 매매를 업으로 한 자, 금품을 초과수수한 자, 중개의뢰인과 직접거래를 한 자, 존재하지 않아서 중개할 수 없는 중개대상물을 광고한 자 등은 신고 · 고발 대상자에 해당되지 않는다.

OX

1. 중개대상물의 내용을 사실과 다르게 거짓으로 표시 · 광고한 자를 신고한 자는 포상금 지급 대상이다. (×) 제31회
2. 개업공인중개사로서 중개의뢰인과 직접거래를 한 자를 신고한 자는 포상금 지급대상이다. (×) 제32회
3. 중개대상물의 매매를 업으로 하는 행위를 한 자를 신고 · 고발한 자는 포상금 지급대상이다. (×) 제33회

2. 포상금의 지급

(1) **포상금액**

포상금은 **1건당 50만원**, **국고보조비율**은 **100분의 50 이내**로 한다.

(2) **지급조건**

신고 · 고발 대상자가 행정기관에 의하여 발각되기 전에 신고 또는 고발한 자에게 그 사건에 대하여 검사가 **공소제기** 또는 **기소유예**의 결정을 한 경우에 한하여 지급한다.

❶ **무혐의 처분**을 한 경우에는 포상금을 지급하지 않는다.

(3) **지급절차**

① **포상금 지급신청**: **등록관청**에 포상금지급신청서(수사기관에 고발한 경우에는 수사기관의 고발확인서 첨부)를 제출한다.

② **포상금의 지급**: 지급신청을 받은 등록관청은 검사의 처분내용 조회 후 포상금지급을 결정하고, 그 **결정일**부터 **1개월 이내**에 포상금을 지급하여야 한다.

OX

1. 포상금의 지급에 소요되는 비용은 그 전부 또는 일부를 국고에서 보조할 수 있다. (×) 제26회
2. 검사가 신고사건에 대하여 기소유예의 결정을 한 경우에는 포상금을 지급하지 않는다. (×) 제30회

③ **신고 · 고발한 자가 2인 이상인 경우**

㉠ 하나의 사건에 대하여 2인 이상이 공동 신고 · 고발한 경우: **균등배분지급** 다만, 배분방법에 관하여 미리 합의한 경우에는 **합의배분지급**

㉡ 하나의 사건에 대하여 2건 이상의 신고 · 고발이 접수된 경우: **최초로 신고 또는 고발한 자**에게 포상금을 지급

OX 등록관청은 하나의 사건에 2건 이상의 신고가 접수된 경우, 공동으로 신고한 것이 아니면 포상금을 균등하게 배분하여 지급한다. (×) 제30회

3 행정수수료

조례에 의한 수수료 납부대상(○)	수수료 납부대상(×)
① 공인중개사 자격시험에 **응**시하는 자 ② 공인중개사자격증의 **재**교부를 신청하는 자 ③ 중개사무소의 개설**등**록을 신청하는 자 ④ 중개사무소등록증의 **재**교부를 신청하는 자 ⑤ **분**사무소설치의 신고를 하는 자 ⑥ 분사무소설치신고확인서 **재**교부를 신청하는 자	• 자격증 등 교부 3가지 • 휴업 · 폐업신고 • 고용신고 • 인장등록 • 거래정보사업자 지정신청
상기 ①, ②의 경우는 해당 시 · 도의 조례가 정하는 바에 따라 수수료를 납부하여야 하고, ③~⑥의 경우는 해당 시 · 군 · 구의 조례가 정하는 바에 따라 수수료를 납부하여야 한다.	

- 다만, 자격시험을 국토교통부장관이 시행하는 경우에는 국토교통부장관이 결정 · 공고하는 수수료를 납부하여야 한다.
- 공인중개사 자격시험 또는 자격증 재교부업무를 위탁한 경우에는 해당 업무를 위탁받은 자가 위탁한 자의 승인을 얻어 결정 · 공고하는 수수료를 각각 납부하여야 한다.

OX

1. 국토교통부장관이 시행하는 공인중개사 자격시험에 응시하는 자는 지방자치단체의 조례가 정하는 바에 따라 수수료를 납부하여야 한다. (×) 제30회
2. 중개사무소의 휴업을 신고하는 자는 수수료를 납부하여야 한다. (×) 제25회, 제27회
3. 공인중개사 자격시험에 합격하여 공인중개사자격증을 처음으로 교부받는 자는 수수료를 납부하여야 한다. (×) 제27회
4. 중개업 폐업신고는 수수료 납부사항이 아니다. (○) 제31회

02 공인중개사협회

1 총 설

(1) 협회의 설립목적

개업공인중개사인 공인중개사(중개인 포함)는 그 자질향상 및 품위유지와 중개업에 관한 제도의 개선 및 운용에 관한 업무를 효율적으로 수행하기 위해 **협회를 설립할 수 있다.**

(2) 협회의 성격 – 법인(사법인)

① 비영리 사단법인 ⇨ 「민법」 중 **사단법인에 관한 규정**을 적용

② 설립인가주의, 임의 설립주의, 복수설립주의

OX

1. 협회에 관하여 「공인중개사법」에 규정된 것 외에는 「민법」 중 사단법인에 관한 규정을 적용한다. (○) 제32회
2. 협회의 설립은 공인중개사법령의 규정을 제외하고 「민법」의 사단법인에 관한 규정을 준용하므로 설립허가주의를 취한다. (×) 제25회

2 협회의 설립절차

(1) **정관작성 :** 회원 300인 이상이 발기인이 되어 정관을 작성하여 서명 · 날인

(2) **창립총회의 의결**

① 정관에 대하여 회원 600인 이상이 출석한 창립총회에서 과반수의 동의 필요

② 서울특별시에서 100인 이상, 광역시 및 도에서 각 20인 이상의 회원이 참여

OX 협회의 창립총회는 서울특별시에서는 300인 이상의 회원의 참여를 요한다. (×) 제25회

(3) **설립인가**: 국토교통부장관의 설립인가

(4) **설립등기**: 주된 사무소의 소재지에서 설립등기를 함으로써 성립

3 협회의 구성

(1) **회원가입**: 임의적 사항

(2) **협회의 조직**

① **주된 사무소**: 설치는 **필수적**. 다만, 서울특별시에 둘 필요는 없다.

② **지부 · 지회**: 협회는 정관이 정하는 바에 따라 특별시 · 광역시 · 도에 **지부**, 시 · 군 · 구에 **지회를 둘 수 있다.**

③ 협회가 그 지부 또는 지회를 설치한 때에는 그 **지부는 시 · 도지사**에게, **지회**는 **등록관청**에 **신고**하여야 한다.

④ 협회는 **총회**의 의결내용을 **지체 없이** 국토교통부장관에게 **보고**하여야 한다.

OX

1. 협회는 서울특별시에 주된 사무소를 두어야 한다. (×) 제24회
2. 공인중개사협회의 지부를 두는 경우 시 · 도지사에게 인가를 받아야 한다. (×) 제22회
3. 협회는 총회의 의결내용을 지체 없이 등록관청에게 보고하고, 등기하여야 한다. (×) 제30회

4 협회의 업무

(1) **고유업무**

① 회원의 **품위유지**를 위한 업무

② 회원의 **자질향상**을 위한 지도 및 교육 · 연수에 관한 업무

③ 부동산중개제도의 연구 · **개선**에 관한 업무

④ 회원의 **윤리헌장** 제정 및 그 실천에 관한 업무

⑤ 부동산 **정보제공**에 관한 업무

⑥ **공제사업** ⇨ **비영리사업**으로서 회원 간의 상호부조를 목적으로 한다.

OX

1. 협회는 부동산중개제도의 연구 · 개선에 관한 업무를 수행할 수 있다. (○) 제23회
2. 협회는 부동산 정보제공에 관한 업무를 직접 수행할 수 없다. (×) 제30회
3. 협회는 개업공인중개사에 대한 행정제재처분의 부과와 집행의 업무를 할 수 있다. (×) 제30회
4. 협회는 영리사업으로서 회원 간의 상호부조를 목적으로 공제사업을 할 수 있다. (×) 제30회

(2) **위탁업무**(수탁업무)

① 실무교육, 직무교육, 연수교육에 관한 업무

② 시험시행업무

③ 매수신청대리인등록을 위한 경매실무교육업무

5 협회의 공제사업

(1) 공제사업의 성격과 범위

① **임의적 사업**: 협회는 공제사업(손해배상책임의 보장)을 할 수 있다.

② **공제사업의 범위**

㉠ 손해배상책임 보장을 위한 공제기금의 조성 및 공제금의 지급에 관한 사업

㉡ 공제사업의 부대업무로서 공제규정으로 정하는 사업

(2) 공제규정

① **공제규정의 승인**: 공제규정의 **제정·변경** ⇨ 국토교통부장관의 승인

② **공제규정에 정할 내용**

㉠ 공제규정에는 공제사업의 범위, 공제계약의 내용, 공제금, 공제료, 회계기준 및 책임준비금의 적립비율 등 공제사업의 운용에 관하여 필요한 사항을 정하여야 한다.

㉡ 공제규정은 다음의 기준에 따라 정하여야 한다.

> ⓐ 공제계약의 내용: 협회의 공제책임, 공제금, 공제료, 공제기간, 공제금의 청구와 지급절차, 구상 및 대위권, 공제계약의 실효, 그 밖에 공제계약에 필요한 사항을 정한다. 이 경우 공제료는 공제사고 발생률, 보증보험료 등을 종합적으로 고려하여 결정한 금액으로 한다.
>
> ⓑ 회계기준: 공제사업을 손해배상기금과 복지기금으로 구분하여 각 기금별 목적 및 회계원칙에 부합되는 세부기준을 정한다.
>
> ⓒ 책임준비금의 적립비율: 공제사고 발생률 및 공제금 지급액 등을 종합적으로 고려하여 정하되, **공제료 수입액**의 **100분의 10 이상**으로 정함.

(3) 별도회계 및 책임준비금의 전용승인

① 협회는 공제사업을 다른 회계와 구분하여 **별도의 회계**로 관리하여야 한다.

② **책임준비금을 전용하고자** 하는 경우 ⇨ 국토교통부장관의 승인

OX

1. 협회는 시·도지사로부터 위탁을 받아 실무교육에 관한 업무를 할 수 있다. (○) 제32회
2. 인터넷을 이용한 중개대상물에 대한 표시·광고 모니터링 업무는 공인중개사협회의 업무에 해당된다. (×) 제35회

OX

1. 공인중개사협회는 공제사업을 하고자 하는 때에는 공제규정을 제정하여 국토교통부장관의 승인을 얻어야 한다. (○) 제30회
2. 공제규정에는 공제사업의 범위 등 공제사업의 운용에 관하여 필요한 사항을 정해야 한다. (○) 제21회

OX 공제규정에서 정하는 책임준비금의 적립비율은 공제료 수입액의 100분의 20 이상으로 한다. (×) 제33회

OX 협회는 책임준비금을 다른 용도로 사용하고자 하는 경우에는 국토교통부장관의 승인을 얻어야 한다. (○) 제30회, 제32회

OX 공인중개사협회는 회계연도 종료 후 6개월 이내에 매년도의 공제사업 운용실적을 일간신문 · 협회보 등을 통하여 공제계약자에게 공시하여야 한다. (×) 제30회

(4) 공제사업 운용실적의 공시

협회는 **매년** 다음의 사항을 매 회계연도 종료 후 **3개월 이내에** 일간신문 또는 협회보에 **공시**하고 협회의 인터넷 홈페이지에 **게시해야** 한다.

① 결산서인 요약 재무상태표, 손익계산서 및 감사보고서 ② 공제료 수입액, 공제금 지급액, 책임준비금 적립액 ③ 그 밖에 공제사업의 운용과 관련된 참고사항

(5) 재무건전성의 유지

① 협회는 다음의 재무건전성기준을 모두 준수하여야 한다.

㉠ **지급여력비율**은 **100분의 100 이상**을 유지할 것

㉡ 구상채권 등 보유자산의 건전성을 정기적으로 분류하고 대손충당금을 적립할 것

② **지급여력비율**은 **지급여력금액**을 **지급여력기준금액**으로 나눈 비율로 하며, 지급여력금액과 지급여력기준금액은 다음과 같다.

㉠ 지급여력금액: 자본금, 대손충당금, 이익잉여금, 그 밖에 이에 준하는 것으로서 국토교통부장관이 정하는 금액을 합산한 금액에서 영업권, 선급비용 등 국토교통부장관이 정하는 금액을 뺀 금액

㉡ 지급여력기준금액: 공제사업을 운영함에 따라 발생하게 되는 위험을 국토교통부장관이 정하는 방법에 따라 금액으로 환산한 것

③ 국토교통부장관은 재무건전성기준에 관한 필요 세부기준을 정할 수 있다.

(6) 공제사업에 관한 조사 · 검사 등

① **조사 · 검사**: 국토교통부장관의 **요청** ⇨ **금융감독원 원장**이 조사 · 검사

② **개선명령**: **국토교통부장관**은 협회의 공제사업 운영이 적정하지 아니하거나 자산상황이 불량하여 중개사고 피해자 및 공제가입자 등의 권익을 해칠 우려가 있다고 인정하면 다음과 같은 **개선명령**을 할 수 있다.

㉠ 업무집행방법의 **변경** ㉡ 자산예탁기관의 **변경** ㉢ 자산의 장부가격의 **변경** ㉣ 불건전한 자산에 대한 **적립**금의 보유 ㉤ 가치가 없다고 인정되는 자산의 **손실 처리** ㉥ **그 밖에** 이 법 및 공제규정을 준수하지 아니하여 공제사업의 건전성을 해할 우려가 있는 경우 이에 대한 개선명령

OX

1. 금융감독원의 원장은 국토교통부장관의 요청이 있는 경우에는 공제사업에 관하여 조사 또는 검사를 할 수 있다. (○) 제30회
2. 국토교통부장관은 협회의 공제사업 운영이 적정하지 아니한 경우 공제사업의 양도를 명할 수 있다. (×) 제25회, 제35회
3. 국토교통부장관은 협회의 자산상황이 불량하여 공제 가입자의 권익을 해칠 우려가 있다고 인정하면 자산예탁기관의 변경을 명할 수 있다. (○) 제33회

③ **임원에 대한 제재**: **국토교통부장관**은 협회의 **임원**이 다음에 해당하여 공제사업을 건전하게 운영하지 못할 우려가 있는 경우 그 임원에 대한 징계·해임을 **요구**하거나 해당 위반행위를 **시정**하도록 **명**할 수 있다.

㉠ **공제**규정을 위반하여 업무를 처리한 경우 ㉡ 재무**건전**성기준을 지키지 아니한 경우 ㉢ **개선**명령을 이행하지 아니한 경우

(7) 공제사업운영위원회 – 협회에 설치, 필수기관

① 공제사업에 관한 사항을 심의하고, 업무집행을 감독하기 위해 **협회에 설치한다.**

② **위원회의 구성**

㉠ **성별을 고려**하여 다음의 사람으로 하되, 그 수는 **19명 이내**로 한다.

ⓐ 국토교통부장관이 소속공무원 중에서 지명하는 사람 1명 ⓑ 협회의 회장 ⓒ 협회 이사회가 협회의 임원 중에서 선임하는 사람 ⓓ 협회 회장이 추천하여 국토교통부장관의 승인을 받아 위촉하는 다음 사람 가. 대학 또는 정부출연연구기관에서 부교수 또는 책임연구원 이상으로 재직하고 있거나 재직하였던 사람으로서 부동산분야 또는 법률·회계·금융·보험분야를 전공한 사람 나. 변호사·공인회계사 또는 공인중개사의 자격이 있는 사람 다. 금융감독원 또는 금융기관에서 임원 이상의 직에 있거나 있었던 사람 라. 공제조합관련 업무에 관한 학식과 경험이 풍부한 사람으로서 해당 업무에 5년 이상 종사한 사람 마. 「소비자기본법」에 따라 등록한 소비자단체 및 한국소비자원의 임원으로 재직 중인 사람

㉡ **위원장**과 **부위원장**을 각각 1명을 두되, 위원 중에서 **호선**한다.

㉢ **협회 측 인사**(회장, 이사회가 협회의 임원 중에서 선임하는 사람)는 전체 위원 수의 **3분의 1 미만**으로 한다.

㉣ 공무원과 회장을 제외한 위원의 **임기는 2년, 1회 연임**, 보궐위원의 임기는 전임위원의 잔여기간으로 한다.

OX 금융기관에서 임원 이상의 현직에 있는 사람은 공제사업 운영위원회 위원이 될 수 없다. (×) 제27회

OX

1. 공제사업 운영위원회 위원의 임기는 2년이며 연임할 수 없다. (×) 제27회
2. 위촉받아 보궐위원이 된 운영위원의 임기는 전임자 임기의 남은 기간으로 한다. (○) 제25회
3. 운영위원회의 회의는 재적위원 과반수의 찬성으로 심의사항을 의결한다. (×) 제25회

③ **위원회의 운영**

㉠ **부위원장**은 위원장이 그 직무를 수행할 수 없을 때에는 그 **직무를 대행**

㉡ **재적위원 과반수의 출석**으로 개의하고, **출석위원 과반수의 찬성**으로 의결

㉢ 간사 및 서기는 공제업무를 담당하는 **협회의 직원** 중에서 **위원장**이 임명

㉣ 간사는 회의록을 작성하여 다음 회의에 보고하고, 이를 보관하여야 함

㉤ 운영위원회의 운영상 필요사항은 운영위원회의 심의를 거쳐 위원장이 정함

6 지도 · 감독 및 제재

(1) **감독기관**: 국토교통부장관

(2) **감독대상**: 주된 사무소뿐만 아니라 지부, 지회를 포함

(3) **내 용**

① **행정명령**: 업무보고, 자료제출 명령

② **행정조사**: 소속공무원의 장부 · 서류 등의 조사 또는 검사(출입공무원은 공무원증 및 협회조사 · 검사증명서를 상대방에게 내보여야 함)

(4) **협회에 대한 제재**: 500만원 이하의 과태료

① 공제사업 운영실적을 **공시**하지 아니한 경우

② 공제업무의 **개선명령**을 이행하지 아니한 경우

③ 임원에 대한 징계 · 해임의 **요구**나 **시정**명령을 이행하지 아니한 경우

④ 감독상 명령에 위반한 경우(금융감독원 원장의 조사 · 검사에 불응한 경우)

Chapter 09 지도 · 감독, 벌칙

01 감독상의 명령 등

1 감독관청

(1) 국토교통부장관

(2) 특별시장 · 광역시장 · 도지사

(3) 등록관청(분사무소 소재지의 시장 · 군수 · 구청장을 포함)

2 감독대상자

(1) 개업공인중개사(소속공인중개사 포함)

(2) 거래정보사업자

(3) 무등록업자

3 감독상 명령의 필요사유

(1) 부동산투기 등 **거래동향의 파악**을 위하여 필요한 경우

(2) **이 법 위반행위의 확인**, 공인중개사의 자격취소 · 정지 및 개업공인중개사에 대한 등록취소 · 업무정지 등 **행정처분을 위하여** 필요한 경우

4 감독상 명령의 내용

(1) **행정명령**

개업공인중개사 또는 거래정보사업자에 대하여 그 업무에 관한 사항을 보고하게 하거나 자료의 제출, 그 밖에 필요한 명령을 할 수 있다.

(2) 행정조사

① 소속공무원으로 하여금 중개사무소(무등록중개사무소)에 출입하여 장부·서류 등을 조사 또는 검사하게 할 수 있다.

② 출입·조사를 하는 공무원은 **공무원증** 및 **중개사무소조사·검사증명서**를 지니고 상대방에게 제시하여야 한다.

(3) 협조 요청

감독관청은 불법행위 등에 대한 단속을 함에 있어서 필요한 때에는 협회 및 관계 기관에 협조를 요청할 수 있고, 협회는 특별한 사정이 없으면 이에 따라야 한다.

5 위반시 제재

(1) **개업공인중개사가 위반한 경우**: 업무정지처분사유

(2) **거래정보사업자가 위반한 경우**: 500만원 이하의 과태료사유

02 행정처분

1 총 설

■ 행정처분 일반

대 상	처분내용	처분권자	처분의 성격	사전절차	증 반납
개업 공인중개사	등록취소	등록관청	기속처분 재량처분	청문	○
	업무정지	등록관청	재량처분	의견 제출	×
공인중개사	자격취소	자격증교부 시·도지사	기속처분	청문	○
소속 공인중개사	자격정지	자격증교부 시·도지사	재량처분	의견 제출	×
거래정보 사업자	지정취소	국토교통부 장관	재량처분	청문	×

2 개업공인중개사에 대한 행정처분

1. 등록취소처분

(1) **필요적 등록취소사유**(절대적, 기속처분)

등록관청은 개업공인중개사가 다음에 해당하는 경우 **등록을 취소하여야 한다.**

① 개인인 개업공인중개사가 **사망**하거나 개업공인중개사인 법인이 **해산**한 경우

② 거짓이나 그 밖의 부정한 방법으로 중개사무소의 개설등록을 한 경우

③ **결격사유**에 해당하는 경우(법인의 사원 또는 임원 중 결격사유에 해당하는 자가 있는 경우. 다만, 2개월 이내에 그 사유를 해소한 경우에는 그러하지 아니하다)

④ **이중**으로 중개사무소의 개설등록을 한 경우

⑤ **이중소속**(둘 이상의 중개사무소에 소속)을 한 경우

⑥ 다른 사람에게 자기의 성명 또는 상호를 사용하여 중개업무를 하게 하거나 중개사무소등록증을 양도 또는 대여한 경우

⑦ 업무**정**지 중 업무, 자격**정**지 중인 소속공인중개사로 하여금 업무를 보게 한 경우

⑧ **상습범**: 최근 1년 이내 2회 이상 업무정지처분 ⇨ 업무정지 해당행위

⑨ 중개보조원을 법정 인원제한을 초과하여 고용한 경우(1인당 5배)

(2) **임의적 등록취소사유**(상대적, 재량처분)

등록관청은 개업공인중개사가 다음에 해당하는 경우 **등록을 취소할 수 있다.** 다만, 등록을 취소하지 아니할 때에는 **업무정지처분을 명할 수 있다.**

① **이중사무소**(둘 이상의 중개사무소), **임시** 중개시설물을 설치한 경우

② 거래**계**약서 관련 ⇨ 거짓기재, 이중계약서

③ 등록**기준**에 미달하게 된 경우

④ **겸**업제한에 위반한 경우(법인인 개업공인중개사)

⑤ 신고를 하지 아니하고 계속하여 6개월을 초과하여 휴업한 경우

⑥ **전속**중개계약 관련 ⇨ 공개×, 비공개 요청에도 불구하고 공개○

⑦ 손해배상책임을 보장하기 위한 조치를 이행하지 않고 업무를 개시한 경우

⑧ **상습가중**: 최근 1년 이내에 3회 이상 업무정지 · 과태료 ⇨ 업무정지, 과태료에 해당행위를 한 경우

⑨ 금지행위(법 제33조 제1항, 9가지)를 한 경우

⑩ 「공정거래법」 위반 최근 2년↓ 2회↑ 시정조치 또는 과징금을 받은 경우

OX

1. 개업공인중개사가 거짓이나 그 밖의 부정한 방법으로 중개사무소의 개설등록을 한 경우 필요적 등록취소사유에 해당된다. (○) 제25회, 제30회, 제32회
2. 법인이 아닌 개업공인중개사가 파산선고를 받고 복권되지 아니한 경우 필요적 등록취소사유에 해당된다. (○) 제30회
3. 개업공인중개사가 다른 개업공인중개사의 중개보조원이 된 경우 그 등록을 반드시 취소하여야 한다. (○) 제30회
4. 개업공인중개사가 개설등록 후 금고 이상의 형의 집행유예를 받고 그 유예기간 중에 있게 된 경우 그 등록을 취소하여야 한다. (○) 제32회

OX

1. 개업공인중개사가 천막 등 이동이 용이한 임시 중개시설물을 설치한 경우 등록을 취소하여야 한다. (×) 제25회
2. 개업공인중개사가 거래계약서에 거래금액을 거짓으로 기재한 경우 그 등록을 반드시 취소하여야 한다. (×) 제24회
3. 개업공인중개사가 공인중개사법령을 위반하여 둘 이상의 중개사무소를 둔 경우 필요적(절대적) 등록취소사유에 해당된다. (×) 제30회

OX 개인인 개업공인중개사의 사망, 법인인 개업공인중개사의 해산으로 인하여 등록을 취소하고자 하는 경우에는 청문을 실시하지 않아도 된다. (○) 제23회

(3) **등록취소처분 관련사항**

① 등록관청이 등록을 취소하고자 하는 경우 **청문을 실시**한다(사망 · 해산은 제외).

② 등록취소사유에 해당하더라도 취소 전까지는 등록의 효력이 소멸하지 않는다.

③ 개업공인중개사가 등록이 취소되면 **원칙적으로 3년간 결격사유**에 해당한다. 다만, 사망 · 해산, 결격사유, 등록기준 미달로 취소된 경우는 그러하지 아니하다.

④ 법인인 개업공인중개사가 등록취소처분을 받으면 해당 법인뿐만 아니라 법인의 대표도 3년간 결격사유에 해당된다.

⑤ 개업공인중개사의 등록이 취소되더라도 그 효과가 고용인에게 미치는 것은 아니므로 독립하여 중개업을 영위하거나 고용인으로 중개업에 종사할 수 있다.

⑥ 등록이 취소된 자는 등록취소처분을 받은 날부터 **7일 이내**에 **등록관청에 등록증을 반납**하여야 하며, 법인인 개업공인중개사가 **해산**한 경우에는 그 법인의 **대표자**이었던 자가 등록취소처분을 받은 날부터 **7일 이내**에 등록관청에 등록증을 반납하여야 한다.

⑦ 등록관청은 등록취소처분을 하고자 하는 경우 미리 공정거래위원회에 처분에 관련된 자료의 제공을 요청할 수 있으며, 공정거래위원회는 이에 따라야 한다.

2. 업무정지처분

(1) **업무정지사유**(재량처분)

등록관청은 개업공인중개사가 다음에 해당하는 경우 **6개월의 범위 안에서** 기간을 정하여 **업무의 정지를 명할 수 있다**.

① 결격사유자를 고용인으로 둔 경우 ⇨ 다만, 2개월 이내에 해소한 경우는 제외

② 정보망 이용 관련 ⇨ 거짓공개, 거래사실 통지×

③ 임의적 등록취소사유(최근 1년 이내에 1회 위반)에 해당하는 경우

④ 상습범 ⇨ 최근 1년 이내에 이 법에 의하여 2회 이상 업무정지 또는 과태료의 처분을 받고 다시 과태료의 처분에 해당하는 행위를 한 경우

⑤ 전속중개계약 관련 ⇨ 전속중개계약서 작성×, 보존×

⑥ 인장등록을 하지 아니하거나 등록하지 아니한 인장을 사용한 경우

⑦ 확인 · 설명서 관련 ⇨ 서명 및 날인× / 교부×, 보존×

OX

1. 개업공인중개사가 등록하지 아니한 인장을 사용한 경우 업무정지처분을 받을 수 있다. (○) 제25회
2. 개업공인중개사가 최근 1년 이내에 「공인중개사법」에 의하여 1회의 과태료 처분을 받고 다시 과태료 처분에 해당하는 행위를 한 경우 업무정지처분을 받을 수 있다. (×) 제25회
3. 개업공인중개사가 해당 중개대상물의 거래상 중요사항에 관하여 거짓된 언행으로 중개의뢰인의 판단을 그르치게 하는 행위를 한 경우 업무정지처분을 받을 수 있다. (○) 제32회
4. 개업공인중개사가 부정한 방법으로 중개사무소의 개설등록을 한 경우 3개월의 업무정지를 명할 수 있다. (×) 제20회

⑧ 거래계약서 ⇨ 서명 및 날인×, 교부·보존×

⑨ 업무지역범위를 위반한 경우(중개인)

⑩ 감독상 명령에 위반한 경우

⑪ 「공정거래법」 위반으로 시정조치 또는 과징금을 받은 경우

⑫ 그 밖에 이 법 또는 이 법에 의한 명령이나 처분에 위반한 경우

(2) 업무정지처분 관련사항

① 법인인 개업공인중개사에 대하여는 **법인 또는 분사무소별로** 업무의 정지를 명할 수 있다. 다만, 법인인 개업공인중개사에 대한 **등록취소처분**은 법인 전체에 대하여 행한다.

② 제척기간 ⇨ **업무정지처분은 그 사유가 발생한 날부터 3년이 지난 때에는 이를 할 수 없다.**

③ 등록관청이 개업공인중개사에 대하여 업무정지처분을 하고자 하면 「행정절차법」에 따라 미리 **의견제출의 기회**를 주어야 한다.

④ 업무정지를 받은 개업공인중개사는 폐업신고를 하더라도 업무정지기간 동안 결격사유에 해당된다.

⑤ 업무정지사유가 발생한 당시의 법인의 사원 또는 임원이었던 자로서 해당 법인인 개업공인중개사에 대한 업무정지기간 중에 있는 자는 결격사유에 해당된다.

⑥ 업무정지처분을 받은 개업공인중개사에 대한 **등록증 반납의무규정은 없다.**

⑦ 등록관청은 업무정지처분을 하고자 하는 경우 미리 공정거래위원회에 처분에 관련된 자료의 제공을 요청할 수 있으며, 공정거래위원회는 이에 따라야 한다.

OX

1. 등록관청은 법인인 개업공인중개사에게 분사무소별로 등록을 취소할 수 있다. (×) 제20회
2. 업무정지처분은 그 사유가 발생한 날부터 2년이 지난 때에는 이를 할 수 없다. (×) 제28회
3. 등록관청이 업무정지처분을 하고자 하는 경우 청문을 실시해야 한다. (×) 제20회

(3) 업무정지처분의 기준

업무의 정지에 관한 기준은 국토교통부령으로 정하며, 그 기준은 다음과 같다(규칙 별표2).

① **일반기준**

㉠ 아래 **개별기준**의 3. 및 4.에서 기간의 계산은 위반행위에 대하여 업무정지처분 또는 과태료 부과처분을 받은 날과 그 처분 후 다시 같은 위반행위를 하여 적발된 날을 기준으로 한다.

㉡ **위반행위가 둘 이상**인 경우에는 각 업무정지기간을 합산한 기간을 넘지 않는 범위에서 가장 무거운 처분기준의 **2분의 1**의 범위에서 **가중한다**. 다만, 가중하는 경우에도 총 업무정지기간은 **6개월**을 넘을 수 없다.

OX

1. 광역시장은 업무정지기간의 2분의 1 범위 안에서 가중할 수 있다. (×) 제24회
2. 업무정지기간을 가중처분하는 경우 그 기간은 9개월을 한도로 한다. (×) 제24회

ⓒ **등록관청**은 다음에 해당하는 경우에는 **개별기준**에 따른 업무정지기간의 **2분의 1** 범위에서 **줄일 수 있다**.

ⓐ 위반행위가 사소한 부주의나 오류 등 과실로 인한 것으로 인정되는 경우

ⓑ 위반행위자가 법 위반행위를 시정하거나 해소하기 위하여 노력한 사실이 인정되는 경우

ⓒ 그 밖에 위반행위의 동기와 결과, 위반정도 등을 고려하여 업무정지기간을 줄일 필요가 있다고 인정되는 경우

ⓔ **등록관청**은 다음에 해당하는 경우에는 **개별기준**에 따른 업무정지기간의 **2분의 1** 범위에서 그 기간을 **늘릴 수 있다**. 다만, **6개월**을 넘을 수 없다.

ⓐ 위반행위의 내용 · 정도가 중대하여 소비자 등에게 미치는 피해가 크다고 인정되는 경우

ⓑ 그 밖에 위반행위의 동기와 결과, 위반정도 등을 고려하여 업무정지기간을 늘릴 필요가 있다고 인정되는 경우

② 개별기준

위반행위	기준기간
1. **결**격사유에 해당하는 자를 소속공인중개사 또는 중개보조원으로 둔 경우. 다만, 그 사유가 발생한 날부터 2개월 이내에 그 사유를 해소한 경우는 제외한다.	**6개월**
2. **정**보(중개대상물)를 거짓으로 공개한 경우	**6개월**
3. **임**의적 등록취소사유의 어느 하나를 최근 1년 이내에 1회 위반한 경우	**6개월**
4. 상습범: 최근 1년 이내에 이 법에 따라 2회 이상 업무정지 또는 과태료의 처분을 받고 다시 과태료의 처분에 해당하는 행위를 한 경우	**6개월**
5. 인장등록을 하지 않거나 등록하지 않은 인장을 사용한 경우	3개월
6. 국토교통부령이 정하는 전속중개계약서에 따르지 않고 전속중개계약을 체결하거나 계약서를 보존하지 않은 경우	3개월
7. 거래정보사업자에게 공개를 의뢰한 중개대상물의 거래가 완성된 사실을 그 거래정보사업자에게 통보하지 않은 경우	3개월
8. 중개대상물확인 · 설명서를 교부하지 않거나 보존하지 않은 경우	3개월
9. 중개대상물확인 · 설명서에 서명 및 날인을 하지 않은 경우	3개월
10. 적정하게 거래계약서를 작성 · 교부하지 않거나 보존하지 않은 경우	3개월
11. 거래계약서에 서명 및 날인을 하지 않은 경우	3개월
12. 감독상 명령에 따른 보고, 자료의 제출, 조사 또는 검사를 거부 · 방해 또는 기피하거나 그 밖의 명령을 이행하지 않거나 거짓으로 보고 또는 자료제출을 한 경우	3개월

OX

1. 개업공인중개사가 중개대상물에 관한 정보를 거짓으로 공개한 경우 등록관청은 위반행위의 동기 등을 참작하여 6개월의 업무정지처분을 할 수 있다. (○) 제24회
2. 개업공인중개사가 등록하지 아니한 인장을 사용한 경우, 등록관청이 명할 수 있는 업무정지기간의 기준은 3개월이다. (○) 제28회

13. 중개인이 업무지역의 범위를 위반하여 중개행위를 한 경우	3개월
14. 그 밖에 이 법 또는 이 법에 따른 명령이나 처분을 위반한 경우	1개월

■ **업무정지처분과 자격정지처분의 비교**

구 분	업무정지처분	자격정지처분
처분권자	등록관청	시·도지사(자격증 교부)
처분대상자	개업공인중개사	소속공인중개사
처분기간	6개월 범위 내에서 기간을 정하여	6개월 범위 내에서 기간을 정하여
반납 여부	등록증 반납 ×	자격증 반납 ×
처분의 효과	중개업무 금지 업무수행 ⇨ 필요적 등록취소사유	중개업무 금지 업무수행 ⇨ 자격취소사유
결격사유	폐업시 잔여기간 동안 결격사유	자격정지기간 동안 결격사유
제척기간	○(위반행위시로부터 3년)	×

3. 행정처분효과의 승계 등

(1) 의 의

개업공인중개사가 **폐업신고 후 다시 중개사무소의 개설등록을 한 때에는 폐업신고 전의 개업공인중개사의 지위를 승계**한다.

(2) 폐업신고 전의 행정처분효과의 승계

폐업신고 전의 개업공인중개사에 대한 업무정지사유나 과태료사유로 행한 **행정처분(업무정지, 과태료)의 효과는 그 처분일로부터 1년간** 재등록 개업공인중개사에게 **승계**된다.

(3) 폐업신고 전의 위법행위의 승계

① **원칙**

㉠ '재등록 개업공인중개사'가 **폐업신고 전에 등록취소사유나 업무정지사유에 해당하는 위반행위**를 한 경우에는 **해당 행정처분을 할 수 있다.**

㉡ 폐업신고 전의 위반행위에 대하여 행정처분을 하는 경우에는 **폐업기간과 폐업사유** 등을 고려하여야 한다.

② **예외**(다만, 다음에 해당하는 경우는 제외)

㉠ 폐업신고 전 위반행위가 등록취소에 해당: **폐업기간이 3년을 초과한 경우**

㉡ 폐업신고 전 위반행위가 업무정지에 해당: **폐업기간이 1년을 초과한 경우**

OX

1. 폐업신고 전에 개업공인중개사에게 한 업무정지처분의 효과는 그 처분일부터 2년간 재등록 개업공인중개사에게 승계된다. (×) 제33회
2. 폐업신고 전에 개업공인중개사에게 한 과태료처분의 효과는 처분일부터 10개월 된 때에 재등록을 한 개업공인중개사에게 승계된다. (○) 제33회
3. 폐업기간이 3년 6개월인 재등록개업공인중개사에게 폐업신고 전의 중개사무소 개설등록 취소사유에 해당하는 위반행위를 이유로 개설등록취소처분을 할 수 있다. (×) 제29회
4. 개업공인중개사가 2018. 8. 5. 다른 사람에게 자기의 상호를 사용하여 중개업무를 하게 한 후, 2018. 9. 5. 폐업신고를 하였다가 2021. 10. 5. 다시 중개사무소의 개설등록을 하였다면, 등록관청은 개설등록을 취소해야 한다. (×) 제32회

(4) 법인의 대표자에의 준용

개업공인중개사인 **법인의 대표자**에 관하여는 **위 승계에 관한 규정을 준용**한다. 이 경우 "개업공인중개사"는 "법인의 대표자"로 본다.

3 공인중개사에 대한 행정처분

1. 자격취소처분

(1) 자격취소사유

시 · 도지사는 공인중개사가 다음에 해당하는 경우에는 그 **자격을 취소하여야 한다.**

① **부정한 방법으로** 자격을 취득한 경우

② 자격증을 **양**도 또는 대여한 경우(타인에게 자신의 성명을 사용하게 한 경우)

③ 자격**정**지기간 중에 중개업무 · 이중소속을 한 경우

④ **이 법** 또는 공인중개사의 직무와 관련하여 「**형**법」상 범죄단체 등의 조직죄, 사문서 등의 위조 · 변조죄, 위조사문서 등의 행사죄, 사기죄, 횡령죄 · 배임죄, 업무상의 횡령과 배임죄에 해당하여 금고 이상의 형(집행유예 포함)을 선고받은 경우

OX

1. 시 · 도지사는 공인중개사가 이 법을 위반하여 300만원 이상 벌금형의 선고를 받은 경우에는 그 자격을 취소해야 한다. (×) 제33회
2. 「공인중개사법」을 위반하여 징역형의 집행유예를 받은 경우에는 자격취소사유에 해당된다. (○) 제31회

(2) 자격취소처분 관련사항

① 공인중개사의 자격취소처분은 그 **자격증을 교부한 시 · 도지사**가 행한다.

② 자격증 교부 시 · 도지사와 사무소 관할 시 · 도지사가 서로 다른 경우 / **사무소 관할 시 · 도지사**가 / 자격취소 · 정지에 **필요한 절차를 이행** 후 자격증 교부 시 · 도지사에게 **통보**하여야 한다.

③ 시 · 도지사가 공인중개사의 자격을 취소하고자 하는 경우에는 **청문을 실시**하여야 한다.

④ 자격정지기간 중에 이중소속을 한 경우에는 행정형벌이 병과된다.

⑤ '다른 법률'에 위반하여 징역형을 선고받은 경우나 이 법에 위반하였더라도 '벌금형을 선고'받은 경우에는 공인중개사 자격을 취소할 수 없다.

⑥ 통보 ⇨ **시 · 도지사**가 공인중개사의 **자격취소처분**을 한 때에는 **5일 이내에** 이를 국토교통부장관과 다른 시 · 도지사에게 **통보**해야 한다.

⑦ 자격증의 반납 ⇨ 자격취소처분을 받은 날부터 **7일 이내에 자격증 교부 시 · 도지사에게 자격증을 반납**하여야 한다. 다만, 분실 등의 사유로 인하여 자격증을 반납할 수 없는 자는 그 이유를 기재한 사유서를 제출하여야 한다.

OX

1. 시 · 도지사는 공인중개사의 자격을 취소하고자 하는 경우에는 청문을 실시해야 한다. (○) 제33회
2. 자격증을 교부한 시 · 도지사와 공인중개사 사무소의 소재지를 관할하는 시 · 도지사가 다른 경우, 자격증을 교부한 시 · 도지사가 자격취소처분에 필요한 절차를 이행한다. (×) 제27회, 제29회
3. 시 · 도지사는 공인중개사의 자격취소처분을 한 때에는 7일 이내에 국토교통부장관에게 보고해야 한다. (×) 제27회, 제33회
4. 공인중개사의 자격이 취소된 자는 공인중개사자격증을 7일 이내에 한국산업인력공단에 반납하여야 한다. (×) 제30회

⑶ 자격취소의 효과

① 자격취득의 제한(시험응시 불가사유) ⇨ 3년간

② 등록 및 종사의 결격사유에 해당 ⇨ 3년간

2. 자격정지처분

⑴ 자격정지사유

시·도지사는 소속공인중개사에 대하여 다음의 경우 그 자격을 정지할 수 있다.

① **이중소속** ⇨ 둘 이상의 중개사무소에 소속된 경우

② **거래계약서** 작성관련 ⇨ 거짓기재·이중계약서, 서명 및 날인(×)

③ **금지행위**(법 제33조 제1항의 9가지)를 한 경우

④ **인장등록**을 하지 아니하거나 등록하지 아니한 인장을 사용한 경우

⑤ **확인·설명**관련 ⇨ 불성실 설명, 근거자료(×), 서명 및 날인(×)

⑵ 자격정지처분 관련사항

① 소속공인중개사의 자격정지처분은 그 **자격증을 교부한 시·도지사**가 행한다.

② **등록관청**은 공인중개사가 **자격정지사유**에 해당하는 사실을 **알게 된 때**에는 **지체 없이** 그 사실을 시·도지사에게 **통보**하여야 한다.

③ 자격이 정지된 자는 자격정지기간 동안 결격사유에 해당된다.

■ 자격정지처분의 비교

구 분	자격취소처분	자격정지처분
처분권자	시·도지사(자격증 교부)	시·도지사(자격증 교부)
처분대상자	모든 공인중개사	소속공인중개사
사전 절차	청 문	의견제출 기회 부여
사유발생통보	×	등록관청이 시·도지사에게 통보
자격증 반납	7일 이내에 자격증을 교부한 시·도지사에게 자격증 반납 ○	자격증 반납 ×
보고·통보	5일 이내에 국토교통부장관에게 보고, 다른 시·도지사에게 통보	×
응시불가사유	3년간 응시불가	×
결격사유	3년간 결격사유	자격정지기간 동안 결격사유

OX

1. 소속공인중개사가 고객을 위하여 거래내용에 부합하는 동일한 거래계약서를 4부 작성한 경우 자격정지사유에 해당된다. (×) 제30회
2. 소속공인중개사가 「공인중개사법」을 위반하여 징역형의 선고를 받은 경우 자격정지사유에 해당된다. (×) 제32회

OX

1. 시장·군수 또는 구청장은 공인중개사의 자격을 정지할 수 있다. (×) 제23회
2. 등록관청은 공인중개사가 자격정지처분사유에 해당하는 사실을 알게 된 때에는 지체 없이 그 사실을 시·도지사에게 통보해야 한다. (○) 제22회
3. 공인중개사에 대하여 자격취소와 자격정지를 명할 수 있는 자는 자격취소 또는 자격정지 처분을 한 때에 5일 이내에 국토교통부장관에게 보고해야 한다. (×) 제25회
4. 공인중개사의 자격이 정지된 자는 자격정지처분을 받은 날부터 7일 이내에 자격증을 교부한 시·도지사에게 그 자격증을 반납해야 한다. (×) 제22회

OX

1. 시장 · 군수 또는 구청장은 공인중개사 자격정지사유 발생 시 6개월의 범위 안에서 기간을 정하여 그 자격을 정지할 수 있다. (×) 제27회
2. 자격정지기간은 2분의 1의 범위 안에서 가중 또는 감경할 수 있으며, 가중하여 처분하는 때에는 9개월로 할 수 있다. (×) 제27회
3. 소속공인중개사가 거래계약서에 거래금액을 거짓으로 기재한 경우 6개월의 자격정지를 받을 수 있다. (○) 제23회
4. 소속공인중개사가 등록하지 않은 인장을 중개행위에 사용한 경우 3개월의 자격정지를 받을 수 있다. (○) 제23회

(3) 자격정지의 기준

자격정지의 기준은 다음과 같고, **시 · 도지사**는 위반행위의 동기 · 결과 및 횟수 등을 참작하여 **국토교통부령**에 의한 자격정지기간의 **2분의 1**의 범위 안에서 가중 또는 감경할 수 있다. 가중하여 처분하는 때에도 자격정지기간은 **6개월을 초과할 수 없다**.

위반행위	기준기간
1. **이**중소속 ⇨ 둘 이상의 중개사무소에 소속된 경우	**6개월**
2. 거래계약서에 거래금액 등 거래내용을 **거**짓으로 기재하거나 **이**중계약서(서로 다른 둘 이상의 거래계약서)를 작성한 경우	**6개월**
3. **금**지행위(법 제33조 제1항)를 한 경우	**6개월**
4. 인장등록을 하지 아니하거나 등록하지 아니한 인장을 사용한 경우	3개월
5. 성실 · 정확하게 중개대상물의 확인 · 설명을 하지 아니하거나 설명의 근거자료를 제시하지 아니한 경우	3개월
6. 중개대상물확인 · 설명서에 서명 및 날인을 하지 아니한 경우	3개월
7. 거래계약서에 서명 및 날인을 하지 아니한 경우	3개월

4 거래정보사업자에 대한 행정처분

(1) 지정취소사유

국토교통부장관은 다음의 경우 거래정보사업자의 **지정을 취소할 수 있다**.

① **부정지정**: 거짓이나 그 밖의 부정한 방법으로 지정을 받은 경우

② **운영규정 관련**: 운영규정의 승인 또는 변경승인을 받지 아니하거나 운영규정에 위반하여 부동산거래정보망을 운영한 경우

③ **부정공개**: 개업공인중개사로부터 공개를 의뢰받은 중개대상물의 정보 이외의 정보를 정보망에 공개하거나, 의뢰받은 내용과 다르게 정보를 공개하거나, 개업공인중개사에 따라 정보를 차별적으로 공개한 경우

④ **1년**: 정당한 사유없이 지정받은 날부터 1년 내에 정보망을 설치 · 운영하지 아니한 경우

⑤ **사망 · 해산**: 개인인 거래정보사업자의 사망 또는 법인인 거래정보사업자의 해산 그 밖의 사유로 부동산거래정보망의 계속적인 운영이 불가능한 경우

(2) **지정취소처분 관련사항**

① 지정취소처분은 재량처분의 성격을 갖는다.

② **국토교통부장관**은 거래정보사업자의 지정을 취소하고자 하는 경우에는 **청문**을 실시하여야 한다. 다만, 개인인 거래정보사업자의 **사망** 또는 법인인 거래정보사업자의 **해산**, 그 밖의 사유로 부동산거래정보망의 **계속적 운영이 불가능**하여 지정을 취소하는 경우에는 **청문을 실시하지 않아도 된다.**

03 벌 칙

1 총 설

■ 행정벌(벌칙) 일반

구 분		종 류	부과권자	대상자
행정벌	**행정형벌** (징역/벌금) **형사소송법**	3년↓ 징역, 3천↓ 벌금	법 원	개업공인중개사 등, 개업공인중개사 등이 아닌 자
		1년↓ 징역, 1천↓ 벌금		
	행정질서벌 (과태료) **질서위반행위규제법**	500만원↓ 과태료	국토교통부장관 시·도지사 등록관청	거래정보사업자, 협회, 개업공인중개사, 소속공인중개사
		100만원↓ 과태료	시·도지사 등록관청	공인중개사, 개업공인중개사
병 과		① 가능: 행정처분과 행정형벌, 행정처분과 행정질서벌 ② 불가: 행정형벌과 행정질서벌, 징역과 벌금		

OX

1. 공인중개사 및 개업공인중개사가 아닌 자도 공인중개사법에 따라 행정형벌을 받을 수 있다. (○) 제20회
2. 개업공인중개사가 공인중개사법에 대한 1건의 위반행위로 행정처분 외에 행정형벌을 받을 수 있다. (○) 제20회
3. 벌금과 과태료는 병과할 수 없다. (○) 제21회

2 행정형벌

(1) 3년 이하의 징역 또는 3천만원 이하의 벌금사유

① 무등록중개업자

② 거짓(허위)이나 그 밖의 부정한 방법으로 중개사무소의 개설등록을 한 자

③ 금지행위 중 다음의 행위를 한 개업공인중개사 등

㉠ 관계법령에서 양도 · 알선 등이 금지된 부동산의 분양 · 임대 등과 관련 있는 증서 등의 매매 · 교환 등을 중개하거나 그 매매를 업으로 하는 행위를 한 자

㉡ 중개의뢰인과 직접 거래를 하거나 거래당사자 쌍방을 대리하는 행위를 한 자

㉢ 탈세 등 관계법령을 위반할 목적으로 소유권보존등기 또는 이전등기를 하지 아니한 부동산이나 관계법령의 규정에 의하여 전매 등 권리의 변동이 제한된 부동산의 매매를 중개하는 등 부동산투기를 조장하는 행위를 한 자

㉣ 부당한 이익을 얻거나 제3자에게 부당한 이익을 얻게 할 목적으로 거짓으로 거래가 완료된 것처럼 꾸미는 등 중개대상물의 시세에 부당한 영향을 주거나 줄 우려가 있는 행위를 한 자

㉤ 단체를 구성하여 특정 중개대상물에 대하여 중개를 제한하거나 단체 구성원 이외의 자와 공동중개를 제한하는 행위를 한 자

④ 금지행위 중 시세에 부당한 영향을 줄 목적으로 다음의 방법으로 개업공인중개사 등의 업무를 방해한 자

㉠ 안내문, 온라인 커뮤니티 등을 이용하여 특정 개업공인중개사 등에 대한 중개의뢰를 제한하거나 제한을 유도하는 행위를 한 자

㉡ 안내문, 온라인 커뮤니티 등을 이용하여 중개대상물에 대하여 시세보다 현저하게 높게 표시 · 광고 또는 중개하는 특정 개업공인중개사 등에게만 중개의뢰를 하도록 유도함으로써 다른 개업공인중개사 등을 부당하게 차별하는 행위를 한 자

㉢ 안내문, 온라인 커뮤니티 등을 이용하여 특정 가격 이하로 중개를 의뢰하지 아니하도록 유도하는 행위를 한 자

㉣ 정당한 사유 없이 개업공인중개사 등의 중개대상물에 대한 정당한 표시 · 광고 행위를 방해하는 행위를 한 자

㉤ 개업공인중개사 등에게 중개대상물을 시세보다 현저하게 높게 표시 · 광고하도록 강요하거나 대가를 약속하고 시세보다 현저하게 높게 표시 · 광고하도록 유도하는 행위를 한 자

OX

1. 중개사무소의 개설등록을 하지 아니하고 중개업을 한 자는 3년 이하의 징역이나 3천만원 이하의 벌금형에 처한다. (○) 제25회
2. 관계 법령에서 양도 · 알선 등이 금지된 부동산의 분양 · 임대 등과 관련 있는 증서 등의 매매 · 교환 등을 중개한 개업공인중개사는 3년 이하의 징역이나 3천만원 이하의 벌금형에 처한다. (○) 제29회
3. 중개의뢰인과 직접 거래를 한 개업공인중개사는 3년 이하의 징역이나 3천만원 이하의 벌금형에 처한다. (○) 제25회, 제28회
4. 중개대상물이 존재하지 않아서 거래할 수 없는 중개대상물을 광고한 개업공인중개사는 벌금형 대상자에 해당된다. (×) 제31회

(2) 1년 이하의 징역 또는 1천만원 이하의 벌금사유

① 이중등록 또는 이중소속(둘 이상의 사무소에 소속)을 한 자

② 등록증 · 자격증을 양도 · 대여하거나 양수 · 대여받은 자

③ **금지행위 중 다음에 해당하는 자**

㉠ 중개대상물의 매매업을 한 자

㉡ 무등록업자와 협조행위를 한 자

㉢ 금품초과수수를 한 자

㉣ 거짓된 언행을 한 자

④ 이중사무소(둘 이상의 중개사무소) 또는 임시 중개시설물을 설치한 자

⑤ 업무상 비밀을 누설한 자

⑥ 정보망 운영 관련의무를 위반한 거래정보사업자

⑦ **사칭을 한 자**

㉠ 공인중개사가 **아닌 자**로서 공인중개사 또는 이와 유사한 명칭을 사용한 자

㉡ 개업공인중개사가 **아닌 자**로서 '공인중개사사무소', '부동산중개' 또는 이와 유사한 명칭을 사용한 자

㉢ 개업공인중개사가 **아닌 자**로서 중개업을 하기 위하여 중개대상물에 대한 표시 · 광고를 한 자

⑧ **중개보조원을 법정 인원제한을 초과하여 고용한 개업공인중개사**

(3) 양벌규정 및 행정형벌의 효과

① 양벌규정의 내용

㉠ 소속공인중개사 · 중개보조원, 개업공인중개사인 법인의 사원 · 임원이 중개업무에 관하여 행정형벌(징역 · 벌금)에 해당하는 위반행위를 한 때에는 그 행위자를 벌하는 외에 그 개업공인중개사에 대하여도 해당 조에 규정된 벌금형을 과한다.

㉡ 다만, 개업공인중개사가 그 위반행위를 방지하기 위하여 해당 업무에 관하여 상당한 주의와 감독을 게을리하지 아니한 경우에는 벌금형을 면한다.

② 양벌규정 관련사항

㉠ 양벌규정은 행정처분이나 행정질서벌에는 적용이 없다.

㉡ 고용인의 위법행위로 인하여 개업공인중개사가 양벌규정에 의하여 벌금형의 선고를 받고 확정이 되더라도 등록의 결격사유나 필요적 등록취소사유에 해당하지 않는다.

OX

1. 이중으로 중개사무소의 개설등록을 하여 중개업을 한 개업공인중개사는 1년 이하의 징역이나 1천만원 이하의 벌금형에 처한다. (○) 제28회
2. 다른 사람에게 자기의 상호를 사용하여 중개업무를 하게 한 개업공인중개사는 1년 이하의 징역이나 1천만원 이하의 벌금형에 처한다. (○) 제29회
3. 천막 그 밖에 이동이 용이한 임시 중개시설물을 설치한 경우 개업공인중개사는 1년 이하의 징역이나 1천만원 이하의 벌금형에 처한다. (○) 제27회
4. 업무상 알게 된 비밀을 누설한 개업공인중개사는 피해자의 명시한 의사에 반하여 벌하지 아니한다. (○) 제22회

OX

1. 소속공인중개사가 중개업무에 관하여 벌칙에 처해질 위반행위를 한 때에는 그 행위자를 벌하는 외에 그 개업공인중개사에 대하여도 동일한 금액의 벌금형을 과한다. (×) 제22회
2. 양벌규정은 소속공인중개사가 과태료 부과대상인 행위를 한 경우에도 적용된다. (×) 제21회
3. 개업공인중개사가 소속공인중개사의 위반행위를 방지하기 위해 해당 업무에 관하여 상당한 주의와 감독을 게을리하지 않았다면 2분의 1의 범위 내에서 그 형을 감경할 수 있다. (×) 제22회
4. 개업공인중개사가 중개보조원의 위반행위로 양벌규정에 의하여 벌금형을 받은 경우는 이 법상 '벌금형의 선고를 받고 3년이 지나지 아니한 자'에 해당하지 않는다. (○) 제21회

© 고용인 또는 사원 · 임원의 위법행위로 인하여 개업공인중개사가 벌금형을 선고받아 이를 납부하였더라도 위법행위를 한 자에 대하여 구상권을 행사할 수는 없다.

③ **행정형벌의 효과**

㉠ 개업공인중개사 등이 「공인중개사법」에 위반하여 '징역형'이나 '벌금형'을 '선고' 받으면 예외 없이 등록의 결격사유에 해당하게 된다.

㉡ 다만, 「공인중개사법」에 위반하였더라도 징역형이나 벌금형의 '선고유예'를 받은 경우에는 등록의 결격사유에 해당하지 않는다.

㉢ 공인중개사가 「공인중개사법」에 위반하여 징역형을 '선고' 받거나 징역형의 '집행유예'를 받은 경우에는 그 자격이 취소된다.

3 행정질서벌

1. 500만원 이하의 과태료사유

① **정보통신서비스 제공자**가 정당한 사유 없이 국토교통부장관의 광고관련 모니터링을 위하여 필요한 때에 요구한 자료의 제출에 불응한 경우

② **정보통신서비스 제공자**가 정당한 사유 없이 국토교통부장관의 모니터링 결과에 따라 이 법 위반이 의심되는 표시 · 광고에 대한 확인 또는 추가정보의 게재 등 필요한 조치 요구에 불응한 경우

③ **거래정보사업자**가 운영규정의 승인 또는 변경승인을 얻지 아니하거나 운영규정의 내용을 위반하여 부동산거래정보망을 운영한 경우

④ **거래정보사업자**가 감독상 명령에 위반하여 보고, 자료의 제출, 조사 또는 검사를 거부 · 방해 또는 기피하거나, 그 밖의 명령을 이행하지 아니하거나 거짓으로 보고 또는 자료제출을 한 경우

⑤ **협회**로서 다음에 해당하는 자

㉠ 공제사업 운용실적을 공시하지 아니한 경우

㉡ 공제업무의 개선명령을 이행하지 아니한 경우

㉢ 임원에 대한 징계 · 해임의 요구 및 시정명령을 이행하지 아니한 경우

㉣ 감독상 명령에 위반한 경우

⑥ **연수교육대상자**가 연수교육을 정당한 사유 없이 받지 아니한 경우

⑦ **개업공인중개사**가 성실 · 정확하게 중개대상물의 확인 · 설명을 하지 아니하거나, 설명의 근거자료를 제시하지 아니한 경우

OX

1. 공인중개사협회가 공제업무의 개선명령을 이행하지 않은 경우에는 500만원 이하의 과태료에 처한다. (○) 제30회
2. 「공인중개사법」에 따른 연수교육을 정당한 사유 없이 받지 아니한 자는 500만원 이하의 과태료 처한다. (○) 제26회

⑧ **개업공인중개사**가 다음의 부당한 표시·광고를 한 경우(허위·과장광고)
㉠ 중개대상물이 존재하지 않아서 실제로 거래를 할 수 없는 중개대상물에 대한 표시·광고
㉡ 중개대상물의 가격 등 내용을 사실과 다르게 거짓으로 표시·광고하거나 사실을 과장되게 하는 표시·광고
㉢ 그 밖에 표시·광고의 내용이 거래질서를 해치거나 중개의뢰인에게 피해를 줄 우려가 있는 것으로서 대통령령으로 정하는 내용의 표시·광고
ⓐ 중개대상물이 존재하지만 실제로 중개의 대상이 될 수 없는 중개대상물에 대한 표시·광고
ⓑ 중개대상물이 존재하지만 실제로 중개할 의사가 없는 중개대상물에 대한 표시·광고
ⓒ 중개대상물의 입지조건, 생활여건, 가격 및 거래조건 등 중개대상물 선택에 중요한 영향을 미칠 수 있는 사실을 빠뜨리거나 은폐·축소하는 등의 방법으로 소비자를 속이는 표시·광고

⑨ **중개보조원**으로서 중개의뢰인에게 본인이 중개보조원이라는 사실을 미리 알리지 아니한 사람 및 그가 소속된 **개업공인중개사**. 다만, 개업공인중개사가 그 위반행위를 방지하기 위하여 해당 업무에 관하여 상당한 주의와 감독을 게을리하지 아니한 경우는 제외된다.

2. 100만원 이하의 과태료사유

① **휴업·폐업·재개·변경신고**를 하지 아니한 자
② **게시의무**(등록증 등)를 위반한 자
③ 중개사무소의 이전신고를 하지 아니한 자
④ **보증관련** 사항을 설명하지 아니하거나 관계증서의 사본 등을 교부하지 아니한 자
⑤ **자격증·등록증**을 반납하지 아니한 자
⑥ 사무소 **명칭**과 관련하여 다음에 해당하는 자
㉠ 개업공인중개사로서 사무소 명칭에 법정문자를 사용하지 아니한 자
㉡ 중개인으로서 사무소 명칭에 '공인중개사사무소'라는 문자를 사용한 자
㉢ 옥외광고물에 성명을 표기하지 아니하거나 허위로 표기한 자
㉣ 중개대상물의 표시·광고시 명시의무(중개사무소의 명칭·소재지·연락처·등록번호, 개업공인중개사의 성명)를 위반한 자
㉤ 인터넷 광고시 소재지, 면적, 가격 등 추가명시의무를 위반한 자

OX

1. 개업공인중개사가 휴업기간의 변경신고를 하지 않은 경우에는 100만원 이하의 과태료에 처한다. (○) 제30회
2. 개업공인중개사가 인터넷을 이용하여 표시·광고를 하면서 중개대상물의 종류별로 가격 및 거래형태를 명시하지 않은 경우 과태료 부과대상에 해당된다. (○) 제32회
3. 개업공인중개사가 중개대상물의 거래상의 중요사항에 관해 거짓된 언행으로 중개의뢰인의 판단을 그르치게 한 경우 과태료 부과대상에 해당된다. (×) 제32회

OX

1. 공인중개사법령에 따른 보고의무를 위반하여 보고를 하지 아니한 거래정보사업자에 대한 과태료는 국토교통부장관이 부과한다. (○) 제31회
2. 연수교육을 정당한 사유 없이 받지 아니한 자에 대한 과태료는 등록관청이 부과한다. (×) 제29회
3. 공인중개사 자격이 취소된 자로 공인중개사자격증을 반납하지 아니한 자에 대한 과태료는 등록관청이 부과한다. (×) 제31회
4. 중개사무소 개설등록이 취소된 자로 중개사무소등록증을 반납하지 아니한 자에 대한 과태료는 시·도지사가 부과한다. (×) 제31회
5. 공인중개사법에 의한 과태료의 부과기준은 국토교통부령으로 정한다. (×) 제22회

3. 과태료처분 관련사항

(1) 부과 · 징수권자

① **국토교통부장관**: 정보통신서비스제공자, 거래정보사업자 및 협회

② **시 · 도지사**: 자격취소 후 자격증을 반납하지 아니한 자, 정당한 사유 없이 연수교육을 수료하지 아니한 자

③ **등록관청**: 개업공인중개사, 중개보조원

(2) 과태료 부과기준

과태료의 부과기준은 **대통령령**이 정하는 다음과 같다(영 제38조 제1항).

① **일반기준**

㉠ 과태료 부과권자는 다음에 해당하는 경우에는 **개별기준**에 따른 과태료 금액의 **2분의 1 범위에서** 그 금액을 **줄일 수 있다**. 다만, 과태료를 체납하고 있는 위반행위자의 경우에는 그렇지 않다.

ⓐ 위반행위가 사소한 부주의나 오류 등 과실로 인한 것으로 인정되는 경우

ⓑ 위반행위자가 법 위반행위를 시정하거나 해소하기 위하여 노력한 사실이 인정되는 경우

ⓒ 그 밖에 위반행위의 정도, 동기와 그 결과 등을 고려하여 과태료 금액을 줄일 필요가 있다고 인정되는 경우

㉡ 과태료 부과권자는 다음에 해당하는 경우에는 **개별기준**에 따른 과태료의 **2분의 1 범위에서** 그 금액을 **늘릴 수 있다**. 다만, **과태료 금액의 상한**(500만원, 100만원)을 **넘을 수 없다**.

ⓐ 위반행위의 내용 · 정도가 중대하여 소비자 등에게 미치는 피해가 크다고 인정되는 경우

ⓑ 그 밖에 위반행위의 동기와 결과, 위반정도 등을 고려하여 과태료 금액을 늘릴 필요가 있다고 인정되는 경우

② **개별기준**(영 별표 2)

㉠ 500만원 이하의 과태료 부과기준

위반행위	과태료금액
1. 개업공인중개사가 부당한 표시·광고를 한 경우	500만원
2. 정보통신서비스 제공자가 정당한 사유 없이 요구에 따르지 않아 관련 자료를 제출하지 않은 경우	500만원
3. 정보통신서비스 제공자가 정당한 사유 없이 요구에 따르지 않아 필요한 조치를 하지 않은 경우	500만원
4. 거래정보사업자가 운영규정의 승인 또는 변경승인을 얻지 않거나 운영규정의 내용을 위반하여 부동산거래정보망을 운영한 경우	400만원
5. 개업공인중개사가 성실·정확하게 중개대상물의 확인·설명을 하지 않거나 설명의 근거자료를 제시하지 않은 경우	
① 성실·정확하게 중개대상물의 확인·설명은 했으나 설명의 근거자료를 제시하지 않은 경우	250만원
② 중개대상물 설명의 근거자료는 제시했으나 성실·정확하게 중개대상물의 확인·설명을 하지 않은 경우	250만원
③ 성실·정확하게 중개대상물의 확인·설명을 하지 않고, 설명의 근거자료를 제시하지 않은 경우	500만원
6. 연수교육대상자가 연수교육을 정당한 사유 없이 받지 않은 경우	
① 위반상태의 기간이 1개월 이내인 경우	20만원
② 위반상태의 기간이 1개월 초과 3개월 이내인 경우	30만원
③ 위반상태의 기간이 3개월 초과 6개월 이내인 경우	50만원
④ 위반상태의 기간이 6개월 초과인 경우	100만원
7. 거래정보사업자가 보고, 자료의 제출, 조사 또는 검사를 거부·방해 또는 기피하거나 그 밖의 명령을 이행하지 않거나 거짓으로 보고 또는 자료제출을 한 경우	200만원
8. 협회가 공제사업 운용실적을 공시하지 않은 경우	300만원
9. 협회가 공제업무의 개선명령을 이행하지 않은 경우	400만원
10. 협회가 임원에 대한 징계·해임의 요구를 이행하지 않거나 시정명령을 이행하지 않은 경우	400만원
11. 협회가 보고, 자료의 제출, 조사 또는 검사를 거부·방해 또는 기피하거나 그 밖의 명령을 이행하지 않거나 거짓으로 보고 또는 자료제출을 한 경우	200만원

㉡ 100만원 이하의 과태료 부과기준

위반행위	과태료금액
1. 개업공인중개사가 중개사무소등록증 등을 게시하지 않은 경우	30만원
2. 개업공인중개사가 사무소의 명칭에 '공인중개사사무소', '부동산중개'라는 문자를 사용하지 않은 경우 또는 옥외 광고물에 성명을 표기하지 않거나 거짓으로 표기한 경우	50만원
3. 개업공인중개사가 명시의무를 위반하여 중개대상물의 중개에 관한 표시 · 광고를 한 경우	50만원
4. 개업공인중개사가 중개사무소의 이전신고를 하지 않은 경우	30만원
5. 개업공인중개사가 휴업, 폐업, 휴업한 중개업의 재개 또는 휴업기간의 변경 신고를 하지 않은 경우	20만원
6. 개업공인중개사가 손해배상책임에 관한 사항을 설명하지 않거나 관계증서의 사본 또는 관계증서에 관한 전자문서를 교부하지 않은 경우	30만원
7. 공인중개사 자격이 취소된 자가 공인중개사자격증을 반납하지 않거나 공인중개사자격증을 반납할 수 없는 사유서를 제출하지 않은 경우 또는 거짓으로 공인중개사자격증을 반납할 수 없는 사유서를 제출한 경우	30만원
8. 중개사무소 개설등록이 취소된 자가 중개사무소등록증을 반납하지 않은 경우	50만원
9. 중개인이 사무소의 명칭에 '공인중개사사무소'의 문자를 사용한 경우	50만원

MEMO

박문각 공인중개사

제1장 총 설
제2장 부동산거래신고제
제3장 외국인 등의 부동산 취득 등 특례
제4장 토지거래허가제

부동산 거래신고 등에 관한 법률

Chapter 01

총 설

1 입법취지

과거 **부동산거래신고제**, **외국인의 토지 취득시 신고 · 허가제도**, **토지거래허가제도**가 각 개별법에 산재되어 거래신고 · 허가의 대상 및 절차 등을 파악하기가 쉽지 않았다. 이에 부동산거래제도를 쉽게 이해할 수 있도록 관련제도를 통합 · 정비하여 「**부동산 거래신고 등에 관한 법률**」로 제정되었다.

2 법 제정목적

이 법은 부동산 거래 등의 신고 및 허가에 관한 사항을 정하여 건전하고 투명한 부동산 거래질서를 확립하고 국민경제에 이바지함을 목적으로 한다.

3 용어의 정의

(1) "**부동산**"이란 토지 또는 건축물을 말한다.

(2) "**부동산 등**"이란 부동산(토지 · 건축물) 또는 부동산을 취득할 수 있는 권리(분양권 · 입주권)를 말한다.

(3) "**거래당사자**"란 부동산 등의 매수인 · 매도인을 말하며, 외국인 등을 포함한다.

(4) "**임대차계약당사자**"란 부동산 등의 임대인과 임차인을 말하며, 외국인 등을 포함한다.

(5) "**국가 등**"이란 국가, 지방자치단체, 공공기관, 지방직영기업 · 지방공사 또는 지방공단을 말한다.

(6) "**수도권 등**"이란 「수도권정비계획법」에 따른 수도권, 광역시(인천광역시는 제외) 및 세종특별자치시를 말한다.

Chapter 02 부동산거래신고제

1 다른 제도와의 관계

(1) 토지거래허가제

토지거래허가구역 내의 토지에 대한 거래에 대하여 사전에 **토지거래허가**를 받은 경우라도 **부동산거래신고**는 별도로 하여야 한다.

(2) 외국인 등의 취득허가

외국인 등의 국내 부동산 취득 특례규정에 따라 **취득허가**를 받은 경우라도 부동산거래신고를 별도로 하여야 한다.

(3) 농지취득자격증명제

농지를 취득하고자 하는 자가 **농지취득자격증명**을 발급받은 경우라도 **부동산거래신고**는 별도로 하여야 한다.

OX

1. 토지거래계약의 허가를 받은 경우에는 부동산거래신고를 하지 않아도 된다. (×) 제20회
2. 농지의 매매계약을 체결한 경우 「농지법」상의 농지취득자격증명을 받으면 부동산거래신고를 한 것으로 본다. (×) 제23회

2 신고의무자 및 신고대상

1. 신고의무자

(1) 거래당사자 간의 직거래의 경우

① 거래당사자가 공동으로 신고하여야 한다. 다만, 거래당사자 중 **일방이 국가, 지방자치단체, 공공기관의 경우**(국가 등)에는 **국가 등이** 신고를 하여야 한다.

② 거래당사자 중 일방이 신고를 거부하는 경우 **다른 일방이 단독 신고할 수 있다.**

(2) 개업공인중개사의 중개거래의 경우

① 개업공인중개사가 「공인중개사법」에 따라 **거래계약서를 작성 · 교부**한 경우에는 **해당 개업공인중개사**가 부동산거래신고를 하여야 한다.

② 공동으로 중개를 한 경우에는 해당 개업공인중개사가 공동으로 신고하여야 한다. 개업공인중개사 중 일방이 신고를 거부한 경우에는 **단독신고 할 수 있다.**

③ 중개거래의 경우 거래당사자는 신고의무가 없다.

OX

1. 「지방공기업법」에 따른 지방공사와 개인이 매매계약을 체결한 경우 양 당사자는 공동으로 신고하여야 한다. (×) 제30회
2. 개업공인중개사가 거래계약서를 작성 · 교부한 경우 거래당사자는 30일 이내에 부동산거래신고를 하여야 한다. (×) 제30회
3. 개업공인중개사가 공동으로 토지의 매매를 중개하여 거래계약서를 작성 · 교부한 경우 해당 개입공인중개사가 공동으로 신고해야 한다. (○) 제29회

2. 신고대상 부동산 등

(1) 신고대상 부동산 · 계약 · 기한 · 관할 등

신고대상 부동산 등	1. 부동산(토지 · 건축물)의 매매계약: 면적, 지목, 용도 제한 없이 신고 2. 관련법(8)상 부동산의 공급계약: 주택 · 상가 · 토지의 최초 분양계약 3. 부동산을 취득할 수 있는 권리(분양권 · 입주권)의 매매계약 ① 분양권: 부동산을 공급받는 자로 선정된 지위(8가지 법률상) ② 입주권 ㉠ 「도시 및 주거환경정비법」상 **관리처분계획의 인가로 취득한 입주자로 선정된 지위**(입주권) ㉡ 「빈집 및 소규모주택 정비에 관한 특례법」상 **사업시행계획의 인가로 취득한 입주자로 선정된 지위**(입주권)
부동산 공급계약 관련 법률	① 「**주**택법」 ② 「**도**시 및 주거환경 정비법」 ③ 「**빈**집 및 소규모주택 정비에 관한 특례법」 ④ 「**건**축물의 분양에 관한 법률」 ⑤ 「**택**지개발촉진법」 ⑥ 「**도**시개발법」 ⑦ 「**공**공주택 특별법」 ⑧ 「**산**업입지 및 개발에 관한 법률」
신고대상 (×)	1. 입목 · 광업재단 · 공장재단(×) 2. 「건축법」상 공급계약(×)
대상계약	매매계약(○) / 교환, 증여, 상속, 경매, 임대차, 전세권설정계약(×)
신고기한	계약체결일부터 **30일** 이내 ⇨ 신고필증 지체 없이 교부
신고관청	부동산등의 소재지 관할 시장 · 군수 · 구청장 ⇨ 신고관청 ❶ 시장 ⇨ 구가 설치되지 아니한 시의 시장 및 특별자치시장과 특별자치도 행정시의 시장
신고방법	1. 법정서식의 신고서 제출방식(○) / 거래계약서 원본 제출방식(×) 2. 방문신고(○), 방문대행(○), 전자신고(○), 전자대행(×)

넓혀 보기

거래계약 체결일

거래계약의 체결일이란 거래당사자가 구체적으로 특정되고, 거래목적물 및 거래대금 등 **거래계약의 중요 부분에 대하여 거래당사자가 합의한 날**을 말한다. 이 경우 합의와 더불어 계약금의 전부 또는 일부를 지급한 경우에는 그 지급일을 거래계약의 체결일로 보되, **합의한 날이 계약금의 전부 또는 일부를 지급한 날보다 앞서는 것이 서면 등을 통해 인정**되는 경우에는 **합의한 날을 거래계약의 체결일로 본다.**

OX

1. 공인중개사법령상 중개대상물에 해당한다고 하여 모두 부동산거래 신고의 대상이 되는 것은 아니다. (○) 제26회
2. 「건축물의 분양에 관한 법률」에 따른 부동산에 대한 공급계약은 부동산거래신고 대상이다. (○) 제28회
3. 「공공주택 특별법」에 따른 공급계약에 의해 부동산을 공급받는 자로 선정된 지위를 매매하는 계약은 부동산거래신고의 대상이 아니다. (×) 제29회

OX

1. 부동산거래신고는 부동산의 증여계약을 체결한 경우에도 해야 한다. (×) 제23회
2. 부동산 거래계약을 신고하려는 개업공인중개사는 부동산거래계약 신고서에 서명 또는 날인하여 관할 등록관청에 제출하여야 한다. (×) 제31회

(2) 신고서 제출대행

	(1) 직거래	(2) 중개거래
신고 대행	신고의무자로부터 위임받은 자 ① 신분증 제시(○) ② 서명 또는 날인한 위임장(○) 위임인의 신분증 사본(○)	소속공인중개사(○), 중개보조원(×) ① 신분증 제시(○) ② 서명 또는 날인한 위임장(×) 개업공인중개사의 신분증 사본(×)
	※참고 법인으로부터 위임받은 자 ⇨ 신분증 제시(○), 법인인감증명서(○) 법인인감이 날인된 위임장(○)	

OX

1. 소속공인중개사 및 중개보조원은 부동산거래신고를 할 수 있다. (×) 제30회
2. 개업공인중개사의 위임을 받은 소속공인중개사가 부동산거래계약 신고서의 제출을 대행하는 경우 소속공인중개사는 신분증명서를 신고관청에 보여주어야 한다. (○) 제28회

3 신고절차

1. 신고사항

(1) 공통 신고사항(법인 및 법인 외의 자)

① 거래당사자의 인적사항
② 계약체결일, 중도금 지급일 및 잔금 지급일
③ 거래대상 부동산 등(부동산을 취득할 수 있는 권리의 경우에는 그 권리의 대상인 부동산)의 소재지 · 지번 · 지목 및 면적
④ 거래대상 부동산 등의 종류(부동산을 취득할 수 있는 권리의 경우에는 그 권리의 종류)
⑤ 실제 거래가격
⑥ 개업공인중개사가 거래계약서를 작성 · 교부한 경우에는 개업공인중개사의 인적사항, 중개사무소의 상호 · 전화번호 및 소재지
⑦ 계약의 조건이나 기한이 있는 경우에는 그 조건 또는 기한
⑧ 매수인이 국내에 주소 또는 거소(잔금 지급일부터 60일을 초과하여 거주하는 장소를 말한다)를 두지 않을 경우에는 위탁관리인의 인적사항

넓혀 보기

신고사항에 해당하지 않는 것

1. 권리이전의 내용 2. 물건의 인도일시 3. 공법상 제한 4. 기준시가

OX

1. 개업공인중개사가 거래계약서를 작성 · 교부한 경우 개업공인중개사의 인적사항과 중개사무소의 상호 · 전화번호 및 소재지도 신고사항에 포함된다. (○) 제28회
2. 매매계약에 조건이나 기한이 있는 경우 그 조건 또는 기한도 신고해야 한다. (○) 제29회
3. 거래대상 부동산의 공법상 거래규제 및 이용제한에 관한 사항은 부동산거래계약 신고서의 기재사항이다. (×) 제28회, 제30회
4. 신고서의 신고사항에는 실제 거래가격 및 기준시가가 포함되어야 한다. (×) 제22회
5. 「국토의 계획 및 이용에 관한 법률」에 따른 개발제한사항은 신고사항에 포함되지 않는다. (○) 제31회

OX 법인이 주택의 매수자로서 거래계약을 체결한 경우 임대 등 그 주택의 이용계획은 신고사항이다. (○) 제35회

(2) **법인이 주택거래계약을 체결한 경우의 추가 신고사항**

① **법인의 현황**에 관한 다음의 사항(거래당사자 중 국가 등이 포함되어 있거나 최초 공급계약과 분양권의 경우는 제외한다)
㉠ **법인의 등기 현황**
㉡ 법인과 거래상대방 간의 관계가 다음의 어느 하나에 해당하는지 여부
ⓐ 거래상대방이 개인인 경우: 그 개인이 해당 법인의 임원이거나 법인의 임원과 **친족관계**가 있는 경우
ⓑ 거래상대방이 법인인 경우: 거래당사자인 매도법인과 매수법인의 임원 중 **같은 사람**이 있거나 거래당사자인 매도법인과 매수법인의 임원 간 **친족관계**가 있는 경우
② **주택 취득목적** 및 **취득자금** 등에 관한 다음의 사항(**법인이 주택의 매수자인 경우만 해당**한다)
㉠ 거래대상인 **주택의 취득목적**
㉡ 거래대상 주택의 취득에 필요한 **자금조달계획 및 지급방식**. 이 경우 **투기과열지구에 소재하는 주택**의 거래계약을 체결한 경우에는 **자금의 조달계획을 증명하는 서류**로서 국토교통부령으로 정하는 **서류**를 첨부해야 한다.
㉢ 임대 등 거래대상 **주택의 이용계획**

OX
1. 「주택법」에 따라 지정된 조정대상지역에 소재하는 주택으로서 실제 거래가격이 5억원이고, 매수인이 국가인 경우 국가는 매도인과 공동으로 실제거래가격 등을 신고하여야 한다. (×) 제31회
2. 자연인이 단독으로 「주택법」상 투기과열지구 외에 소재하는 주택을 실제 거래가격 6억원으로 매수한 경우 입주 예정 시기 등 그 주택의 이용계획은 신고사항이다. (○) 제35회
3. 자연인이 「주택법」상 '투기과열지구 또는 조정대상지역' 외의 장소에 소재하는 주택을 실제 거래가격 5억원으로 매수하는 경우 甲은 입주계획을 신고하여야 한다. (×) 제32회

(3) **법인 외의 자가 다음의 주택을 매수하는 경우의 추가 신고사항**(매수인 중 국가 등이 포함되어 있는 경우는 제외)

① 비규제지역에 소재하는 실제 거래가격이 6억원 이상인 주택

② **투기과열지구** 또는 **조정대상지역**에 소재하는 주택

㉠ 거래대상 **주택**의 **취득**에 필요한 **자금조달계획 및 지급방식**. 이 경우 **투기과열지구에 소재하는 주택**의 거래계약을 체결한 경우 매수자는 **자금의 조달계획을 증명하는 서류**로서 국토교통부령으로 정하는 **서류**를 첨부해야 한다.
㉡ 거래대상 주택에 매수자 본인이 입주할지 여부, 입주 예정 시기 등 거래대상 **주택의 이용계획**

(4) **실제 거래가격이 다음의 구분에 따른 금액 이상인 토지를 매수**(지분으로 매수하는 경우는 제외)**하는 경우의 추가 신고사항**

① **'수도권 등'에 소재하는 토지의 경우**: 1억원

② **'비수도권 등'에 소재하는 토지의 경우**: 6억원

● 수도권 등 ⇨ 「수도권정비계획법」에 따른 수도권, 광역시(인천광역시는 제외) 및 세종특별자치시

㉠ 거래대상 토지의 취득에 필요한 자금의 조달계획 ㉡ 거래대상 토지의 이용계획

(5) **다음의 토지를 지분으로 매수하는 경우의 추가 신고사항**

① **'수도권 등'**에 소재하는 토지

② **'비수도권 등'**에 소재하는 토지로서 실제 거래가격이 6억원 이상인 토지

㉠ 거래대상 토지의 취득에 필요한 자금의 조달계획 ㉡ 거래대상 토지의 이용계획

넓혀 보기

1. "법인"이란 「부동산등기법」상의 부동산등기용등록번호를 부여받은 법인으로 「상법」에 따른 법인을 말한다.
2. "주택"이란 「건축법 시행령」상의 단독주택 또는 공동주택(공관 및 기숙사는 제외)을 말하며, 단독주택 또는 공동주택을 취득할 수 있는 권리에 관한 계약의 경우에는 그 권리를 포함한다.
3. "친족관계"란 「국세기본법」상의 친족관계[6촌 이내의 혈족, 4촌 이내의 인척, 배우자(사실혼 포함) 등]를 말한다.
4. "투기과열지구"란 「주택법」에 따라 지정된 투기과열지구를 말한다.
5. "조정대상지역"이란 「주택법」에 따라 지정된 조정대상지역을 말한다.
6. 상기 (4) 및 (5)에 따른 거래가격의 산정방법은 다음과 같다.
   ① 1회의 토지거래계약으로 매수하는 토지가 둘 이상인 경우에는 매수한 각각의 토지가격을 모두 합산할 것
   ② 신고대상 토지거래계약 체결일부터 역산하여 1년 이내에 매수한 다른 토지(신고대상 토지거래계약에 따라 매수한 토지와 서로 맞닿은 토지로 한정하며, 신고대상 토지거래계약에 따라 토지를 지분으로 매수한 경우에는 해당 토지의 나머지 지분과 그 토지와 서로 맞닿은 토지나 토지의 지분으로 한다)가 있는 경우에는 그 토지가격을 거래가격에 합산할 것. 다만, 토지거래계약 체결일부터 역산하여 1년 이내에 매수한 다른 토지에 대한 거래신고를 한 때에 상기 (4) 및 (5)의 신고사항을 제출한 경우에는 합산하지 않는다.
   ③ 「건축법」 제22조 제2항에 따른 사용승인을 받은 건축물이 소재하는 필지가격은 거래가격에서 제외할 것

■ 지역별 규제내용 정리

<table>
<tr><th colspan="2">구 분</th><th colspan="2">규제내용(제출서류)</th></tr>
<tr><td colspan="2">부동산거래신고시 제출서류</td><td colspan="2">① 부동산거래계약신고서
② 법인주택거래계약신고서(법인신고서)
③ 주택취득자금조달 및 입주계획서
④ 주택 자금조달계획 증명서류
⑤ 토지취득자금조달 및 토지이용계획서</td></tr>
<tr><td colspan="2">규제 및 비규제 불문</td><td colspan="2">모든 부동산 등 ⇨ ①</td></tr>
<tr><td colspan="2">법인이 주택거래계약 체결시</td><td colspan="2">① + ②</td></tr>
<tr><td colspan="2" rowspan="2">법인이 주택의 매수자인 경우</td><td colspan="2">모든 주택(가액 불문) ⇨ ① + ② + ③</td></tr>
<tr><td colspan="2">투기과열지구 ⇨ ① + ② + ③ + ④</td></tr>
<tr><td colspan="2">주택(비규제지역)</td><td colspan="2">실제거래가격 6억원 이상 주택 ⇨ ① + ③</td></tr>
<tr><td rowspan="2">주택
(규제지역)</td><td>조정대상지역</td><td colspan="2">모든 주택(가액 불문) ⇨ ① + ③</td></tr>
<tr><td>투기과열지구</td><td colspan="2">모든 주택(가액 불문) ⇨ ① + ③ + ④</td></tr>
<tr><td colspan="2" rowspan="2">토지의 매수자</td><td>‘수도권 등’ 소재 1억 이상 토지</td><td rowspan="4">① + ⑤</td></tr>
<tr><td>‘비수도권 등’ 소재 6억 이상 토지</td></tr>
<tr><td colspan="2" rowspan="2">토지의 지분 매수자</td><td>‘수도권 등’ 소재 토지(가액 불문)</td></tr>
<tr><td>‘비수도권 등’ 소재 6억 이상 토지</td></tr>
</table>

2. 신고방법

(1) 방문신고

① **거래당사자의 신고**

㉠ 공동신고: 부동산거래계약을 체결하고 해당 거래계약을 신고하려는 거래당사자는 부동산거래계약 신고서에 **공동으로 서명 또는 날인**하여 거래당사자 중 **일방이 신고관청에 제출**해야 한다. 단독으로 신고하려는 국가 등은 부동산거래계약 신고서에 단독으로 서명 또는 날인하여 신고관청에 제출해야 한다. 신고서를 제출할 때 거래계약서 사본 등은 첨부하지 않아도 된다.

㉡ 단독신고

ⓐ 당사자 중 일방이 신고를 거부하는 경우에는 **다른 일방이** 단독으로 신고할 수 있다. 단독으로 신고를 하려는 자는 신고서에 단독으로 서명 또는 날인한 후 부동산 **거래계약서 사본과 단독신고사유서**를 첨부하여 신고관청에 제출하여야 한다.

ⓑ 신고관청은 단독신고사유 해당 여부를 확인하여야 한다.

OX

1. 지방자치단체가 개업공인중개사의 중개 없이 토지를 매수하는 경우 부동산거래계약 신고서에 단독으로 서명 또는 날인하여 신고관청에 제출해야 한다. (○) 제29회
2. 부동산매매계약을 체결한 경우 거래당사자는 거래계약의 체결일부터 3개월 이내에 신고관청에 단독 또는 공동으로 신고하여야 한다. (×) 제31회

OX 거래당사자 일방이 부동산거래신고를 거부하는 경우 다른 당사자는 국토교통부령에 따라 단독으로 신고할 수 있다. (○) 제27회

㉢ 자금조달 · 입주계획서의 제출

ⓐ 주택취득 자금조달계획과 입주계획을 신고하여야 하는 경우에는 신고서를 제출할 때 **매수인이 단독으로 서명 또는 날인한 자금조달 · 입주계획서**를 신고관청에 함께 제출해야 한다.

ⓑ 법인 또는 매수인이 법인 신고서 또는 자금조달 · 입주계획서를 부동산 거래계약 신고서와 **분리하여 제출하기를 희망**하는 경우 법인 또는 매수인은 자금조달 · 입주계획서를 거래계약의 체결일부터 **30일 이내에** 별도로 제출할 수 있다.

ⓒ 부동산거래계약을 신고하려는 자 중 **법인 또는 매수인 외의 자**가 법인 신고서 또는 자금조달 · 입주계획서를 제출하는 경우 법인 또는 매수인은 부동산거래계약을 신고하려는 자에게 거래계약의 체결일부터 **25일 이내에** 법인신고서 또는 자금조달 · 입주계획서를 제공해야 하며, 이 기간 내에 제공하지 않은 경우에는 법인 또는 매수인이 별도로 법인 신고서 또는 자금조달 · 입주계획서를 제출해야 한다.

OX 「주택법」에 따라 지정된 투기과열지구에 소재하는 주택의 거래계약을 체결한 경우 신고서를 제출할 때 매수인과 매도인이 공동으로 서명 및 날인한 자금조달 · 입주계획서를 함께 제출하여야 한다. (×) 제31회

㉣ **법인**이 **주택**거래계약을 체결한 경우 **추가 신고사항**은 다음과 같다. 다만, 거래당사자 중 **국가 등**이 포함되어 있거나 **최초 공급계약**과 **분양권**의 경우는 제외한다.

ⓐ 공통 신고사항 이외에 법인의 현황을 신고하여야 한다. 즉, 법인의 등기현황 및 상대방이 개인이든 법인이든 친족관계 여부를 별도로 신고하여야 한다.

ⓑ 부동산거래신고시 '법인주택거래계약신고서'를 함께 제출하여야 한다.

ⓒ 법인이 주택 매수자인 경우 지역 및 주택가액을 불문하고 자금조달 및 지급방식, 주택 취득목적 · 이용계획을 신고(자금조달 · 입주계획서)하여야 한다.

ⓓ **주택**이 **투기과열지구**에 소재하는 경우에는 **자금조달계획을 증명하는 서류**를 추가로 제출하여야 한다.

② **개업공인중개사의 신고**

㉠ 신고서의 제출: 부동산 거래계약을 신고하려는 **개업공인중개사**는 부동산 거래계약 신고서에 **서명 또는 날인**하여 신고관청에 제출하여야 한다. **공동중개**의 경우에는 해당 개업공인중개사가 공동으로 서명 또는 날인하여야 한다.

㉡ 개업공인중개사가 신고의무를 부담하는 경우에는 거래당사자는 신고서에 서명 또는 날인할 필요가 없다.

OX 개업공인중개사가 거래계약서를 작성 · 교부한 경우에는 거래당사자 또는 해당 개업공인중개사가 신고할 수 있다. (×) 제31회

③ **신분증 제시**: 부동산거래신고를 하려는 자는 신고인의 주민등록증, 운전면허증, 여권 등 신분증명서를 신고관청에 보여주어야 한다.

④ **신고서 제출대행**

㉠ 거래당사자의 신고서 제출대행: 거래당사자 또는 **법인 또는 매수인의 위임을 받은 사람**은 부동산거래계약 신고서 등의 제출을 **대행**할 수 있다. 이 경우 부동산거래계약 신고서 등의 제출을 대행하는 사람은 신분증명서를 신고관청에 보여주고, 다음의 서류를 함께 제출해야 한다.

> 1. 신고서 등의 제출을 위임한 거래당사자가 **서명 또는 날인한 위임장**(거래당사자가 법인인 경우에는 법인인감을 날인한 **위임장**)
> 2. 신고서 등의 제출을 위임한 거래당사자의 **신분증명서 사본**

㉡ 개업공인중개사의 신고서 제출대행: **개업공인중개사의 위임을 받은 소속공인중개사**는 부동산거래계약 신고서 등의 제출을 대행할 수 있다. 이 경우 소속공인중개사는 신분증명서를 신고관청에 보여줘야 하며, 개업공인중개사의 **위임장** 및 **신분증명서 사본**은 제출하지 않아도 된다. 다만, **중개보조원**은 신고서 제출대행을 할 수 없다.

(2) 전자문서에 의한 신고

① **부동산거래관리시스템**(RTMS) **접속**: 부동산거래신고를 하려는 거래당사자 또는 개업공인중개사는 공인인증서를 발급받아 인터넷상으로 신고관청의 부동산거래관리시스템에 접속하여 신고자의 성명, 주민등록번호, 공인인증을 통해 로그인을 한다.

② **신고서의 작성 · 제출**: 인터넷의 부동산거래관리시스템상에서 부동산거래계약신고서에 신고사항을 입력하여 작성한 후 신고의무자가 서명 또는 날인을 하여 제출한다. 이 경우 서명 또는 날인 및 당사자의 신분확인은 「전자서명법」에 따른 공인인증서를 통한 본인확인, 즉 전자인증의 방법으로 한다.

③ 전자문서에 의한 신고의 경우에는 신고서의 제출대행이 인정되지 아니한다.

(3) 부동산거래계약시스템을 통한 거래계약

부동산거래계약시스템을 통하여 부동산거래계약을 체결한 경우에는 부동산거래계약이 체결된 때에 **부동산거래계약 신고서를 제출한 것으로 본다.**

3. 신고필증의 발급

(1) 신고필증 발급

① 부동산거래신고를 받은 신고관청은 그 신고내용을 확인한 후 신고인에게 신고필증을 **지체 없이** 발급하여야 한다.

② 입주권 거래신고의 경우에는 **입주권 거래가격이 표시된 신고필증과 종전 토지 거래가격이 표시된 신고필증** 등 2부가 발급된다.

③ 소유권을 이전하려는 부동산의 종류에 맞는 신고필증을 부동산등기 신청서에 첨부하고, 「부동산등기 특별조치법」의 구분에 따른 날부터 60일 이내에 소유권이전등기 신청을 하여야 한다.

(2) 검인의제

부동산 등의 매수인은 신고인이 신고필증을 발급받은 때에 「부동산등기 특별조치법」에 따른 **검인을 받은 것으로 본다.**

OX 부동산의 매수인은 신고인이 부동산거래계약 신고필증을 발급받은 때에 「부동산등기 특별조치법」에 따른 검인을 받은 것으로 본다. (○) 제28회

4. 신고내용의 검증

(1) 부동산거래가격 검증체계의 구축 · 운영

① **국토교통부장관**은 부동산거래 신고 받은 내용, 「부동산 가격공시에 관한 법률」에 따라 공시된 토지 및 주택의 가액, 그 밖의 부동산 가격정보를 활용하여 부동산거래가격 **검증체계**를 **구축 · 운영**하여야 한다.

OX 시장 · 군수 또는 구청장은 부동산거래가격 검증체계를 구축 · 운영해야 한다. (×) 제23회

② 국토교통부장관은 부동산거래가격 검증체계의 구축 · 운영을 위하여 다음 사항에 관한 자료를 제출할 것을 신고관청에 요구할 수 있다.

㉠ 신고가격의 적정성 검증결과 ㉡ 신고내용의 조사결과 ㉢ 그 밖에 검증체계의 구축 · 운영을 위하여 필요한 사항

(2) 적정성 검증

신고관청은 부동산거래신고를 받은 경우 부동산거래가격 검증체계를 활용하여 그 **적정성**을 검증하여야 한다.

(3) 검증결과의 통보 및 과세자료 활용

신고관청은 적정성 검증 결과를 해당 부동산의 소재지를 관할하는 **세무관서의 장에게 통보**하여야 하며, 통보받은 **세무관서의 장**은 해당 신고내용을 국세 또는 지방세 부과를 위한 **과세자료로 활용**할 수 있다.

OX 세무관서의 장은 시장 · 군수 또는 구청장으로부터 통보받은 신고사항을 국세 또는 지방세 부과를 위한 과세자료로 활용할 수 있다. (○) 제19회

(4) 기 타

부동산거래가격 검증의 절차, 검증체계의 구축 · 운영, 그 밖에 필요한 세부사항은 국토교통부장관이 정한다.

4 부동산 거래의 해제등 신고

OX 개업공인중개사가 신고한 후 해당 거래계약이 해제된 경우 그 계약을 해제한 거래당사자는 해제가 확정된 날부터 30일 이내에 해당 신고관청에 단독으로 신고하여야 한다. (×) 제35회

(1) 거래당사자의 해제등 신고

① **공동신고**: **거래당사자**는 부동산거래를 신고한 후 해당 거래계약이 해제, 무효 또는 취소(해제등)된 경우 해제등이 확정된 날부터 **30일 이내에** 해당 신고관청에 **공동으로 신고**하여야 한다. 다만, 거래당사자 중 일방이 신고를 거부하는 경우에는 **단독으로 신고**할 수 있다.

② **단독신고**: 일방이 신고를 거부하여 단독으로 부동산거래계약의 해제등을 신고하려는 자는 부동산거래계약 해제등 신고서에 단독으로 서명 또는 날인한 후 다음의 서류를 첨부하여 신고관청에 제출해야 한다. 이 경우 신고관청은 단독신고 사유에 해당하는지 여부를 확인해야 한다.

1. 확정된 법원의 판결문 등 해제등이 확정된 사실을 입증할 수 있는 서류 2. 단독신고사유서

③ **일방이 국가 등**: 거래당사자 중 일방이 **국가 등**인 경우 국가 등이 단독으로 서명 또는 날인하여 신고관청에 제출할 수 있다.

④ **신고서 제출대행**: 거래당사자 또는 법인 또는 매수인의 위임을 받은 자는 부동산거래계약 해제등 신고서의 제출을 대행할 수 있다. 신고서 제출을 대행하는 자는 신분증명서를 신고관청에 보여주고, 위임한 거래당사자의 위임장 및 신분증명서 사본을 함께 제출하여야 한다.

⑤ 거래당사자가 해제등의 신고를 기한 내에 하지 아니한 경우에는 **500만원 이하의 과태료**에 처한다.

(2) 개업공인중개사의 해제등 신고

① **개업공인중개사의 임의적 신고**: **개업공인중개사**가 **부동산거래신고**를 한 경우에는 **개업공인중개사**가 **해제등의 신고**(공동으로 중개를 한 경우에는 해당 개업공인중개사가 공동으로 신고하는 것을 말한다)를 **할 수 있다**. 다만, 개업공인중개사 중 일방이 신고를 거부한 경우에는 단독으로 신고할 수 있다.

② **단독신고**: 개업공인중개사 일방이 신고를 거부하여 단독으로 부동산거래계약의 해제등을 신고하려는 자는 부동산거래계약 해제등 신고서에 단독으로 서명 또는 날인한 후 필요서류(해제등 입증서류, 단독신고사유서)를 첨부하여 신고관청에 제출해야 한다. 이 경우 신고관청은 단독신고 사유에 해당하는지 여부를 확인해야 한다.

③ **신고서 제출대행**: 개업공인중개사의 위임을 받은 **소속공인중개사**는 부동산거래계약 해제등 **신고서의 제출**을 **대행**할 수 있다. 이 경우 소속공인중개사는 신분증명서를 보여주어야 하며, 개업공인중개사의 **위임장** 및 **신분증명서 사본**을 제출하지 않는다. 이 경우도 **중개보조원**은 제출대행을 할 수 없다.

④ 개업공인중개사는 해제등의 신고의무가 없으므로 위반시 과태료 등 제재규정도 없다.

(3) 확인서의 발급

해제등 신고를 받은 신고관청은 그 내용을 확인한 후 부동산거래계약 **해제등 확인서**를 신고인에게 **지체 없이** 발급하여야 한다.

(4) 부동산거래계약시스템

부동산거래계약시스템을 통하여 부동산거래계약 해제등을 한 경우에는 해제등이 이루어진 때에 **부동산거래계약 해제등 신고서를 제출한 것으로 본다.**

5 신고내용의 조사 등

(1) 필요한 조치명령: 신고내용의 보완, 관련 자료의 제출요구 등

① **신고관청**은 부동산 거래의 신고, 부동산 거래의 해제등 신고에 따라 신고 받은 내용이 **누락**되어 있거나 **정확하지 아니하다고 판단**하는 경우에는 국토교통부령으로 정하는 바에 따라 신고인에게 신고내용을 **보완하게** 하거나 신고한 내용의 사실 여부를 확인하기 위하여 소속 공무원으로 하여금 거래당사자 또는 개업공인중개사에게 거래계약서, 거래대금 지급을 증명할 수 있는 자료 등 **관련 자료의 제출을 요구**하는 등 **필요한 조치**를 취할 수 있다.

OX 신고관청은 부동산 거래신고의 내용에 누락이 있는 경우, 신고인에게 신고내용을 보완하게 할 수 있다. (○) 제27회

② **국토교통부장관 또는 신고관청**(이하 "**조사기관**")은 부동산 거래의 신고, 부동산 거래의 해제등 신고에 따라 신고내용을 조사하기 위하여 거래당사자 또는 개업공인중개사에게 다음의 자료를 제출하도록 요구할 수 있다.

> ㉠ 거래계약서 사본
> ㉡ 거래대금의 지급을 확인할 수 있는 입금표 또는 통장 사본
> ㉢ 매수인이 거래대금 지급을 위하여 다음 행위를 하였음을 증명할 수 있는 자료
> ⓐ 대출
> ⓑ 정기예금 등의 만기수령 또는 해약
> ⓒ 주식 · 채권 등의 처분
> ㉣ 매도인이 매수인으로부터 받은 거래대금을 예금 외의 다른 용도로 지출한 경우 이를 증명할 수 있는 자료
> ㉤ 그 밖에 신고내용의 사실 여부를 확인하기 위하여 필요한 자료

③ 자료제출 요구는 요구사유, 자료의 범위와 내용, 제출기한 등을 명시한 서면으로 하여야 한다.

④ 그 밖의 신고내용의 조사에 필요한 세부사항은 국토교통부장관이 정한다.

(2) 신고내용 조사결과의 보고

① 신고내용을 조사한 경우 **조사기관**은 **조사결과**를 특별시장, 광역시장, 특별자치시장, 도지사, 특별자치도지사(시 · 도지사)에게 **보고**하여야 하며, **시 · 도지사**는 이를 국토교통부령으로 정하는 바에 따라 **국토교통부장관**에게 **보고**하여야 한다.

② 시 · 도지사는 ①에 따라 **조사기관이 보고한 내용**을 취합하여 **매월 1회 국토교통부장관에게 보고**(「전자서명법」 제2조 제1호에 따른 전자문서에 의한 보고 또는 법 제25조에 따른 부동산정보체계에 입력하는 것을 포함)하여야 한다.

(3) 신고내용조사의 실시

① **국토교통부장관**은 부동산거래신고, 해제 등의 신고에 따라 신고 받은 내용의 확인을 위하여 필요한 때에는 신고내용조사를 **직접 또는 신고관청과 공동으로 실시할 수 있다.**

② **국토교통부장관** 및 **신고관청**은 신고내용조사를 위하여 국세 · 지방세에 관한 자료, 소득 · 재산에 관한 자료 등 대통령령으로 정하는 자료를 관계 행정기관의 장에게 요청할 수 있다. 이 경우 요청을 받은 관계 행정기관의 장은 정당한 사유가 없으면 그 요청에 따라야 한다.

③ 국토교통부장관 및 신고관청은 신고내용조사 결과 그 내용이 이 법 또는 「주택법」, 「공인중개사법」, 「상속세 및 증여세법」 등 다른 법률을 위반하였다고 판단되는 때에는 이를 수사기관에 고발하거나 관계 행정기관에 통보하는 등 필요한 조치를 할 수 있다.

(4) 외국인 등의 취득 신고내용 제출

① **신고관청**은 부동산거래신고에 따라 **외국인 등**이 **부동산 등**의 **취득을 신고한 내용**을 매 **분기 종료일부터 1개월 이내에** 특별시장 · 광역시장 · 도지사 또는 특별자치도지사에게 **제출**(전자문서에 의한 제출을 포함)하여야 한다. 다만, 특별자치시장은 직접 국토교통부장관에게 제출하여야 한다.

② 신고내용을 제출받은 **특별시장 · 광역시장 · 도지사 또는 특별자치도지사는 제출받은 날부터 1개월 이내에** 그 내용을 국토교통부장관에게 **제출**하여야 한다.

6 정정신청(임의적)

(1) 의 의

거래당사자 또는 개업공인중개사는 부동산거래계약 신고내용 중 일부사항이 잘못 기재된 경우에는 신고관청에 신고내용의 **정정을 신청할 수 있다**. 정정신청은 임의적 사항임을 주의하여야 한다.

(2) 정정신청사항

정정신청사항(○)	정정신청사항(×)
① 당사자의 **전**화번호 · 휴대전화번호 · **주**소	① **소**재지 · 지번
② 개업공인중개사의 **전**화번호 · **상**호 · **사**무소 소재지	② 거래**금**액(거래가격)
③ 건축물의 **종**류	③ 계약**일**, 중도금 · 잔금지급**일**
④ 거래**지**분**비**율	④ 거래당사자의 **성**명 · 주민번호
⑤ **지**목, 거래**지**분 및 대지권 비율, **면**적	⑤ 개업공인중개사의 **성**명
	⑥ **조**건 또는 기한

(3) 정정신청 방법

① 거래당사자 또는 개업공인중개사는 신고필증에 정정사항을 표시하고 해당 정정부분에 서명 또는 날인을 하여 신고관청에 제출하여야 한다.

② 다만, 거래당사자의 주소 · 전화번호 또는 휴대전화번호를 정정하는 경우에는 해당 거래당사자 일방이 단독으로 서명 또는 날인하여 정정을 신청할 수 있다.

OX

1. 거래당사자 또는 개업공인중개사는 부동산거래계약 신고내용 중 거래 지분비율이 잘못 기재된 경우 신고관청에 신고내용의 정정을 신청할 수 있다. (○) 제35회
2. 개업공인중개사의 성명 · 주소는 정정신청사항에 해당된다. (×) 제30회
3. 거래대상 부동산의 면적은 정정신청사항에 해당된다. (○) 제30회
4. 부동산거래 신고한 내용 중에 상가건물 거래의 잔금 지급일이 변경된 경우에는 정정신청을 할 수 있다. (×) 제22회

(4) 정정신청 대행

① 거래당사자 또는 법인 또는 매수인의 위임을 받은 자는 정정신청을 대행할 수 있다. 이 경우 대행하는 자는 신분증명서를 신고관청에 보여주어야 하며, 위임한 거래당사자의 위임장 및 신분증명서 사본을 제출하여야 한다.

② 개업공인중개사의 위임을 받은 소속공인중개사는 정정신청을 대행할 수 있다. 이 경우 소속공인중개사는 신분증명서를 신고관청에 보여주어야 한다.

(5) 신고필증 재발급

정정신청을 받은 신고관청은 정정사항을 확인한 후 지체 없이 해당 내용을 정정하고 정정사항을 반영한 신고필증을 재발급해야 한다.

7 변경신고(임의적)

OX

1. 공동매수의 경우 매수인의 추가사항은 변경신고사항에 해당된다. (×) 제35회
2. 계약대상 면적의 변경은 변경신고사항에 해당된다. (○) 제24회
3. 중도금 및 지급일의 변경은 변경신고사항에 해당된다. (○) 제24회

(1) 의 의

거래당사자 또는 개업공인중개사는 신고내용 중 다음에 해당하는 사항이 변경된 경우에는 「부동산등기법」에 따른 부동산에 관한 등기신청 전에 신고관청에 신고내용의 변경을 신고할 수 있다. '정정신청'은 잘못 기재된 내용을 '수정'하는 반면, '변경신고'는 정상적인 신고내용이 '변경'된 경우의 절차이다. 변경신고는 임의적 사항임을 주의하여야 한다.

(2) 변경신고사항

변경신고사항(○)	변경신고사항(×)
① 거래**지**분비율 및 거래**지**분 ② 거래대상 부동산등의 **면**적 ③ 거래의 **조**건 또는 기한 ④ 거래**금**액(거래가격) ⑤ **중**도금 및 지급일, **잔**금 및 지급일 ⑥ 공동매수의 경우 일부 매**수**인의 변경(매수인 중 일부가 제외되는 경우만 해당) ⑦ 거래대상 부동산등이 다수인 경우 일부 **부**동산등의 변경(거래대상 부동산등 중 일부가 제외되는 경우만 해당)	① **계**약일 ② 건축물의 **종**류, **지**목 ③ 매수인의 **추**가 · 교체 ④ 부동산등의 **추**가 · 교체

※ 참고 ②의 부동산등의 면적 변경이 없는 상태에서 ④의 거래가격이 변경된 경우에는 거래계약서 사본 등 그 사실을 증명할 수 있는 서류를 첨부하여야 한다.

(3) 변경신고 방법 및 대행

변경신고의 방법 및 대행은 전술한 정정신청과 동일하다.

(4) 공급계약 및 분양권 변경신고

부동산에 대한 공급계약 및 공급받는 자로 선정된 지위(분양권)의 계약인 경우 거래가격 중 분양가격 및 선택품목은 거래당사자 일방이 단독으로 변경신고를 할 수 있다. 이 경우 거래계약서 사본 등 그 사실을 증명할 수 있는 서류를 첨부해야 한다.

(5) 신고필증의 재발급

변경신고를 받은 신고관청은 변경사항을 확인한 후 지체 없이 해당 내용을 변경하고, 변경사항을 반영한 신고필증을 재발급해야 한다.

8 금지행위

누구든지 **부동산거래신고** 또는 **부동산거래 해제등의 신고**에 따른 신고에 관하여 다음 어느 하나에 해당하는 행위를 하여서는 아니 된다.

① 개업공인중개사에게 부동산거래신고를 하지 아니하게 하거나 거짓으로 신고하도록 **요구하는 행위**
② 부동산거래 신고대상 계약을 체결한 후 부동산거래 **신고의무자가 아닌 자가 거짓으로 부동산거래신고를 하는 행위**
③ 거짓으로 부동산거래신고 또는 부동산거래 해제등의 신고를 하는 행위를 **조장하거나 방조하는 행위**
④ 부동산거래 신고대상 **계약을 체결하지 아니하였음에도 불구하고 거짓으로 부동산거래신고를 하는 행위**
⑤ 부동산거래신고 후 해당 계약이 **해제등이 되지 아니하였음에도 불구하고 거짓으로 부동산거래 해제등 신고를 하는 행위**

9 주택 임대차계약의 신고

구 분	내 용
신고 의무자	① 임대차계약 당사자가 공동으로 신고 ② 당사자 일방이 국가 등인 경우에는 국가 등이 신고
신고대상	① 주 택 ㉠ 「주택임대차보호법」에 따른 주택 ㉡ 주택을 취득할 수 있는 권리 ② 대상금액: 보증금 6천만원 초과 또는 월차임 30만원 초과하는 임대차계약(계약을 갱신하는 경우로서 보증금 및 차임의 증감 없이 임대차 기간만 연장하는 계약은 제외) ③ 대상지역: 특별자치시 · 특별자치도 · 시 · 군(광역시 및 경기도의 관할구역에 있는 군으로 한정) · 구(자치구)
신고기한	임대차계약 체결일부터 30일 이내
신고내용	① 임대차계약 당사자의 인적사항 ② 임대차 목적물 현황(임대차 목적물의 소재지, 종류, 임대면적 등) ③ 보증금 또는 월차임 ④ 계약체결일 및 계약기간 ⑤ 계약갱신요구권의 행사 여부(계약을 갱신한 경우만 해당)
신고관청	① 주택소재지 관할 시장 · 군수 · 구청장 ② 신고관청은 신고사무에 대한 해당 권한의 일부를 그 지방자치단체의 조례로 정하는 바에 따라 읍 · 면 · 동장 또는 출장소장에게 위임할 수 있다.
신고절차	① 방문신고: 공동으로 신고서에 서명 또는 날인하여 일방이 제출하되, 일방이 신고를 거부하는 경우에는 다른 일방이 단독으로 신고할 수 있다. ② 신고필증 지체 없이 발급 ③ 부동산거래계약시스템 이용: 부동산거래계약시스템을 통해 주택 임대차계약을 체결한 경우에는 임대차계약 당사자가 공동으로 임대차신고서를 제출한 것으로 본다. ④ 변경 또는 해제등의 신고: 임대차계약 당사자는 신고를 한 후 해당 주택 임대차계약의 보증금 · 차임 등 임대차가격이 변경되거나 임대차계약이 해제된 때에는 변경 또는 해제가 확정된 날부터 30일 이내에 해당 신고관청에 공동으로 신고하여야 한다(임대차계약 당사자 중 일방이 국가 등인 경우에는 국가 등이 신고). ⑤ 주택임대차계약신고서 등의 제출대행: 임대차계약 당사자의 위임을 받은 사람은 임대차신고서, 임대차변경신고서 및 임대차해제신고서의 작성 · 제출 및 정정신청을 대행할 수 있다.
준용규정	① 금지행위 ② 신고내용의 검증 ③ 신고내용의 조사

의제규정	① 임차인이 「주민등록법」에 따라 전입신고를 하는 경우 주택 임대차 계약의 신고를 한 것으로 본다. ② 「공공주택 특별법」에 따른 공공주택사업자 및 「민간임대주택에 관한 특별법」에 따른 임대사업자는 관련 법령에 따른 주택 임대차계약의 신고 또는 변경신고를 하는 경우 주택 임대차계약의 신고 또는 변경신고를 한 것으로 본다. ③ 임대차계약신고, 변경 · 해제신고의 접수를 완료한 때에는 「주택임대차보호법」에 따른 확정일자를 부여한 것으로 본다(임대차계약서가 제출된 경우로 한정). 이 경우 신고관청은 「주택임대차보호법」에 따라 확정일자부를 작성하거나 확정일자부여기관에 신고사실을 통보하여야 한다.

10 포상금 제도

(1) 의 의

신고관청은 실제 거래가격을 거짓으로 신고한 자 등을 관계 행정기관에 신고하거나 고발한 자에게 예산의 범위에서 포상금을 지급할 수 있다.

(2) 지급관청 및 신고 · 고발대상자

① **지급관청**: 부동산거래 신고관청

② **신고 · 고발 대상자**

㉠ 부동산 등의 **실제 거래가격을 거짓으로 신고한** 거래당사자

㉡ 부동산 등의 **실제 거래가격을 거짓으로 신고한** 개업공인중개사

㉢ 신고의무자가 아닌 자로서 부동산 등의 **실제 거래가격을 거짓으로 신고한** 자

㉣ 부동산거래 신고대상 계약을 체결하지 아니하였음에도 불구하고 **거짓으로 부동산거래신고**를 하는 행위를 한 자

㉤ 부동산거래신고 후 해당 계약이 해제등이 되지 아니하였음에도 불구하고 **거짓으로 해제등의 신고**를 하는 행위를 한 자

㉥ 주택 임대차계약의 보증금 · 차임 등 계약금액을 거짓으로 신고한 자

(3) 포상금의 지급

① **지급기준**

㉠ 신고관청이 적발하기 전에 신고대상자를 신고하고 입증증거자료를 제출한 경우로서 그 사건에 대하여 **과태료가 부과**된 경우 포상금을 지급하여야 한다.

OX

1. 부동산 매매계약의 거래당사자가 부동산의 실제 거래가격을 거짓으로 신고하는 행위를 한 자를 신고 · 고발한 자는 포상금 지급대상이다. (○) 제32회
2. 부동산 매매계약에 관하여 개업공인중개사에게 신고를 하지 않도록 요구하는 행위를 한 자를 신고 · 고발한 자는 포상금 지급대상이다. (×) 제32회
3. 부동산 매매계약에 관하여 부동산의 실제 거래가격을 거짓으로 신고하도록 조장하는 행위를 한 자를 신고 · 고발한 자는 포상금 지급대상이다. (×) 제32회

ⓛ 다음 어느 하나에 해당하는 경우에는 포상금을 지급하지 아니할 수 있다.

ⓐ 공무원이 직무와 관련하여 발견한 사실을 신고하거나 고발한 경우 ⓑ 해당 위반행위를 하거나 위반행위에 관여한 자가 신고하거나 고발한 경우 ⓒ 익명이나 가명으로 신고하여 신고인을 확인할 수 없는 경우

② **지급절차 및 방법**

㉠ 신고하려는 자는 신고서 및 증거자료를 신고관청에 제출해야 한다.

ⓛ 신고관청은 포상금지급 여부를 **결정**하고 이를 신고인에게 **알려야** 한다.

㉢ 신고인은 포상금 지급신청서를 작성하여 신고관청에 제출하여야 한다.

㉣ 신고관청은 **신청서가 접수된 날부터 2개월 이내**에 포상금을 지급하여야 한다.

③ **지급금액 및 재원**

㉠ 신고를 거짓으로 한 자에게 부과되는 **과태료**의 **100분의 20**에 해당하는 금액을 포상금으로 지급하며, 지급한도액은 **1천만원**으로 한다.

ⓛ 포상금 지급에 드는 비용은 **시 · 군 · 구의 재원**으로 충당한다.

④ **2인 이상이 공동으로 신고 · 고발한 경우**

㉠ 신고관청은 하나의 위반행위에 대하여 2명 이상이 공동으로 신고 또는 고발한 경우에는 포상금을 **균등하게 배분**하여 지급한다. 다만, 포상금을 지급받을 사람이 사전 합의하여 포상금의 지급을 신청한 경우에는 그 **합의된 방법**에 따라 지급한다.

ⓛ 신고관청은 하나의 위반행위에 대하여 2명 이상이 각각 신고 또는 고발한 경우에는 **최초**로 신고 또는 고발한 사람에게 포상금을 지급한다.

OX
1. 해당 위반행위에 관여한 자가 신고한 경우라도 신고포상금은 지급하여야 한다. (×) 제30회
2. 익명으로 고발하여 고발인을 확인할 수 없는 경우에는 해당 신고포상금은 국고로 환수한다. (×) 제30회

OX 신고관청으로부터 포상금 지급결정을 통보받은 신고인은 포상금을 받으려면 포상금 지급신청서를 작성하여 신고관청에 제출하여야 한다. (○) 제30회

OX
1. 부동산 등의 거래가격을 신고하지 않은 자를 수사기관이 적발하기 전에 수사기관에 1건 고발한 경우 1천 5백만원의 신고포상금을 받을 수 있다. (×) 제30회
2. 포상금의 지급에 드는 비용은 국고로 충당한다. (×) 제30회

11 위반시 제재

(1) 행정형벌 및 과태료 부과

① **행정형벌**

㉠ 3년 이하의 징역 또는 3천만원 이하의 벌금사유: 부당하게 재물이나 재산상 이득을 취득하거나 제3자로 하여금 이를 취득하게 할 목적으로 위장 거래신고, 위장 해제신고를 한 자

ⓛ 행정형벌의 면제: 위장 거래신고(3천만원 이하), 위장 해제신고(3천만원 이하)에 대한 과태료는 벌칙을 부과받은 경우에는 제외

OX
1. 신고관청의 요구에도 거래대금 지급을 증명할 수 있는 자료를 제출하지 아니한 자에게는 해당 부동산에 대한 취득세의 3배 이하에 상당하는 금액의 과태료가 부과된다. (×) 제27회
2. 개업공인중개사가 거짓으로 부동산거래계약 신고서를 작성하여 신고한 경우에는 벌금형 부과사유가 된다. (×) 제31회

② **3천만원 이하의 과태료**(기준금액의 1/5 범위 안에서 가중·감경)
- ㉠ 부동산거래 신고대상 계약을 체결하지 아니하였음에도 불구하고 거짓으로 부동산거래신고를 한 자
- ㉡ 부동산거래신고 후 해당 계약이 해제등이 되지 아니하였음에도 불구하고 거짓으로 해제등의 신고를 한 자
- ㉢ 거래대금 지급을 증명할 수 있는 자료를 제출하지 아니하거나 거짓으로 제출한 자 또는 그 밖의 필요한 조치를 이행하지 아니한 자

③ **취득가액의 100분의 10 이하의 과태료**(기준금액의 1/5 범위 안에서 가중·감경)
- ㉠ 신고의무자인 거래당사자로서 부동산거래신고를 거짓으로 한 자
- ㉡ 신고의무자인 개업공인중개사로서 부동산거래신고를 거짓으로 한 자
- ㉢ 신고의무자가 아닌 자로서 부동산거래신고를 거짓으로 한 자

④ **500만원 이하의 과태료**(기준금액의 1/2 범위 안에서 가중·감경)
- ㉠ 부동산거래신고를 하지 아니한 자(공동신고를 거부한 자 포함)
- ㉡ 부동산거래 해제등의 신고를 하지 아니한 자(공동신고를 거부한 자 포함)
- ㉢ 개업공인중개사에게 신고를 하지 아니하게 하거나 거짓으로 신고하도록 요구한 자
- ㉣ 거짓으로 부동산거래신고 또는 해제등의 신고를 하는 행위를 조장하거나 방조한 자
- ㉤ 거래대금지급증명자료 외의 자료를 제출하지 아니하거나 거짓으로 제출한 자

⑤ **100만원 이하의 과태료**(기준금액의 1/2 범위 안에서 가중·감경)
- ㉠ 임대차계약 체결신고를 하지 아니한 자(공동신고 거부한 자 포함)
- ㉡ 임대차계약 변경신고를 하지 아니한 자(공동신고 거부한 자 포함)
- ㉢ 임대차계약 해제신고를 하지 아니한 자(공동신고 거부한 자 포함)

⑵ 과태료 부과·징수권자 및 과태료 부과사실의 통보

① **과태료 부과·징수권자**: 과태료는 신고관청이 부과·징수한다.

② **과태료 부과사실의 통보**: 개업공인중개사에게 과태료를 부과한 **신고관청**은 부과일부터 10일 **이내에** 해당 개업공인중개사의 **중개사무소**(법인의 경우 주된 사무소)를 관할하는 **시장·군수·구청장**에게 과태료 부과사실을 통보하여야 한다.

OX 부동산거래신고를 하지 아니한 거래당사자 또는 개업공인중개사에 대한 과태료는 시·도지사가 부과한다. (×) 제20회

(3) 자진신고자에 대한 감면

신고관청은 위법사실을 자진 신고한 자에 대하여 다음과 같이 과태료를 감경 또는 면제할 수 있다.

① 감면대상자

㉠ 부동산거래신고를 하지 아니한 자(공동신고를 거부한 자 포함)
㉡ 해제등의 신고를 하지 아니한 자(공동신고를 거부한 자 포함)
㉢ 개업공인중개사에게 미신고 · 거짓신고 하도록 요구한 자
㉣ 거짓으로 신고 또는 해제등의 신고를 하는 행위를 조장하거나 방조한 자
㉤ 신고의무자 · 신고의무자가 아닌 자로서 거짓으로 부동산거래신고를 한 자
㉥ 임대차계약의 신고 또는 임대차계약 변경 또는 해제 신고를 하지 아니하거나(공동신고를 거부한 자 포함) 그 신고를 거짓으로 한 자

② 감면대상이 아닌 자

㉠ 부동산거래 신고대상 계약을 체결하지 아니하였음에도 **불구**하고 거짓으로 부동산거래신고를 한 자
㉡ 부동산거래신고 후 해당 계약이 해제등이 되지 아니하였음에도 **불구**하고 거짓으로 해제등의 신고를 한 자
㉢ **거래대금지급증명자료**를 제출하지 아니하거나 거짓으로 제출한 자
㉣ **거래대금지급증명자료 외의 자료**를 제출하지 않거나 거짓 제출한 자

③ 면제의 요건

㉠ 조사기관의 **조사가 시작되기 전**에 자진 신고한 자일 것

㉡ 신고관청에 **단독**(거래당사자 일방이 여러 명인 경우 그 일부 또는 전부가 공동으로 신고한 경우를 포함)**으로 신고한 최초의 자**일 것

㉢ 위반사실 입증자료 제공 등 **성실하게 협조**하였을 것

④ 감경(50%)의 요건

㉠ 조사기관의 **조사가 시작된 후** 자진 신고한 자일 것

㉡ 조사기관에 **단독으로 신고한 최초의 자**일 것

㉢ 위반사실 입증자료 제공 등 **성실하게 협조**하였을 것

㉣ 조사기관이 허위신고 사실 입증에 필요한 **증거를 충분히 확보하지 못한 상태**에서 조사에 협조했을 것

⑤ **감경 · 면제하지 않는 경우**

㉠ 자진신고하려는 부동산 등의 거래계약과 관련하여 「국세기본법」 또는 「지방세법」 등 관련 법령을 **위반한 사실 등이 관계기관으로부터 조사기관에 통보된 경우**

㉡ 자진신고한 날부터 **과거 1년 이내에** 자진 신고를 하여 **3회 이상** 해당 신고관청에서 과태료의 **감경 또는 면제를 받은 경우**

⑥ **조사 시작시점**: 조사기관이 거래당사자 또는 개업공인중개사 등에게 자료제출 등을 요구하는 **서면을 발송한 때**로 한다.

⑦ **자진신고의 절차 등**

㉠ 자진신고를 하려는 자는 자진신고서 및 위반행위 입증서류(계약서, 거짓신고합의서, 확인서, 입 · 출금 내역서, 통화기록 등)를 조사기관에 제출해야 한다.

㉡ 신고관청은 자진신고를 한 자에 대하여 과태료 감경 또는 면제대상에 해당하는지 여부, 감경 또는 면제의 내용 및 사유를 통보하여야 한다.

㉢ 조사기관의 담당 공무원은 자진신고자 등의 신원이나 제보 내용, 증거자료 등을 해당 사건의 처리를 위한 목적으로만 사용해야 하며 제3자에게 누설해서는 안 된다.

■ 부동산 거래신고 등에 관한 법률 시행규칙 [별지 제1호서식] 〈개정 2023. 8. 22.〉 부동산거래관리시스템(rtms.molit.go.kr)에서도 신청할 수 있습니다.

부동산거래계약 신고서

※ 뒤쪽의 유의사항 · 작성방법을 읽고 작성하시기 바라며, [ ]에는 해당하는 곳에 √표를 합니다. (앞 쪽)

접수번호	접수일시	처리기간 지체없이	
① 매도인	성명(법인명)	주민등록번호(법인 · 외국인등록번호)	국적
	주소(법인소재지)		거래지분 비율 (분의)
	전화번호	휴대전화번호	
② 매수인	성명(법인명)	주민등록번호(법인 · 외국인등록번호)	국적
	주소(법인소재지)		거래지분 비율 (분의)
	전화번호	휴대전화번호	
	③ 법인신고서등	[ ]제출 [ ]별도 제출 [ ]해당 없음	
	외국인의 부동산등 매수용도	[ ]주거용(아파트) [ ]주거용(단독주택) [ ]주거용(그 밖의 주택) [ ]레저용 [ ]상업용 [ ]공업용 [ ]그 밖의 용도	
	위탁관리인 (국내에 주소 또는 거소가 없는 경우)	성명	주민등록번호
		주소	
		전화번호	휴대전화번호
개업 공인중개사	성명(법인명)	주민등록번호(법인 · 외국인등록번호)	
	전화번호	휴대전화번호	
	상호	등록번호	
	사무소 소재지		

거래대상	종 류	④ [ ]토지 [ ]건축물 ( ) [ ]토지 및 건축물 ( )		
		⑤ [ ]공급계약 [ ]전매	[ ]분양권 [ ]입주권	[ ]준공 전 [ ]준공 후 [ ]임대주택 분양전환
	⑥ 소재지/지목/면적	소재지		
		지목	토지면적 m²	토지 거래지분(분의)
		대지권비율(분의)	건축물면적 m²	건축물 거래지분(분의)
	⑦ 계약대상 면적	토지 m²	건축물 m²	
	⑧ 물건별 거래가격	원		
		공급계약 또는 전매: 분양가격 원	발코니 확장 등 선택비용 원	추가 지급액 등 원
⑨ 총 실제 거래가격 (전체)	합 계 원	계약금 원	계약 체결일	
		중도금 원	중도금 지급일	
		잔금 원	잔금 지급일	
⑩ 종전 부동산	소재지/지목/면적	소재지		
		지목	토지면적 m²	토지 거래지분(분의)
		대지권비율(분의)	건축물면적 m²	건축물 거래지분(분의)
	계약대상 면적	토지 m²	건축물 m²	건축물 유형( )
	거래금액	합계 원	추가 지급액 등 원	권리가격 원
		계약금 원	중도금 원	잔금 원
⑪ 계약의 조건 및 참고사항				

「부동산 거래신고 등에 관한 법률」 제3조 제1항부터 제4항까지 및 같은 법 시행규칙 제2조 제1항부터 제4항까지의 규정에 따라 위와 같이 부동산거래계약 내용을 신고합니다.

년 월 일

신고인
매도인 : (서명 또는 인)
매수인 : (서명 또는 인)
개업공인중개사 : (서명 또는 인)
(개업공인중개사 중개시)

시장 · 군수 · 구청장 귀하

210mm×297mm[백상지(80g/m²) 또는 중질지(80g/m²)]

(뒤 쪽)

첨부서류	1. 부동산 거래계약서 사본(「부동산 거래신고 등에 관한 법률」 제3조 제2항 또는 제4항에 따라 단독으로 부동산거래의 신고를 하는 경우에만 해당합니다) 2. 단독신고사유서(「부동산 거래신고 등에 관한 법률」 제3조 제2항 또는 제4항에 따라 단독으로 부동산거래의 신고를 하는 경우에만 해당합니다)

유의사항

1. 「부동산 거래신고 등에 관한 법률」 제3조 및 같은 법 시행령 제3조의 실제 거래가격은 매수인이 매수한 부동산을 양도하는 경우 「소득세법」 제97조 제1항·제7항 및 같은 법 시행령 제163조 제11항 제2호에 따라 취득 당시의 실제 거래가격으로 보아 양도차익이 계산될 수 있음을 유의하시기 바랍니다.
2. 거래당사자 간 직접거래의 경우에는 공동으로 신고서에 서명 또는 날인을 하여 거래당사자 중 일방이 신고서를 제출하고, 중개거래의 경우에는 개업공인중개사가 신고서를 제출해야 하며, 거래당사자 중 일방이 국가 및 지자체, 공공기관인 경우(국가등)에는 국가등이 신고해야 합니다.
3. 부동산거래계약 내용을 기간 내에 신고하지 않거나, 거짓으로 신고하는 경우 「부동산 거래신고 등에 관한 법률」 제28조 제1항부터 제3항까지의 규정에 따라 과태료가 부과되며, 신고한 계약이 해제, 무효 또는 취소가 된 경우 거래당사자는 해제 등이 확정된 날로부터 30일 이내에 같은 법 제3조의2에 따라 신고를 해야 합니다.
4. 담당 공무원은 「부동산 거래신고 등에 관한 법률」 제6조에 따라 거래당사자 또는 개업공인중개사에게 거래계약서, 거래대금지급 증명 자료 등 관련 자료의 제출을 요구할 수 있으며, 이 경우 자료를 제출하지 않거나, 거짓으로 자료를 제출하거나, 그 밖의 필요한 조치를 이행하지 않으면 같은 법 제28조 제1항 또는 제2항에 따라 과태료가 부과됩니다.
5. 거래대상의 종류가 공급계약(분양) 또는 전매계약(분양권, 입주권)인 경우 ⑧ 물건별 거래가격 및 ⑨ 총 실제거래가격에 부가가치세를 포함한 금액을 적고, 그 외의 거래대상의 경우 부가가치세를 제외한 금액을 적습니다.
6. "거래계약의 체결일"이란 거래당사자가 구체적으로 특정되고, 거래목적물 및 거래대금 등 거래계약의 중요 부분에 대하여 거래당사자가 합의한 날을 말합니다. 이 경우 합의와 더불어 계약금의 전부 또는 일부를 지급한 경우에는 그 지급일을 거래계약의 체결일로 보되, 합의한 날이 계약금의 전부 또는 일부를 지급한 날보다 앞서는 것이 서면 등을 통해 인정되는 경우에는 합의한 날을 거래계약의 체결일로 봅니다.

작성방법

1. ①·② 거래당사자가 다수인 경우 매도인 또는 매수인의 주소란에 ⑥의 거래대상별 거래지분을 기준으로 각자의 거래 지분 비율(매도인과 매수인의 거래지분 비율은 일치해야 합니다)을 표시하고, 거래당사자가 외국인인 경우 거래당사자의 국적을 반드시 적어야 하며, 외국인이 부동산등을 매수하는 경우 매수용도란의 주거용(아파트), 주거용(단독주택), 주거용(그 밖의 주택), 레저용, 상업용, 공장용, 그 밖의 용도 중 하나에 √표시를 합니다.
2. ③ "법인신고서등"란은 별지 제1호의2 서식의 법인 주택 거래계약 신고서, 별지 제1호의3 서식의 주택취득자금 조달 및 입주계획서, 제2조 제7항 각 호의 구분에 따른 서류, 같은 항 후단에 따른 사유서 및 별지 제1호의4 서식의 토지취득자금 조달 및 토지이용계획서를 이 신고서와 함께 제출하는지 또는 별도로 제출하는지를 √표시하고, 그 밖의 경우에는 해당 없음에 √표시를 합니다.
3. ④ 부동산 매매의 경우 "종류"란에는 토지, 건축물 또는 토지 및 건축물(복합부동산의 경우)에 √표시를 하고, 해당 부동산이 "건축물" 또는 "토지 및 건축물"인 경우에는 ( )에 건축물의 종류를 "아파트, 연립, 다세대, 단독, 다가구, 오피스텔, 근린생활시설, 사무소, 공장" 등 「건축법 시행령」 별표 1에 따른 용도별 건축물의 종류를 적습니다.
4. ⑤ 공급계약은 시행사 또는 건축주 등이 최초로 부동산을 공급(분양)하는 계약을 말하며, 준공 전과 준공 후 계약 여부에 따라 √표시하고, "임대주택 분양전환"은 임대주택사업자 (법인으로 한정)가 임대기한이 완료되어 분양전환하는 주택인 경우에 √표시합니다. 전매는 부동산을 취득할 수 있는 권리의 매매로서, "분양권" 또는 "입주권"에 √표시를 합니다.
5. ⑥ 소재지는 지번(아파트 등 집합건축물의 경우에는 동·호수)까지, 지목/면적은 토지대장상의 지목·면적, 건축물대장상의 건축물 면적(집합건축물의 경우 호수별 전용면적, 그 밖의 건축물의 경우 연면적), 등기사항증명서상의 대지권 비율, 각 거래대상의 토지와 건축물에 대한 거래 지분을 정확하게 적습니다.
6. ⑦ "계약대상 면적"란에는 실제 거래면적을 계산하여 적되, 건축물 면적은 집합건축물의 경우 전용면적을 적고, 그 밖의 건축물의 경우 연면적을 적습니다.
7. ⑧ "물건별 거래가격"란에는 각각의 부동산별 거래가격을 적습니다. 최초 공급계약(분양) 또는 전매계약(분양권, 입주권)의 경우 분양가격, 발코니 확장 등 선택비용 및 추가 지급액 등(프리미엄 등 분양가격을 초과 또는 미달하는 금액)을 각각 적습니다. 이 경우 각각의 비용에 부가가치세가 있는 경우 부가가치세를 포함한 금액으로 적습니다.
8. ⑨ "총 실제 거래가격"란에는 전체 거래가격(둘 이상의 부동산을 함께 거래하는 경우 각각의 부동산별 거래가격의 합계 금액)을 적고, 계약금/중도금/잔금 및 그 지급일을 적습니다.
9. ⑩ "종전 부동산"란은 입주권 매매의 경우에만 작성하고, 거래금액란에는 추가 지급액 등(프리미엄 등 분양가격을 초과 또는 미달하는 금액) 및 권리가격, 합계 금액, 계약금, 중도금, 잔금을 적습니다.
10. ⑪ "계약의 조건 및 참고사항"란은 부동산 거래계약 내용에 계약조건이나 기한을 붙인 경우, 거래와 관련한 참고내용이 있을 경우에 적습니다.
11. 다수의 부동산, 관련 필지, 매도·매수인, 개업공인중개사 등 기재사항이 복잡한 경우에는 다른 용지에 작성하여 간인 처리한 후 첨부합니다.
12. 소유권이전등기 신청은 「부동산등기 특별조치법」 제2조 제1항 각 호의 구분에 따른 날부터 60일 이내에 신청해야 하며, 이를 이행하지 않는 경우에는 같은 법 제11조에 따라 과태료가 부과될 수 있으니 유의하시기 바랍니다.

처리절차

신고서 작성 (인터넷, 방문신고)	➔	접 수	➔	신고처리	➔	신고필증 발급
신고인		처리기관 : 시·군·구(담당부서)				

Chapter 03

외국인 등의 부동산 취득 등 특례

1 의 의

(1) '외국인 등'이란 다음에 해당하는 개인 · 법인 또는 단체를 말한다.

① 대한민국의 국적을 보유하고 있지 아니한 개인
② 외국의 법령에 따라 설립된 법인 또는 단체
③ 사원 또는 구성원의 2분의 1 이상이 대한민국의 국적을 보유하고 있지 아니한 자인 법인 또는 단체
④ 업무를 집행하는 사원이나 이사 등 임원의 2분의 1 이상이 대한민국의 국적을 보유하고 있지 아니한 자인 법인 또는 단체
⑤ ① 또는 ②가 자본금 또는 의결권의 2분의 1 이상을 가지고 있는 법인 또는 단체
⑥ 외국 정부
⑦ 대통령령으로 정하는 국제기구(국제연합과 그 산하기구 · 전문기구, 정부 간 기구, 준정부 간 기구, 비정부 간 국제기구)

OX
1. 대한민국의 국적을 보유하고 있지 않은 개인이 이사 등 임원의 2분의 1 이상인 법인은 외국인 등에 해당한다. (○) 제32회
2. 전원이 외국인으로 구성된 비법인사단은 '외국인 등'에 해당하지 아니한다. (×) 제26회
3. 외국의 법령에 따라 설립된 법인이 자본금의 2분의 1 이상을 가지고 있는 법인은 '외국인 등'에 해당한다. (○) 제28회
4. 정부 간 기구는 외국인 등에 포함된다. (○) 제35회

(2) **적용범위**

본 특례규정은 **외국인 등**이 국내 부동산 등을 '**취득**'하는 경우에 적용되므로 '이전'하는 경우에는 적용되지 않는다. 또한 '**소유권**' 취득에 적용되므로 지상권설정계약, 저당권설정계약, 임대차계약 등에는 적용되지 않는다.

OX 외국인 등이 부동산 임대차계약을 체결하는 경우 계약체결일로부터 6개월 이내에 신고관청에 신고하여야 한다. (×) 제30회

(3) **상호주의**

국토교통부장관은 대한민국 국민, 대한민국 법인 또는 단체나 대한민국 정부에 대하여 자국 안의 토지의 취득 또는 양도를 금지하거나 제한하는 국가의 개인 · 법인 · 단체 또는 정부에 대하여 대한민국 안의 토지의 취득 또는 양도를 금지하거나 제한할 수 있다. 다만, 헌법과 법률에 따라 체결된 조약의 이행에 필요한 경우에는 그러하지 아니하다.

2 부동산 등의 취득신고

(1) 계약에 의한 부동산 등의 취득신고

① **외국인** 등이 대한민국 안의 부동산 등을 취득하는 **계약**(교환 · 증여는 해당되고, 매매는 제외)을 체결하였을 때에는 **계약체결일**부터 60일 이내에 신고관청에 신고하여야 한다.

② 취득신고를 하지 아니하거나 거짓으로 신고한 자는 **300만원 이하의 과태료**를 부과한다.

(2) 계약 외의 원인으로 인한 부동산 등의 취득신고

① **외국인** 등이 **계약 외**의 원인으로 대한민국 안의 부동산 등을 취득한 때에는 취득한 날부터 **6개월** 이내에 신고관청에 신고하여야 한다.
계약 외의 원인에 해당되는 것은 다음과 같다.

㉠ 상속 · 경매 ㉡ 환매권 행사 ㉢ 법원의 확정판결 ㉣ 법인의 합병 ㉤ 건축물의 신축 · 증축 · 개축 · 재축

② 취득신고를 하지 아니하거나 거짓으로 신고한 자는 **100만원 이하의 과태료**를 부과한다.

(3) 계속보유 신고

① 대한민국 국민 · 법인 · 단체가 외국인 등으로 **변경**된 경우 그 외국인 등이 해당 부동산 등을 계속보유하려는 경우 **변경된 날부터 6개월** 이내에 신고관청에 신고하여야 한다.

② 계속보유신고를 하지 아니하거나 거짓으로 신고한 자는 **100만원 이하의 과태료**를 부과한다.

(4) 신고내용의 조사 등

신고관청은 외국인 등의 취득신고에 따라 신고받은 내용이 누락되어 있거나 정확하지 아니하다고 판단하는 경우에는 신고인에게 신고내용을 보완하게 하거나 신고한 내용의 사실 여부를 확인하기 위하여 소속 공무원으로 하여금 거래당사자 또는 개업공인중개사에게 거래계약서, 거래대금 지급을 증명할 수 있는 자료 등 관련 자료의 제출을 요구하는 등 필요한 조치를 취할 수 있다.

OX

1. 외국인 등이 대한민국 안의 부동산에 대한 매매계약을 체결하였을 때에는 계약체결일부터 60일 이내에 신고관청에 신고하여야 한다. (×) 제31회
2. 대한민국 국적을 보유하고 있지 아니한 자가 토지를 증여받은 경우 계약체결일부터 60일 이내에 취득신고를 해야 한다. (○) 제29회

OX

1. 외국의 법령에 따라 설립된 법인이 건축물의 신축으로 국내 부동산을 취득한 때에는 부동산을 취득한 날부터 60일 이내에 신고관청에 취득신고를 하여야 한다. (×) 제35회
2. 외국인이 건축물의 신축을 원인으로 대한민국 안의 부동산을 취득한 때에는 신고관청으로부터 부동산 취득의 허가를 받아야 한다. (×) 제33회

OX 대한민국 안의 부동산을 가지고 있는 대한민국 국민이 외국인으로 변경된 경우 그 외국인이 해당 부동산을 계속보유하려는 경우에는 부동산 보유의 허가를 받아야 한다. (×) 제33회

3 토지취득허가

(1) 허가대상 토지

외국인 등이 취득하려는 토지가 다음의 구역 · 지역 등에 있으면 토지취득계약을 체결하기 전에 **신고관청**으로부터 토지취득의 **허가를 받아야 한다**. 다만, **토지거래계약에 관한 허가**를 받은 경우에는 그러하지 아니하다.

① 「군사기지 및 군사시설보호법」에 따른 **군사**기지 및 군사시설 보호구역, 그 밖에 국방목적을 위하여 외국인등의 토지취득을 특별히 제한할 필요가 있는 지역으로서 대통령령으로 정하는 지역

② 「문화재보호법」에 따른 지정**문화**재와 이를 위한 보호물 또는 보호구역

③ 「자연유산의 보존 및 활용에 관한 법률」에 따라 지정된 **천연**기념물등과 이를 위한 보호물 또는 보호구역

④ 「야생생물 보호 및 관리에 관한 법률」에 따른 **야생**생물특별보호구역

⑤ 「자연환경보전법」에 따른 **생태** · 경관보전지역

(2) 허가처분 및 허가의 기속성

① 토지취득의 허가를 받으려는 외국인등은 신청서에 국토교통부령으로로 정하는 서류를 첨부하여 신고관청에 제출하여야 한다.

② 신청서를 받은 신고관청은 신청서를 받은 날부터 다음의 구분에 따른 기간 안에 허가 또는 불허가 처분을 해야 한다. 다만, 부득이한 사유로 ㉠에 따른 기간 안에 허가 또는 불허가 처분을 할 수 없는 경우에는 30일의 범위에서 그 기간을 연장할 수 있으며, 기간을 연장하는 경우에는 연장 사유와 처리예정일을 지체 없이 신청인에게 알려야 한다.

㉠ 군사기지 및 군사시설 보호구역의 경우: 30일

㉡ 그 밖의 구역 · 지역의 경우: 15일

③ 신고관청은 토지취득의 허가 여부를 결정하기 위해 국방부장관 또는 국가정보원장 등 관계 행정기관의 장과 협의하려는 경우에는 신청서 등 국토교통부령으로 정하는 서류를 해당 관계 행정기관의 장에게 보내야 한다.

④ 신고관청은 관계 행정기관의 장과 협의를 거쳐 외국인 등이 해당 구역 · 지역 등의 토지를 취득하는 것이 해당 구역 · 지역 등의 지정목적 달성에 지장을 주지 아니한다고 인정하는 경우에는 허가를 하여야 한다.

OX
1. 「자연환경보전법」에 따른 생태 · 경관보전지역에서 외국인이 토지취득의 허가를 받지 아니하고 체결한 토지취득계약은 유효하다. (×) 제33회
2. 외국인이 「수도법」에 따른 상수원보호구역에 내 토지를 취득하려는 경우 토지취득의 허가를 받아야 한다. (×) 제31회
3. 외국인이 취득하려는 토지가 토지거래허가구역과 「문화재보호법」에 따른 문화재보호구역에 있으면 2가지 허가를 모두 받아야 한다. (×) 제33회

OX 외국인 등의 토지거래 허가신청서를 받은 신고관청은 신청서를 받은 날부터 30일 이내에 허가 또는 불허가 처분을 하여야 한다. (×) 제30회, 제33회

(3) 무허가계약의 효력 및 벌칙

① 허가를 받지 아니한 토지취득계약은 그 **효력이 발생하지 아니한다.**

② 허가를 받지 아니하고 토지취득계약을 체결하거나 부정한 방법으로 허가를 받아 토지취득계약을 체결한 외국인 등은 **2년 이하의 징역 또는 2천만원 이하의 벌금**을 부과한다.

OX 국제연합의 산하기구가 허가 없이 「자연환경보전법」상 생태·경관보전지역의 토지를 취득하는 계약을 체결한 경우 그 효력은 발생하지 않는다. (○) 제29회

4 신고 또는 허가신청서류 및 절차

(1) 신고서 · 허가신청서의 제출

① 외국인 등이 부동산등의 취득 · 계속보유 신고 또는 허가를 받고자 할 때에는 부동산 등의 취득 · 계속보유신고서 · 허가신청서에 필요서류를 첨부하여 신고관청에 제출하여야 한다. 신고 · 신청을 하려는 사람은 본인의 신분증명서를 신고관청에 보여주어야 한다.

② 신고 또는 허가신청을 하는 경우 전자문서로 제출할 수 있다.

③ 신고 또는 신청을 받은 신고관청은 「전자정부법」에 따라 행정정보의 공동이용을 통해 건축물대장, 토지등기사항증명서 및 건물등기사항증명서를 확인해야 한다.

(2) 신고서 · 허가신청서의 작성 및 제출 대행

외국인 등의 위임을 받은 자는 신고서 · 허가신청서의 작성 및 제출을 대행할 수 있다. 이 경우 다음 서류를 함께 제출하되, 신분증명서를 제시하여야 한다.

① 신고서 · 신청서 제출을 위임한 외국인 등의 서명 또는 날인이 있는 위임장

② 신고서 · 신청서 제출을 위임한 외국인 등의 신분증명서 사본

(3) 신고확인증 · 허가증 발급

신고 또는 신청을 받은 신고관청은 제출된 첨부서류를 확인한 후 외국인 부동산 등 취득 · 계속보유 신고확인증 또는 외국인 토지취득 허가증을 발급하여야 한다.

OX

1. 특별자치시장은 외국인 등이 신고한 부동산 등의 취득 · 계속보유 신고내용을 매 분기 종료일부터 1개월 이내에 직접 국토교통부장관에게 제출하여야 한다. (○) 제30회
2. 신고관청은 토지취득신고 등의 내용을 관리대장에 기록하여 관리하여야 하고, 그 내용을 국토교통부장관에게 직접 통보하여야 한다. (×) 제23회

(4) 신고 · 허가내용 제출

① **신고관청**은 신고 · 허가내용을 **매 분기 종료일부터 1개월 이내에** 특별시장 · 광역시장 · 도지사 또는 특별자치도지사에게 제출(전자문서에 의한 제출을 포함)하여야 한다. 다만, 특별자치시장은 직접 국토교통부장관에게 제출하여야 한다.

② 신고 · 허가내용을 제출받은 **시 · 도지사**는 **제출받은 날부터 1개월 이내**에 그 내용을 국토교통부장관에게 제출하여야 한다.

5 양벌규정 및 과태료 감면

(1) 양벌규정

법인의 대표자나 법인 또는 개인의 대리인, 사용인, 그 밖의 종업원이 그 법인 또는 개인의 업무에 관하여 징역 또는 벌금에 해당하는 위반행위를 하면 그 행위자를 벌하는 외에 그 법인 또는 개인에게도 해당 조문의 벌금형을 과한다. 다만, 법인 또는 개인이 그 위반행위를 방지하기 위하여 해당 업무에 관하여 상당한 주의와 감독을 게을리하지 아니한 경우에는 그러하지 아니하다.

(2) 과태료부과 및 자진신고자에 대한 감면

과태료는 신고관청이 부과 · 징수하며, 부동산거래신고제에서 전술한 바와 같이 위반사실을 자진 신고한 자에 대하여는 과태료를 감경 또는 면제할 수 있다.

Chapter 04

토지거래허가제

1 토지거래허가구역의 지정

(1) 지정권자 및 지정기간

국토교통부장관 또는 **시・도지사**가 지정, **5년 이내의 기간**을 정하여 지정

① 허가구역이 둘 이상의 시・도의 관할구역에 걸쳐 있는 경우 ⇨ **국토교통부장관**이 지정

② 허가구역이 동일 시・도 안의 일부지역인 경우 ⇨ 원칙적으로 **시・도지사**가 지정하나, 예외적으로 **국토교통부장관**이 지정할 수 있다.

(2) 지정 대상지역

① 토지의 투기적인 거래가 성행하거나 지가가 급격히 상승하는 **지역**과 그러한 우려가 있는 **지역**으로서 다음에 해당하는 지역

㉠ 광역도시계획, 도시・군기본계획, 도시・군관리계획 등 **토지이용계획**이 새로이 **수립**되거나 **변경**되는 지역
㉡ 법령의 제정・개정 또는 폐지나 그에 의한 고시・공고로 인하여 토지이용에 대한 **행위제한**이 **완화**되거나 **해제**되는 지역
㉢ 법령에 의한 **개발사업**이 진행 중이거나 예정되어 있는 지역과 그 인근지역
㉣ **그 밖에** 국토교통부장관 또는 시・도지사가 투기우려가 있다고 인정하는 지역 또는 관계 행정기관의 장이 특별히 투기가 성행할 우려가 있다고 인정하여 국토교통부장관 또는 시・도지사에게 요청하는 지역

② 국토교통부장관 또는 시・도지사는 허가대상자, 허가대상 용도와 지목을 다음의 구분에 따라 각각 특정하여 허가구역을 지정할 수 있다.

㉠ 허가대상자: 상기 ㉣의 지역에서 지가변동률 및 거래량 등을 고려할 때 투기우려가 있다고 인정되는 자
㉡ 허가대상 용도: 다음에 해당하는 토지 중 상기 ㉣의 지역에서 투기우려가 있다고 인정되는 토지의 용도
ⓐ 나대지

OX
1. 국토교통부장관은 토지의 투기적인 거래가 성행하는 지역에 대해서는 7년의 기간을 정하여 토지거래계약에 관한 허가구역을 지정할 수 있다. (×) 제31회, 제35회
2. 허가구역이 둘 이상의 시・도의 관할구역에 걸쳐 있는 경우 국토교통부장관이 지정한다. (○) 제25회

OX 시・도지사는 법령의 개정으로 인해 토지이용에 대한 행위제한이 강화되는 지역을 허가구역으로 지정할 수 있다. (×) 제32회

> ⓑ 「건축법」 제2조 제2항 각 호의 어느 하나에 해당하는 건축물의 용도로 사용되는 부지
> ⓒ 허가대상 지목: 상기 ㉣의 지역에서 투기우려가 있다고 인정되는 「공간정보의 구축 및 관리 등에 관한 법률」에 따른 지목

(3) 지정절차

① 심의 및 의견청취

㉠ 허가구역을 지정하려면 중앙도시계획위원회 또는 시 · 도도시계획위원회의 **심의**를 거쳐야 한다.

㉡ 재지정하려면 도시계획위원회의 **심의 전**에 미리 시 · 도지사(국토교통부장관이 허가구역을 지정하는 경우) 및 시 · 군 · 구청장의 **의견을 들어야 한다**.

② 공고 및 통지

㉠ 허가구역을 지정한 때에는 지체 없이 다음의 사항을 공고하여야 한다.

> ⓐ 허가구역의 지정기간
> ⓑ 허가대상자, 허가대상 용도와 지목
> ⓒ 허가구역의 토지 소재지 · 지번 · 지목 · 면적 및 용도지역
> ⓓ 허가구역의 지형도(축척 5만분의 1 또는 2만 5천분의 1)
> ⓔ 허가면제대상 토지면적

㉡ 공고내용 통지

ⓐ 국토교통부장관 지정 ⇨ 시 · 도지사를 거쳐 시 · 군 · 구청장에게

ⓑ 시 · 도지사 지정 ⇨ 국토교통부장관 및 시 · 군 · 구청장에게

③ 통지 · 공고 · 열람

㉠ 시 · 군 · 구청장 ⇨ 허가구역 관할 등기소장에게 통지

㉡ 공고(7일 이상), 열람(15일간)

④ **효력발생**: 지정을 공고한 날부터 **5일 후**에 효력이 발생

(4) 해제 및 축소

① 국토교통부장관 또는 시 · 도지사는 허가구역 지정사유가 없어졌다고 인정되거나 관계 시 · 도지사, 시 · 군 · 구청장으로부터 허가구역의 지정 해제 또는 축소 요청이 이유 있다고 인정되면 지체 없이 허가구역 지정을 해제 또는 축소하여야 한다.

② 해제 및 축소절차는 지정절차와 동일하다.

OX 시 · 도지사가 토지거래허가구역을 지정하려면 시 · 도도시계획위원회의 심의를 거쳐 인접 시 · 도지사의 의견을 들어야 한다. (×) 제31회

OX 허가구역 지정의 공고에는 허가구역에 대한 축척 5만분의 1 또는 2만 5천분의 1의 지형도가 포함되어야 한다. (○) 제32회

OX

1. 허가구역 지정에 관한 공고 내용의 통지를 받은 시장 · 군수 또는 구청장은 공고 내용을 30일간 일반이 열람할 수 있도록 해야 한다. (×) 제35회
2. 허가구역 지정에 이의가 있는 자는 그 지정이 공고된 날부터 1개월 내에 시장 · 군수 · 구청장에게 이의를 신청할 수 있다. (×) 제32회
3. 허가구역의 지정은 허가구역의 지정을 공고한 날의 다음 날부터 그 효력이 발생한다. (×) 제33회
4. 국토교통부장관 또는 시 · 도지사는 허가구역의 지정사유가 없어졌다고 인정되면 지체 없이 허가구역의 지정을 해제해야 한다. (○) 제33회

허가구역의 지정절차

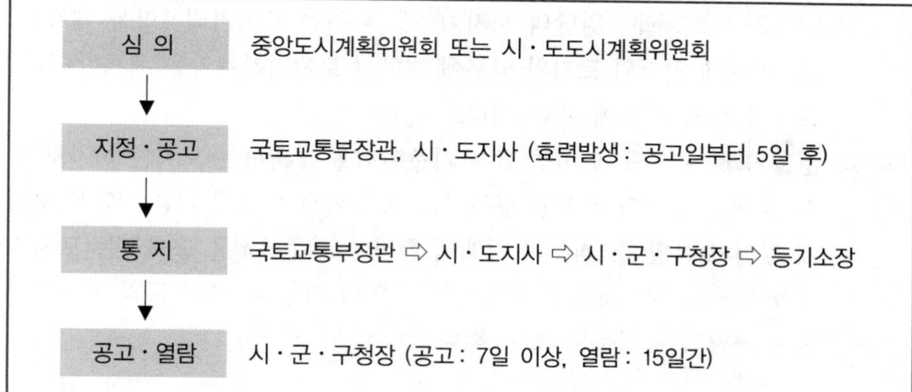

심 의
중앙도시계획위원회 또는 시 · 도도시계획위원회
지정 · 공고
국토교통부장관, 시 · 도지사 (효력발생 : 공고일부터 5일 후)
통 지
국토교통부장관 ⇨ 시 · 도지사 ⇨ 시 · 군 · 구청장 ⇨ 등기소장
공고 · 열람
시 · 군 · 구청장 (공고 : 7일 이상, 열람 : 15일간)

2 토지거래허가대상

(1) 허가대상 계약

토지에 관한 소유권 · 지상권(소유권 · 지상권의 취득목적 권리 포함)을 이전하거나 설정(유상으로 이전 · 설정하는 경우만 해당)하는 계약(예약을 포함)

허가대상(○)	허가대상(×)
토지의 소유권(매매 · 교환)	건축물
유상 지상권 설정 · 이전계약	지역권 · 전세권 · 저당권 · 임차권 설정 등
판결, 대물변제예약	증여, 유증, 상속, 사용대차
양도담보, 가등기담보	경매, 압류부동산 공매
소유권이전청구권보전 가등기	비업무용 부동산 공매(3회 이상 유찰시)
비업무용 부동산 공매	외국인 등이 토지취득허가를 받은 경우

(2) 허가를 요하지 아니하는 토지의 면적

① 기준면적

도시지역	도시지역 외의 지역
• 주거지역 : 60m² 이하 • 상업지역 : 150m² 이하 • 공업지역 : 150m² 이하 • 녹지지역 : 200m² 이하 • 미지정 구역 : 60m² 이하	• 기본 250m² 이하 • 농지는 500m² 이하 • 임야는 1,000m² 이하

ℹ 국토교통부장관 또는 시 · 도지사가 해당 지역에서의 거래실태 등에 비추어 기준면적의 10% 이상 300% 이하의 범위에서 따로 정하여 공고한 경우에는 그에 의한다.

OX

1. 도시지역 중 주거지역의 경우 180m² 이하의 토지에 대해서는 토지거래계약허가가 면제된다. (×) 제31회
2. 기준면적의 별도 공고가 없는 토지거래허가구역 안의 공업지역에서 100m²의 토지를 매매하는 계약은 허가를 받아야 한다. (×) 제33회
3. 기준면적의 별도 공고가 없는 토지거래허가구역 안의 도시지역 외의 지역에서 500m²의 임야를 매매하는 계약은 허가를 받아야 한다. (×) 제25회

② **면적산정의 특례**

㉠ 일단의 토지거래: 일단의 토지이용을 위하여 토지거래계약을 체결한 후 1년 이내에 일단의 토지의 일부에 대하여 토지거래계약을 체결한 경우 그 일단의 토지 전체에 대한 거래로 본다.

㉡ 분할거래: 허가구역 지정 당시 기준면적을 **초과**하는 토지는 허가구역 지정 후 해당 토지가 분할된 경우에도 그 분할된 토지에 대한 계약을 체결함에 있어서 분할 후 최초의 거래에 한하여 기준면적을 초과하는 토지거래계약을 체결하는 것으로 본다. 허가구역의 지정 후 해당 토지가 공유지분으로 거래되는 경우도 또한 같다.

(3) 허가의 배제

다음의 경우에는 토지거래허가제를 적용하지 아니한다.

1. 「공익사업을 위한 토지 등의 취득 및 보상에 관한 법률」에 따른 토지의 **수용**
2. 「민사집행법」에 의한 **경매**
3. 국세 및 지방세의 **체납처분** 또는 강제집행을 하는 경우
4. 한국자산관리공사가 「한국자산관리공사 설립 등에 관한 법률」 제4조 또는 제5조에 따라 토지를 취득하거나 경쟁입찰을 거쳐서 매각하는 경우 또는 한국자산관리공사에 매각이 의뢰되어 **3회 이상 공매**하였으나 **유찰**된 토지를 매각하는 경우
5. 법 제9조에 따라 **외국인 등이 토지취득의** 허가를 받은 경우
6. 「공익사업을 위한 토지 등의 취득 및 보상에 관한 법률」에 따라 토지를 **협의취득 · 사용하거나 환매**하는 경우
7. 「국유재산법」 제9조에 따른 국유재산종합계획에 따라 **국유재산을 일반경쟁입찰로 처분**하는 경우
8. 「공유재산 및 물품 관리법」 제10조에 따른 **공유재산의 관리계획에 따라 공유재산을 일반경쟁입찰로 처분**하는 경우
9. 「주택법」 제15조에 따른 사업계획의 승인을 받아 조성한 대지를 공급하는 경우 또는 같은 법 제54조에 따라 주택을 공급하는 경우
10. 「도시 및 주거환경정비법」 제74조에 따른 관리처분계획 또는 「빈집 및 소규모주택 정비에 관한 특례법」 제29조에 따른 사업시행계획에 따라 분양하거나 보류지 등을 매각하는 경우
11. 「택지개발촉진법」 제18조에 따라 택지를 공급하는 경우
12. 「건축물의 분양에 관한 법률」에 따라 건축물을 분양하는 경우

OX

1. 「민사집행법」에 따른 경매의 경우에는 허가구역 내 토지거래에 대한 허가의 규정은 적용하지 아니한다. (○) 제28회
2. 국세의 체납처분을 하는 경우에는 허가구역 내 토지거래에 대한 허가의 규정을 적용한다. (×) 제33회

3 토지거래허가절차

(1) 허가신청

① **관할**: 당사자는 공동으로 그 허가신청서에 계약내용과 그 토지의 이용계획, 취득자금 조달계획 등을 적어 관할 시장·군수 또는 구청장에게 제출하여야 한다.

② **첨부서류**: 허가신청서에 **토지이용계획서**(농지는 농업경영계획서), **토지취득자금 조달계획서**를 첨부하여 제출하여야 한다. 이 경우 시장·군수 또는 구청장은 「전자정부법」에 따른 행정정보의 공동이용을 통하여 토지 등기사항증명서를 확인하여야 한다.

③ **개업공인중개사의 인적사항**은 허가신청서에 기재사항이 아님을 주의하여야 한다.

④ 자금조달계획이 변경된 경우 취득토지 등기일까지 그 변경사항을 제출할 수 있다.

OX

1. 허가신청서에는 토지이용계획서 및 토지취득자금 조달계획서를 첨부하여야 한다. (○) 제29회
2. 허가신청서에는 거래를 중개한 개업공인중개사의 성명 및 주소를 기재하여야 한다. (×) 제29회

핵심다지기

허가신청서 기재사항(규칙 별지 제9호 서식 참조)

1. 당사자의 성명 및 주소(법인인 경우 법인의 명칭·소재지와 대표자의 성명·주소)
2. 토지의 지번·지목·면적·이용현황 및 권리설정현황
3. 토지의 정착물인 건축물·공작물 및 입목 등에 관한 사항
4. 이전 또는 설정하고자 하는 권리의 종류
5. 계약예정금액
6. 토지의 이용에 관한 계획
7. 토지취득에 필요한 자금조달계획

OX 허가신청서에는 당사자의 성명 및 주소, 이전 또는 설정하고자 하는 권리의 종류를 기재하여야 한다. (○) 제29회

(2) 변경허가신청

토지거래계약 변경허가를 받으려는 자는 공동으로 다음 사항을 기재한 신청서에 국토교통부령으로 정하는 서류를 첨부하여 허가관청에 제출하여야 한다.

① **변경허가신청에 기재할 사항**

㉠ 당사자의 성명 및 주소(법인은 법인명, 소재지, 대표자의 성명 및 주소)
㉡ 토지의 지번·지목·면적·이용현황 및 권리설정현황
㉢ 토지의 정착물인 건축물·공작물 및 입목 등에 관한 사항
㉣ 토지거래계약 허가번호
㉤ 변경내용
㉥ 변경사유

② **변경허가신청서에 첨부할 서류**

㉠ 토지이용계획에 포함될 사항이 기재된 토지이용계획서(농지의 경우는 농업경영계획서). 이는 토지이용계획을 변경하려는 경우만 해당한다. ㉡ 토지취득자금 조달계획서(거래예정금액을 변경하려는 경우만 해당)

(3) 조 사

① 허가신청서를 제출받은 시장 · 군수 또는 구청장은 지체 없이 필요한 조사를 하여야 한다.

② 시 · 군 · 구청장은 토지거래계약에 관하여 필요한 조사를 하는 때에는 허가신청한 토지에 대한 현황을 파악할 수 있는 사진을 촬영 · 보관하여야 한다.

4 허가의 기준

시장 · 군수 또는 구청장은 허가신청이 다음의 어느 하나에 해당하는 경우를 제외하고는 허가하여야 한다.

(1) 토지거래계약을 체결하려는 자의 토지이용목적이 다음에 해당되지 아니하는 경우

이용목적	이용 의무기간
1. 자기의 거주용 주택용지로 이용하려는 경우	2년
2. 허가구역을 포함한 지역의 주민을 위한 복지시설 또는 편익시설로서 관할 시장 · 군수 또는 구청장이 확인한 시설의 설치에 이용하려는 경우	2년
3. 허가구역에 거주하는 농업인 · 임업인 · 어업인 또는 다음에 해당하는 자가 그 허가구역에서 농업 · 축산업 · 임업 · 어업을 경영하기 위하여 필요한 경우 (1) 「농업 · 농촌 및 식품산업 기본법」에 따른 농업인, 「수산업 · 어촌 발전 기본법」에 따른 어업인 또는 「임업 및 산촌 진흥촉진에 관한 법률」에 의한 임업인(이하 "농업인 등"이라 한다)으로서 그가 거주하는 특별시 · 광역시(광역시의 관할구역 안에 있는 군을 제외한다) · 특별자치시 · 특별자치도 · 시 또는 군(광역시의 관할구역 안에 있는 군을 포함한다)에 소재하는 토지에 관한 소유권 · 지상권 또는 소유권 · 지상권의 취득을 목적으로 하는 권리를 이전 또는 설정(이하 "토지의 취득"이라 한다)하고자 하는 자	2년

OX

1. 자기의 거주용 주택용지로 이용할 목적으로 토지거래계약을 허가받은 자는 대통령령으로 정하는 사유가 있는 경우 외에는 토지취득일부터 2년간 그 토지를 허가받은 목적대로 이용해야 한다. (○) 제28회
2. 축산업을 영위하기 위한 목적으로 허가를 받은 자는 대통령령으로 정하는 사유가 있는 경우 외에는 토지취득일부터 3년간 그 토지를 허가받은 목적대로 이용해야 한다. (×) 제23회

(2) 농업인 등으로서 그가 거주하는 주소지로부터 30km 이내에 소재하는 토지를 취득하려는 자

(3) 다음의 어느 하나에 해당하는 농업인 등으로서 협의양도하거나 수용된 날부터 3년 이내에 협의양도 또는 수용된 농지를 대체하기 위하여 농지를 취득하려는 경우에는 그가 거주하는 주소지로부터의 거리가 80km 안에 소재하는 농지를 취득할 수 있으며, 이 때 행정기관의 장이 관계법령이 정하는 바에 따라 구체적인 대상을 정하여 대체농지의 취득을 알선하는 경우를 제외하고는 새로 취득하는 농지의 가액(공시지가를 기준으로 하는 가액을 말한다)은 종전의 토지가액 이하이어야 한다.

① 「공익사업을 위한 토지 등의 취득 및 보상에 관한 법률」, 그 밖의 법령에 따라 공익사업용으로 「농지법」에 따른 농지를 협의양도하거나 농지가 수용된 자(실제의 경작자에 한한다)

② 위 ①에 해당하는 농지를 임차 또는 사용차하여 경작하던 자로서 「공익사업을 위한 토지 등의 취득 및 보상에 관한 법률」에 따른 농업의 손실에 대한 보상을 받은 자

(4) 위 (1)~(3)에 해당하지 아니하는 자로서 거주지 · 거주기간 등 다음의 요건을 갖춘 자 — 2년

① 농업을 영위하기 위하여 토지를 취득하려는 경우에는 다음의 어느 하나에 해당하는 사람으로서 「농지법」에 따른 농지취득자격증명을 발급받았거나 그 발급요건에 적합한 사람

㉠ 세대주를 포함한 세대원(세대주와 동일한 세대별 주민등록표상에 등재되어 있지 아니한 세대주의 배우자와 미혼인 직계비속을 포함하되, 세대주 또는 세대원 중 취학 · 질병요양 · 근무지 이전 또는 사업상 형편 등 불가피한 사유로 인하여 해당 지역에 거주하지 아니하는 자는 제외한다. 이하 같다) 전원이 해당 토지가 소재하는 특별시 · 광역시 · 특별자치시 · 특별자치도(광역시의 관할구역에 있는 군을 제외한다. 이하 같다) · 시 또는 군(광역시의 관할구역에 있는 군을 포함한다. 이하 같다)에 주민등록이 되어 있는 자로서 실제로 해당 지역에 거주하는 사람

㉡ 해당 토지가 소재하는 특별시 · 광역시 · 특별자치시 · 특별자치도 · 시 또는 군이나 그와 연접한 특별시 · 광역시 · 특별자치시 · 특별자치도 · 시 또는 군에 사무소가 있는 농업법인(「농지법」에 따른 농업법인을 말한다. 이하 같다)

<table>
<tr><td>② 임업 · 축산업 또는 수산업을 영위하기 위하여 토지를 취득하려는 경우에는 다음의 어느 하나에 해당하는 사람
㉠ 세대주를 포함한 세대원 전원이 해당 토지가 소재하는 특별시 · 광역시 · 특별자치시 · 특별자치도 · 시 또는 군에 주민등록이 되어 있는 자로서 실제로 해당 지역에 거주하고 자영할 수 있는 요건을 갖춘 사람
㉡ 해당 토지가 소재하는 특별시 · 광역시 · 특별자치시 · 특별자치도 · 시 또는 군이나 그와 연접한 특별시 · 광역시 · 특별자치시 · 특별자치도 · 시 또는 군에 사무소가 있는 농업법인 또는 어업법인(「농어업경영체 육성 및 지원에 관한 법률」에 따른 어업법인을 말함)</td><td></td></tr>
<tr><td>4. 「공익사업을 위한 토지 등의 취득 및 보상에 관한 법률」이나 그 밖의 법률에 따라 토지를 수용하거나 사용할 수 있는 사업을 시행하는 자가 그 사업을 시행하기 위하여 필요한 경우</td><td rowspan="3">4년. 다만, 분양을 목적으로 허가를 받은 토지로서 개발에 착수한 후 토지 취득일부터 4년 이내에 분양을 완료한 경우에는 분양을 완료한 때에 4년이 지난 것으로 본다.</td></tr>
<tr><td>5. 허가구역을 포함한 지역의 건전한 발전을 위하여 필요하고 관계 법률에 따라 지정된 지역 · 지구 · 구역 등의 지정목적에 적합하다고 인정되는 사업을 시행하는 자나 시행하려는 자가 그 사업에 이용하려는 경우</td></tr>
<tr><td>6. 허가구역의 지정 당시 그 구역이 속한 특별시 · 광역시 · 특별자치시 · 시(「제주특별자치도 설치 및 국제자유도시 조성을 위한 특별법」에 따른 행정시를 포함한다) · 군 또는 인접한 특별시 · 광역시 · 특별자치시 · 시 · 군에서 사업을 시행하고 있는 자가 그 사업에 이용하려는 경우나 그 자의 사업과 밀접한 관련이 있는 사업을 하는 자가 그 사업에 이용하려는 경우</td></tr>
<tr><td>7. 허가구역이 속한 특별시 · 광역시 · 특별자치시 · 시 또는 군에 거주하고 있는 자의 일상생활과 통상적인 경제활동에 필요한 것 등으로서 다음에 해당하는 용도에 이용하려는 경우
(1) 「공익사업을 위한 토지 등의 취득 및 보상에 관한 법률」, 그 밖의 법령에 따라 「농지법」에 따른 농지 외의 토지를 공익사업용으로 협의양도하거나 수용된 자가 그 협의양도 또는 수용된 날부터 3년 이내에 그 허가구역 안에서 협의양도 또는 수용된 토지에 대체되는 토지를 취득하려는 경우. 이 경우 새로 취득하는 토지의 가액(공시지가를 기준으로 하는 가액을 말한다)은 종전의 토지가액 이하이어야 한다.</td><td>2년</td></tr>
</table>

OX 관계 법령의 규정에 의하여 건축물이나 공작물의 설치행위가 금지된 토지에 대하여 현상보존의 목적으로 토지를 취득하기 위하여 허가를 받은 자는 대통령령으로 정하는 사유가 있는 경우 외에는 토지취득일부터 5년간 그 토지를 허가받은 목적대로 이용해야 한다. (○) 제23회

(2) 관계 법령에 의하여 개발·이용행위가 제한 또는 금지된 나대지·잡종지 등의 토지(임야 및 농지를 제외한다)로서 관계법령의 규정에 의하여 건축물이나 공작물의 설치행위가 금지되거나 형질변경이 금지 또는 제한되는 토지, 도로·하천 등 도시·군계획시설에 편입되어 있는 토지로서 그 사용·수익이 제한되는 토지에 대하여 현상보존의 목적으로 토지의 취득을 하고자 하는 경우	5년
(3) 「민간임대주택에 관한 특별법」에 따른 임대사업자 등 관계 법률에 따라 임대사업을 할 수 있는 자가 임대사업을 위하여 건축물과 그에 딸린 토지를 취득하는 경우	5년 (이외의 경우 동일)

(2) 토지거래계약을 체결하려는 자의 토지이용목적이 다음에 해당되는 경우

① 「국토의 계획 및 이용에 관한 법률」에 따른 도시·군계획이나 그 밖에 토지의 이용 및 관리에 관한 계획에 맞지 아니한 경우

② 생태계의 보전과 주민의 건전한 생활환경 보호에 중대한 위해(危害)를 끼칠 우려가 있는 경우

(3) 그 면적이 그 토지의 이용목적에 적합하지 아니하다고 인정되는 경우

5 허가·불허가처분

(1) 허가·불허가처분, 선매협의사실 통지

① 허가신청을 받으면 15일 **이내에 허가**(허가증 발급) 또는 **불허가처분**(서면통지)

② **선매협의** 절차가 진행 중인 경우에는 그 사실을 신청인에게 통지

③ 처리기간에 **허가증의 발급·불허가처분 사유의 통지·선매협의 사실의 통지**가 없는 경우에는 그 기간이 끝난 날의 다음 날에 허가가 있는 것으로 본다.

(2) 허가절차의 특례

① 당사자의 한쪽 또는 양쪽이 국가, 지방자치단체, 한국토지주택공사, 그 밖에 공공기관 또는 공공단체인 경우에는 그 기관의 장이 시·군·구청장과 **협의**할 수 있고, 그 협의가 성립된 때에는 그 토지거래계약에 관한 **허가를 받은 것으로 본다.**

② 「국유재산법」에 따른 총괄청 또는 중앙관서의 장 등이 국유재산관리계획에 따라 국유재산을 취득 또는 처분하는 경우에 허가기준에 적합하게 취득 또는 처분한 후 시·군·구청장에게 그 내용을 **통보한 때에는 위 협의를 한 것으로 본다.**

OX 「민원사무처리에 관한 법률」에 따른 처리기간에 허가증의 발급 또는 불허가처분 사유의 통지가 없거나 선매협의 사실의 통지가 없는 경우에는 그 기간이 끝난 날의 다음 날에 토지거래계약의 허가가 있는 것으로 본다. (○) 제23회

6 허가의 효과

(1) 사법(私法)상의 효력

허가를 받지 아니하고 체결한 토지거래계약은 그 **효력이 발생하지 아니한다**. 허가를 받지 아니하고 체결한 토지거래계약은 처음부터 허가를 배제하거나 잠탈하는 내용의 계약일 경우에는 확정적 무효이나, 허가를 받을 것을 전제로 한 거래계약일 경우에는 허가를 받을 때까지는 유동적 무효 상태에 있다.

(2) 공법(公法)상의 효력

① 허가 또는 변경허가를 받지 아니하고 토지거래계약을 체결하거나, 속임수나 그 밖의 부정한 방법으로 토지거래계약 허가를 받은 자는 2년 이하의 징역 또는 계약체결 당시의 개별공시지가에 의한 해당 토지가격의 30/100에 해당하는 금액 이하의 벌금에 처한다.

② **양벌규정**: 외국인 등의 취득특례에서 전술한 바와 같다.

(3) 다른 법률에 따른 의제

OX 농지에 대하여 토지거래계약 허가를 받은 경우에는 「농지법」에 따른 농지전용허가를 받은 것으로 본다. (×) 제33회

① 농지에 대하여 토지거래계약 허가를 받은 경우에는 「농지법」에 따른 **농지취득자격증명을 받은 것으로 본다**.

② 토지거래허가증을 발급받은 경우에는 「부동산등기 특별조치법」에 따른 **검인을 받은 것으로 본다**.

OX
1. 허가구역 내의 허가대상토지의 매매계약은 관할관청의 허가를 받기 전에는 효력이 발생하지 않는다. (○) 제22회
2. 관할관청의 허가가 있기 전에는 매수인은 그 계약내용에 따른 대금의 지급의무가 없다. (○) 제22회

판례

1. 거래계약은 관할관청의 허가를 받아야만 그 효력이 발생하고, 허가를 받기 전에는 물권적 효력은 물론 채권적 효력도 발생하지 아니하여 무효이므로 어떠한 내용의 이행청구도 할 수 없고, 채무불이행을 이유로 거래계약을 해제하거나 그로 인한 손해배상을 청구할 수 없다.
2. 처음부터 허가를 배제하거나 잠탈하는 내용의 계약일 경우 확정적으로 무효이다.
3. 허가받을 것을 전제로 한 거래계약은 유동적 무효의 상태에 있으므로 일단 허가를 받으면 그 계약은 소급해서 유효가 되므로 허가 후에 새로이 거래계약을 체결할 필요는 없다.
4. 토지거래허가를 받지 않아 유동적 무효 상태인 매매계약에 있어서 매도인은 계약금의 배액을 상환하고 계약을 해제할 수 있다.
5. 계약을 체결한 당사자는 쌍방이 서로 협력할 의무가 있고, 매매계약에서 허가신청 협력의무 불이행, 허가신청 전 매매계약의 철회를 지급사유로 하는 손해배상 약정은 유효하다.
6. 보전의 필요성이 있다면 매수인은 토지거래허가 신청절차의 협력의무 이행청구권을 보전하기 위하여 매도인의 권리를 대위하여 행사하는 것도 허용된다.

7. 토지거래허가구역 내에서의 중간생략의 등기는 무효이며, 이 경우 최종 매수인은 최초 매도인에 대하여 직접 그 토지에 관한 토지거래허가 신청절차의 협력의무 이행청구권을 가지고 있다고 할 수 없고, 이를 대위행사 할 수도 없다.
8. 토지거래허가구역 내의 토지와 지상건물을 일괄하여 매매한 경우 토지에 대한 매매거래허가 전에 건물에 대한 이전등기청구는 특별한 사정이 없는 한 할 수 없다.
9. 허가구역지정이 해제된 경우 그 토지거래계약은 확정적으로 유효로 된다.
10. 토지거래허가구역 내 토지에 대하여 매매계약을 체결하였는데 허가가 나지 않은 상태에서 해당 토지가 경매절차에서 제3자에게 매각되어 소유권이전등기가 마쳐진 경우 매매계약은 확정적으로 무효가 된다.

OX

1. 허가신청에 이르기 전에 매매계약을 일방적으로 철회하는 경우 상대방에게 일정한 손해액을 배상하기로 하는 약정은 그 효력이 없다. (×) 제22회
2. 매도인이 허가신청절차에 협력하지 않으면, 매수인은 매도인에게 협력의무의 이행을 소로써 구할 수 있다. (○) 제22회

⑷ 토지이용의무 등

① **토지이용의무**: 토지거래계약을 허가받은 자는 대통령령으로 정하는 사유가 있는 경우 외에는 **5년의 범위에서** 대통령령으로 정하는 기간에 그 토지를 허가받은 목적대로 이용하여야 한다.

OX 토지거래계약을 허가받은 자는 대통령령으로 정하는 사유가 있는 경우 외에는 토지 취득일부터 10년간 그 토지를 허가받은 목적대로 이용해야 한다. (×) 제32회

넓혀 보기

토지이용의무가 면제되는 사유(영 제14조 제1항)

1. 토지의 취득을 한 후 법 또는 관계 법령에 의하여 용도지역 등 토지의 이용 및 관리에 관한 계획이 변경됨으로써 법 또는 관계 법령에 의한 행위제한으로 인하여 그 이용목적대로 이용할 수 없게 된 경우
2. 토지의 이용을 위하여 관계 법령에 의한 허가·인가 등을 신청하였으나 국가 또는 지방자치단체가 건축허가의 제한으로 인하여 건축을 할 수 없게 된 경우 또는 건축자재의 수급조절 등을 위한 행정지도에 의하여 착공 또는 시공이 제한된 경우로서 일정기간 동안 허가·인가 등을 제한하는 경우 그 제한기간 내에 있는 경우
3. 허가기준에 적합하게 당초의 이용목적을 변경하는 경우로서 시장·군수 또는 구청장의 승인을 얻은 경우[토지 이용목적의 변경승인신청은 별지서식의 취득토지의 이용목적변경승인신청서에 따르며, 토지의 이용에 관한 변경계획서를 첨부하여야 한다. 시장·군수 또는 구청장은 취득토지의 이용목적변경승인신청서를 제출받은 때에는 신청일로부터 15일 이내에 승인여부를 결정하여 신청인에게 서면으로 통지(전자문서에 의한 통지를 포함한다)하여야 한다.]
4. 다른 법률에 따른 행위허가를 받아 허가기준에 적합하게 당초의 이용목적을 변경하는 경우로서 해당 행위의 허가권자가 이용목적 변경에 관하여 시장·군수 또는 구청장과 협의를 완료한 경우
5. 「해외이주법」에 의하여 이주하는 경우
6. 「병역법」 또는 「대체역의 편입 및 복무 등에 관한 법률」에 따라 복무하는 경우
7. 「자연재해대책법」에 의한 재해로 인하여 허가받은 목적대로 이행하는 것이 불가능한 경우
8. 공익사업의 시행 등 토지거래계약 허가를 받은 자의 귀책사유가 아닌 사유로 인하여 허가받은 목적대로 이용하는 것이 불가능한 경우

② 조 사

㉠ 시 · 군 · 구청장은 토지거래계약을 허가받은 자가 허가받은 목적대로 이용하고 있는지를 국토교통부장관이 정하는 바에 따라 **매년 1회 이상** 토지의 개발 및 이용 등의 **실태를 조사**하여야 한다.

㉡ 시 · 군 · 구청장은 실태조사를 위하여 「전자정부법」에 따른 행정정보의 공동이용을 통하여 토지 및 건물등기부를 확인할 수 있다.

③ **이용목적 변경신청**: 허가관청은 토지의 이용목적 변경승인신청을 받은 때에는 신청일로부터 15일 **이내**에 승인 여부를 결정하여 신청인에게 서면으로 통지하여야 한다.

④ 허가받은 목적대로 이용하지 않은 경우의 조치 및 제재

OX 이행명령은 구두 또는 문서로 하며 이행기간은 3개월 이내로 정하여야 한다. (×) 제31회

㉠ 이행명령: 시 · 군 · 구청장은 토지이용의무를 이행하지 아니한 자에 대하여는 **3개월 이내**의 기간을 정하여 **문서**로 토지이용의무를 **이행하도록 명할 수 있다**. 다만, 「농지법」에 따른 이행강제금을 부과한 경우에는 이용의무의 이행을 명하지 아니할 수 있다.

㉡ 이행강제금 부과

ⓐ 부과금액: 이행명령이 정하여진 기간에 이행되지 아니한 경우 **토지취득가액**(실제 거래가액)**의 100분의 10의 범위**에서 다음에 해당하는 금액의 이행강제금을 부과한다. 다만, 실제 거래가액이 확인되지 아니한 경우에는 취득 당시를 기준으로 가장 최근에 발표된 개별공시지가를 기준으로 산정한다.

1. 토지거래계약 허가를 받아 토지를 취득한 자가 당초의 목적대로 이용하지 아니하고 **방치**한 경우에는 토지취득가액의 **100분의 10**에 상당하는 금액
2. 토지거래계약 허가를 받아 토지를 취득한 자가 직접 이용하지 아니하고 **임대**한 경우에는 토지취득가액의 **100분의 7**에 상당하는 금액
3. 토지거래계약 허가를 받아 토지를 취득한 자가 시장 · 군수 또는 구청장의 승인을 얻지 아니하고 당초의 이용목적을 **변경**하여 이용하는 경우에는 토지취득가액의 **100분의 5**에 상당하는 금액
4. **기타**의 경우에는 토지취득가액의 **100분의 7**에 상당하는 금액

OX

1. 토지거래계약 허가를 받아 토지를 취득한 자가 당초의 목적대로 이용하지 아니하고 방치한 경우에는 토지 취득가액의 100분의 10에 상당하는 금액의 이행강제금을 부과한다. (○) 제31회
2. 토지거래계약 허가를 받아 토지를 취득한 자가 직접 이용하지 아니하고 임대한 경우에는 토지 취득가액의 100분의 20에 상당하는 금액을 이행강제금으로 부과한다. (×) 제30회

ⓑ 부과권자: 시장·군수·구청장은 최초의 이행명령이 있었던 날을 기준으로 하여 **1년에 한 번씩** 그 이행명령이 이행될 때까지 반복하여 문서에 의하여 이행강제금을 부과·징수할 수 있다.

ⓒ 부과중지 등: 시장·군수 또는 구청장은 이용 의무기간이 지난 후에는 이행강제금을 부과할 수 없다. 또한, 이행명령을 받은 자가 그 명령을 이행하는 경우에는 새로운 이행강제금의 부과를 즉시 중지하되, 명령을 이행하기 전에 이미 부과된 이행강제금은 징수하여야 한다.

ⓓ 이의제기: 이행강제금의 부과처분에 불복하는 자는 부과처분의 고지를 받은 날부터 **30일 이내에** 시장·군수 또는 구청장에게 이의를 제기할 수 있다.

ⓔ 강제징수: 이행강제금 부과처분을 받은 자가 이행강제금을 납부기한까지 납부하지 아니한 경우에는 국세 체납처분의 예 또는 「지방행정제재·부과금의 징수 등에 관한 법률」에 따라 징수한다.

허가받은 목적대로 이용하지 않는 경우의 조치

1. 이행명령(3개월 이내의 기간을 정하여)
2. 이행강제금(취득가액의 10% 범위 내)
3. 허가의 취소 등 제재처분
4. 선매(협의매수)

(5) 제재처분 등

① **허가의 취소 등**: 국토교통부장관, 시·도지사, 시장·군수 또는 구청장은 다음의 어느 하나에 해당하는 자에게 허가 취소 또는 그 밖에 필요한 처분을 하거나 조치를 명할 수 있다.

㉠ 토지거래계약에 관한 허가 또는 변경허가를 받지 아니하고 토지거래계약 또는 그 변경계약을 체결한 자

㉡ 토지거래계약에 관한 허가를 받은 자가 그 토지를 허가받은 목적대로 이용하지 아니한 자

㉢ 부정한 방법으로 토지거래계약에 관한 허가를 받은 자

② **청문 실시**: 국토교통부장관, 시·도지사, 시장·군수 또는 구청장은 토지거래계약 허가의 취소처분을 하려면 **청문**을 하여야 한다.

③ **행정형벌**: 허가취소, 처분 또는 조치명령을 위반한 자는 **1년 이하의 징역 또는 1천만원 이하의 벌금**에 처한다.

OX

1. 군수는 최초의 의무이행위반이 있었던 날을 기준으로 1년에 한 번씩 그 이행명령이 이행될 때까지 반복하여 이행강제금을 부과·징수할 수 있다. (×) 제30회
2. 시장·군수는 토지이용 의무기간이 지난 후에도 이행강제금을 부과할 수 있다. (×) 제33회
3. 허가받은 목적대로 토지를 이용하지 않았음을 이유로 이행강제금 부과처분을 받은 자가 시장·군수·구청장에게 이의를 제기하려면 그 처분을 고지받은 날부터 60일 이내에 해야 한다. (×) 제32회

OX 토지거래계약 허가를 받아 취득한 토지를 허가받은 목적대로 이용하고 있지 않은 경우 시장·군수·구청장은 토지거래계약 허가를 취소할 수 있다. (○) 제32회

7 사권의 보호 등

OX 토지거래계약의 불허가처분에 이의가 있는 자는 그 처분을 받은 날부터 1개월 이내에 시장·군수 또는 구청장에게 이의를 신청할 수 있다. (○) 제23회

(1) 이의신청

토지거래허가신청에 대한 **처분**(허가 · 불허가)에 이의가 있는 자는 그 처분을 받은 날부터 **1개월 이내**에 시장 · 군수 또는 구청장에게 이의를 신청할 수 있다. 이 경우 시장 · 군수 또는 구청장은 시 · 군 · 구 도시계획위원회의 심의를 거쳐 그 결과를 신청인에게 알려야 한다.

OX 토지거래허가신청에 대해 불허가처분을 받은 자는 그 통지를 받은 날부터 1개월 이내에 시장·군수 또는 구청장에게 해당 토지에 관한 권리의 매수를 청구할 수 있다. (○) 제33회

(2) 매수청구

① **매수청구대상**: 허가신청에 대하여 **불허가처분**을 받은 자는 그 통지를 받은 날부터 **1개월 이내**에 시장 · 군수 · 구청장에게 해당 토지에 관한 권리(소유권 · 지상권)의 매수를 청구할 수 있다.

② **매수절차**: 매수청구를 받은 시장 · 군수 · 구청장은 국가 · 지방자치단체, 한국토지주택공사, 그 밖에 대통령령으로 정하는 공공기관 또는 공공단체 중에서 매수할 자를 지정하여 예산의 범위에서 **공시지가**를 기준으로 해당 토지를 매수하게 하여야 한다. 다만, 허가신청서에 적힌 가격이 공시지가보다 낮은 경우에는 그 가격으로 매수할 수 있다.

③ **대상권리**: 대상 토지의 **소유권**과 **지상권**에 한한다.

OX 토지의 소유권자에게 부과된 토지이용에 관한 의무는 그 토지에 관한 소유권의 변동과 동시에 그 승계인에게 이전한다. (○) 제33회

(3) 권리 · 의무의 승계 등

① 토지거래허가규정에 따라 토지의 소유권자, 지상권자 등에게 발생되거나 부과된 권리 · 의무는 그 토지 또는 건축물에 관한 소유권이나 그 밖의 권리의 변동과 동시에 그 승계인에게 이전한다.

② 이 법 또는 이 법에 따른 명령에 의한 처분, 그 절차 및 그 밖의 행위는 그 행위와 관련된 토지 또는 건축물에 대하여 소유권이나 그 밖의 권리를 가진 자의 승계인에 대하여 효력을 가진다.

8 선매(先買)

(1) 의 의

선매제도는 공익사업을 위한 공공용지의 확보를 목적으로 공적 주체에게 토지취득의 우선권을 부여하기 위한 제도이다.

(2) 요 건

시 · 군 · 구청장은 허가신청이 있는 경우 다음에 해당되는 토지에 대하여 공적주체가 그 매수를 원하는 경우 이들 중에서 선매자를 지정하여 협의매수하게 할 수 있다.

① 공익사업용 토지

② 허가를 받아 취득한 토지를 그 이용목적대로 이용하고 있지 아니한 토지

(3) 선매절차

① **선매자 지정통지**: 시 · 군 · 구청장은 선매대상토지에 대하여 토지거래 **허가신청이 있는 날부터 1개월 이내**에 **선매자를 지정**하여 토지소유자에게 **통지**하여야 한다.

② **선매협의**

㉠ 선매자는 그 **지정통지를 받은 날부터 1개월 이내**에 토지소유자와 **선매협의를 끝내야** 한다.

㉡ 선매자로 지정된 자는 **통지를 받은 날부터 15일 이내**에 선매조건을 기재한 서면을 토지소유자에게 통지하여야 하며, 지정통지를 받은 날부터 1개월 이내에 선매협의조서를 제출하여야 한다.

㉢ **선매협의조서**를 제출하는 자는 **거래계약서 사본**을 첨부하여야 한다.

(4) 선매가격 및 대상권리

① **선매가격**: 선매자가 토지를 매수할 때의 가격은 감정평가법인등이 감정평가한 **감정가격**을 기준으로 하되, 허가신청서에 적힌 가격이 감정가격보다 낮은 경우 허가신청서에 적힌 가격으로 할 수 있다.

② **대상권리**: **소유권**에 한한다.

(5) 불성립시의 조치

시 · 군 · 구청장은 선매협의가 이루어지지 아니한 경우에는 지체 없이 토지거래계약의 **허가** 또는 **불허가**의 여부를 결정하여 통보하여야 한다.

OX 토지거래계약 허가를 받아 취득한 토지가 이용목적대로 이용되고 있는 경우 해당 토지는 선매협의매수의 대상이 된다. (×) 제18회

OX

1. 시장 · 군수 또는 구청장은 토지거래계약 허가의 신청이 있는 날부터 2개월 이내에 선매자를 지정하여 토지소유자에게 통지하여야 한다. (×) 제18회
2. 선매자로 지정된 자는 그 지정일부터 15일 이내에 매수가격 등 선매조건을 기재한 서면을 토지소유자에게 통지하여 선매협의를 하여야 한다. (○) 제18회
3. 선매자가 토지를 매수하는 경우의 가격은 토지소유자의 매입가격을 기준으로 한다. (×) 제18회
4. 선매협의가 이루어지지 아니한 때에는 토지거래계약에 관한 허가신청에 대하여 불허가처분을 하여야 한다. (×) 제18회

OX 토지거래계약허가를 받아 취득한 토지를 허가받은 목적대로 이용하지 않는 행위를 한 자를 신고·고발한 자는 포상금 지급 대상이다. (○) 제32회

9 포상금

(1) 지급권자 및 신고·고발대상

시장·군수·구청장은 다음 어느 하나에 해당하는 자를 관계 행정기관이나 수사기관에 신고하거나 고발한 자에게 예산의 범위에서 포상금을 지급할 수 있다.

① 허가 또는 변경허가를 받지 아니하고 토지거래계약을 체결한 자
② 거짓이나 그 밖의 부정한 방법으로 토지거래계약허가를 받은 자
③ 토지거래허가를 받아 취득한 토지를 허가받은 목적대로 이용하지 아니한 자

(2) 포상금의 지급조건

① 허가관청은 다음에 해당하는 경우에는 포상금을 지급하여야 한다.

㉠ 허가관청 또는 수사기관이 적발하기 전에 허가 또는 변경허가를 받지 아니하고 토지거래계약을 체결한 자 또는 거짓이나 그 밖의 부정한 방법으로 토지거래계약허가를 받은 자를 신고하거나 고발한 경우로서 그 신고 또는 고발사건에 대한 **공소제기** 또는 **기소유예** 결정이 있는 경우

㉡ 허가관청이 적발하기 전에 토지거래계약허가를 받아 취득한 토지에 대하여 허가받은 목적대로 이용하지 아니한 자를 신고한 경우로서 그 신고사건에 대한 허가관청의 **이행명령**이 있는 경우

② 다음에 해당하는 경우에는 포상금을 지급하지 아니할 수 있다.

㉠ 공무원이 직무와 관련하여 발견한 사실을 신고하거나 고발한 경우
㉡ 해당 위반행위를 하거나 위반행위에 관여한 자가 신고하거나 고발한 경우
㉢ 익명이나 가명으로 신고 또는 고발하여 신고인 또는 고발인을 확인할 수 없는 경우

(3) 포상금의 지급절차

① 신고·고발 대상자를 신고하려는 자는 신고서를 **허가관청**에 제출해야 한다.

② **수사기관**은 신고 또는 고발 사건을 접수하여 수사를 종료하거나 공소제기 또는 기소유예의 결정을 하였을 때에는 지체 없이 허가관청에 통보하여야 한다.

③ 신고서를 제출받거나 수사기관의 통보를 받은 **허가관청**은 포상금 지급여부를 **결정**하고 이를 신고인 또는 고발인에게 **알려야** 한다.

④ 포상금 지급결정을 통보받은 **신고인 또는 고발인**은 포상금 지급신청서를 작성하여 허가관청에 제출하여야 한다.

⑤ 허가관청은 **신청서가 접수된 날부터 2개월 이내**에 포상금을 지급하여야 한다.

⑥ 허가관청은 자체조사 등에 따라 포상금 대상 위반행위를 알게 된 때에는 지체 없이 그 내용을 부동산정보체계에 기록하여야 한다.

(4) 지급금액 및 재원

① 포상금은 1건당 **50만원**으로 한다. 이 경우 같은 목적을 위하여 취득한 일단의 토지에 대한 신고 또는 고발은 **1건으로 본다.**

② 포상금지급에 소요되는 비용은 **시·군·구의 재원**으로 충당한다.

(5) 신고 또는 고발한 사람이 2명 이상인 경우

① 허가관청은 하나의 위반행위에 대하여 **2명 이상이 공동으로 신고·고발한** 경우에는 포상금을 **균등하게 배분**하여 지급한다. 다만, 포상금을 지급받을 사람이 배분방법에 관하여 미리 합의하여 포상금의 지급을 신청한 경우에는 그 **합의된 방법**에 따라 지급한다.

② 허가관청은 **하나의 위반행위에 대하여 2명 이상이 각각 신고·고발한** 경우 **최초로** 신고 또는 고발한 사람에게 포상금을 지급한다.

10 지가동향조사

(1) 지가동향 조사의무

국토교통부장관이나 시·도지사는 토지거래허가 제도를 실시하거나 그 밖에 토지정책을 수행하기 위한 자료를 수집하기 위하여 대통령령으로 정하는 바에 따라 지가의 동향과 토지거래의 상황을 조사하여야 한다.

(2) 조사자

① **국토교통부장관**: 국토교통부장관은 **연 1회 이상** 전국의 지가변동률을 조사하여야 한다. 국토교통부장관은 필요한 경우에는 「한국부동산원법」에 따른 한국부동산원의 원장으로 하여금 **매월 1회 이상** 지가동향, 토지거래상황 및 그 밖에 필요한 자료를 제출하게 할 수 있다. 이 경우 실비의 범위에서 그 소요 비용을 지원하여야 한다.

② **시·도지사**: 시·도지사는 관할구역의 지가동향 및 토지거래상황을 국토교통부령으로 정하는 바에 따라 조사하여야 하며, 그 결과 허가구역을 지정·축소하거나 해제할 필요가 있다고 인정하는 경우에는 국토교통부장관에게 그 구역의 지정·축소 또는 해제를 요청할 수 있다.

③ **지가동향조사 등의 방법**: 시 · 도지사는 다음의 순서대로 지가동향 및 토지거래상황을 조사하여야 한다.

㉠ 개황조사: 관할구역 안의 토지거래상황을 파악하기 위하여 **분기별로 1회 이상** 개괄적으로 실시하는 조사

㉡ 지역별조사: 개황조사를 실시한 결과 등에 따라 토지거래계약에 관한 허가구역의 지정요건을 충족시킬 수 있는 개연성이 높다고 인정되는 지역에 대하여 지가동향 및 토지거래상황을 파악하기 위하여 **매월 1회 이상** 실시하는 조사

㉢ 특별집중조사: 지역별조사를 실시한 결과 허가구역의 지정요건을 충족시킬 수 있는 개연성이 특히 높다고 인정되는 지역에 대하여 지가동향 및 토지거래상황을 파악하기 위하여 실시하는 조사

11 부동산 정보관리

(1) 부동산정책 관련 자료 등 종합관리

① 국토교통부장관 또는 시장 · 군수 · 구청장은 적절한 부동산정책의 수립 및 시행을 위하여 부동산 거래상황, 주택 임대차 계약상황, 외국인 부동산 취득현황, 부동산 가격 동향 등 이 법에 규정된 사항에 관한 정보를 종합적으로 관리하고, 이를 관련 기관 · 단체 등에 제공할 수 있다.

② 국토교통부장관 또는 시장 · 군수 · 구청장은 정보의 관리를 위하여 관계 행정기관이나 그 밖에 필요한 기관에 필요한 자료를 요청할 수 있다. 이 경우 관계 행정기관 등은 특별한 사유가 없으면 요청에 따라야 한다.

③ 정보의 관리 · 제공 및 자료요청은 「개인정보 보호법」에 따라야 한다.

(2) 부동산정보체계의 구축 · 운영

국토교통부장관은 효율적인 정보의 관리 및 국민편의 증진을 위하여 대통령령으로 정하는 바에 따라 부동산거래 및 주택 임대차의 계약 · 신고 · 허가 · 관리 등의 업무와 관련된 정보체계를 구축 · 운영할 수 있다.

OX 시 · 도지사는 부동산거래 및 주택임대차의 계약 · 신고 · 허가 · 관리 등의 업무와 관련된 정보체계를 구축 · 운영하여야 한다. (×) 제30회 수정

넓혀 보기

업무의 전자적 처리 등

1. 전자문서의 접수

다음 어느 하나에 해당하는 신고서 또는 신청서는 신고관청 또는 허가관청에 전자문서를 접수하는 방법으로 제출할 수 있다.

① 부동산거래계약 신고서 및 법인신고서 등
② 부동산거래 신고필증(같은 항 단서에 따른 경우는 제외한다)
③ 부동산거래계약 변경 신고서(같은 항 단서에 따라 신고서를 제출하는 경우는 제외한다)
④ 부동산거래계약의 해제등 신고서
⑤ 임대차 신고서(같은 조 제3항 및 제5항에 따라 첨부해야 하는 서류 등을 포함한다) 및 주택 임대차 계약서
⑥ 임대차 변경 신고서 및 임대차 해제 신고서(같은 조 제2항에 따라 첨부해야 하는 서류 등을 포함한다)
⑦ 임대차 신고필증(첨부해야 하는 주택 임대차 계약서 등을 포함한다)
⑧ 임대차신고서 등의 작성・제출 및 정정신청을 대행하는 사람이 신고관청에 제출하는 제5호부터 제7호까지의 사항(제6조의5에 따라 함께 제출해야 하는 위임장 등을 포함한다)
⑨ 외국인 등의 부동산 등 취득・계속보유 신고서 또는 외국인 토지 취득 허가신청서(같은 항 각 호의 구분에 따라 첨부해야 하는 서류를 포함한다)

2. 전자문서를 통한 서명 또는 날인

상기 1.의 각 신고서 또는 신청서를 제출하는 경우에는 「전자서명법」 제2조 제6호에 따른 인증서(서명자의 실지명의를 확인할 수 있는 것으로 한정)를 통한 본인확인(전자인증)의 방법으로 서명 또는 날인을 할 수 있다.

3. 전자문서에 의한 서류 제출

다음 어느 하나에 해당하는 경우에는 신고관청 또는 허가관청에 제출하여야 하는 서류를 전자문서로 제출할 수 있다.

① 외국인 등의 부동산등 취득・계속보유신고 또는 토지취득 허가 신청을 하는 경우. 다만, 외국인 등이 각종 첨부서류를 전자문서로 제출하기 곤란한 경우에는 신고일 또는 신청일부터 14일 이내에 우편 또는 모사전송의 방법으로 제출할 수 있으며, 이 경우 신고관청은 신고확인증 또는 허가증을 신고인에게 송부하여야 한다.
② 토지거래계약 허가 또는 변경허가 신청을 하는 경우

4. 전자인증방법을 통한 신분증명

다음 어느 하나에 해당하는 경우에는 전자인증의 방법으로 신분을 증명할 수 있다.

① 부동산거래계약의 신고를 하는 경우
② 외국인 등의 부동산등 취득・계속보유 신고 또는 토지취득 허가신청을 하는 경우

박문각 공인중개사

제1장 중개대상물 조사 · 확인
제2장 거래계약 체결
제3장 개별적 중개실무

PART

03

중개실무

Chapter 01 중개대상물 조사 · 확인

01 총 설

1. 중개대상물의 조사 · 확인 의의

확인 · 설명 및 확인 · 설명서를 작성하는 경우 기초자료가 된다.

2. 조사 · 확인 대상

중개대상물의 확인 · 설명사항이 조사 · 확인의 대상이 된다.

3. 조사 · 확인의 방법

(1) 공부상 조사

OX 토지의 소재지, 지목, 지형 및 경계는 토지대장을 통해 확인할 수 있다. (×) 제27회

공부의 종류	확인사항	특기사항
등기사항증명서	① 갑구: 소유권과 소유권의 제한에 관한 사항 ② 을구: 제한물권과 그 제한에 관한 사항	유치권(×) 법정지상권(×)
토지 · 임야대장	소재지, 지목, 면적, 소유자, 공시지가	경계, 지형(×)
지적도 · 임야도	소재지(위치), 지목, 경계, 지형(토지의 모양)	면적, 지세(×)
건축물대장	소재지, 건축연도, 면적, 구조, 용도, 건폐율 · 용적률 소유자, 주차장 유무, 승강기 유무	방향(×)
토지이용계획확인서	공법상 이용제한 및 거래규제의 주요한 내용	소유자(×)
부동산종합증명서	토지 · 건물의 표시, 소유자, 공법상 제한, 공시가격	권리관계(×)
가족관계등록부	상속인 여부, 미성년자의 법정대리인	
후견등기사항증명서	피한정후견인, 피성년후견인	
대지권등록부	소재지, 대지권지분비율, 소유권 지분, 건물명칭	
공유지연명부	소재지, 소유권 지분, 소유자	지목, 면적(×)
환지예정지증명원	환지예정지 지목, 면적	

(2) 현장조사

① **필요성**: ㉠ 미공시 사항 확인, ㉡ 공부상 내용과 현장과의 일치 여부 확인

② **불일치**: ㉠ 물적사항은 대장 우선, ㉡ 권리관계는 등기사항증명서 우선

OX 동일한 건물에 대하여 등기부상의 면적과 건축물대장의 면적이 다른 경우 건축물대장을 기준으로 한다. (○) 제27회

02 기본적인 사항 등

조사 항목		조사기준 및 내용
소재지		① 토지: 지적공부(토지대장, 임야대장, 지적도, 임야도)로 확인, 지번까지 확인, 수필이면 각 필지 지번 확인 ② 건물: 건축물대장으로 확인 대지지번, 건물명칭, 번호, 부속건물 확인 구분소유인 경우 동, 층, 호수까지 확인
지 목		① 토지대장, 임야대장으로 확인(지적도, 임야도로도 가능) ② 현장조사로 실제와 공부상 차이 확인 ③ 환지예정지는 환지예정지지정증명원 확인 ④ 임야가 토지대장에 등재된 토지(토림)는 개간 가능성 확인
면 적		① 대장으로 조사(지적도, 임야도로 확인 불가), 건물은 층별 면적을 조사 ② 구분소유권은 전유부분과 공용부분의 면적을 모두 확인 ③ 환지예정지는 환지면적을 환지예정지지정증명원으로 조사
경 계		① 지적도나 임야도로 확인(대장확인 불가), 현장답사 병행 ② 임야는 능선, 계곡, 도로, 하천, 구거 등 중심, 농지 ⇨ 논두렁, 밭두렁 ③ 판례 ⇨ 불일치의 경우 특별한 사유가 없는 한 도면 우선
지 형		토지의 모양, 지적도, 임야도와 현장답사로 확인
지 세		토지의 경사, 현장답사로 확인, 유용성과 관련
건 물	구 조	건축물대장으로 확인, 현장조사 병행, 주 구조, 지붕구조 확인
	건축연도	건축물대장(사용승인 일자)으로 확인
	면 적	건축물대장으로 확인
	용 도	건축물대장으로 확인, 현장조사 병행
	방 향	현장조사로 확인

OX 지적도상의 경계와 실제 경계가 일치하지 않는 경우 특별한 사정이 없는 한 실제 경계를 기준으로 한다. (×) 제27회

03 권리관계에 관한 사항

1 권리조사의 의의 및 방법

1. 권리조사의 의의

(1) **숨어있는 법률상 하자의 발견**: 경제적, 행정적 부담을 명확히 함

(2) **권리사고 다발(多發)이유**

① 부동산등기에 공신력 없음

② 관습법상 권리 인정(미공시 권리)

③ 공법상 규제가 많음

2. 권리조사의 방법

등기사항증명서의 조사 및 현장조사로 확인하되, 등기사항증명서의 조사내용은 다음과 같다.

(1) **표제부의 조사**

① **토지**: 소재지 · 지목 · 면적 등 확인

② **건물**: 소재지 · 면적 · 구조 · 층수, 종류 · 용도 등 확인

③ 대장과 일치 여부를 조사하여야 함

(2) **갑구란의 조사**

① 소유권자의 인적사항, 소유권 제한사항을 확인

② 가등기, 가압류, 가처분, 환매, 압류, 경매등기 등 확인
⇨ 말소 후 거래함이 타당

③ **권리의 진정성 확인**: 공부 + 탐문 + 의뢰인에 대한 질문
⇨ 소유자, 대리인, 상속인, 처분능력, 공동소유, 법인, 임대권한 등

(3) **을구란의 조사**

① 소유권 이외의 제한물권(지상권 · 지역권 · 전세권 · 저당권 등), 임차권 등 확인

② 가등기, 가압류, 가처분, 압류 등 확인

③ **세부 확인사항**

㉠ 용익물권(지상권, 지역권, 전세권): 권리자, 계약기간, 전세금, 범위 등
㉡ 담보물권(저당권, 근저당권): 채권자, 채무액, 이율, 기간, 연체여부 등
㉢ 임대차: 기간, 보증금, 권리금, 임대료, 대항력, 우선변제권 여부 등 확인

OX

1. 분묘기지권은 등기사항증명서를 통해 확인할 수 없다. (○) 제27회
2. 건물 없는 토지에 저당권이 설정된 후, 저당권설정자가 건물을 신축하고 저당권의 실행으로 인하여 그 토지와 지상건물이 소유자를 달리하게 된 경우에 법정지상권이 성립된다. (×) 제25회
3. 대지와 건물이 동일소유자에게 속한 경우, 건물에 전세권설정자에 대하여 지상권을 설정한 것으로 본다. (○) 제25회

2 분묘기지권

1. 의 의

분묘기지권은 타인의 토지에 분묘를 설치한 자가 그 분묘를 수호하고 봉제사하는 데 필요한 범위 내에서 타인소유의 토지를 사용할 수 있는 권리로서, 관습법상의 특수지상권에 해당한다.

2. 성립요건

(1) 분묘와 시신

① 분묘기지권이 성립하기 위해서는 시신이 안장되어 있고, 봉분 등 분묘의 형태를 갖추어야 한다.

② 평장·암장되어 있어 객관적으로 인식할 수 있는 외형을 갖추고 있지 아니한 경우에는 분묘기지권이 인정되지 않는다(대판 91다18040).

(2) 성립하는 경우

분묘기지권은 관습법상 인정된 물권으로서 그 성립에 등기를 요하지 않으며, 판례에 의하면 다음과 같은 3가지 경우에 성립한다.

① **승낙형**: 토지소유자의 승낙을 얻어 그의 소유지 내에 분묘를 설치한 경우

② **취득시효형**: 타인의 토지에 승낙 없이 분묘를 설치하고 20년간 평온·공연하게 그 분묘의 기지를 점유함으로써 취득시효가 완성된 경우

③ **양도형**: 자기의 토지에 분묘를 설치한 후 그 분묘기지에 대한 소유권을 유보하거나 분묘도 함께 이전한다는 특약을 함이 없이 토지를 처분한 경우

3. 분묘기지권의 효력

(1) 장소적 효력

① 분묘기지권의 효력은 분묘가 설치된 기지뿐만이 아니라, 분묘를 보호하고 봉사하는데 필요한 주위의 빈 땅에도 미친다(대판 85다카2496). 다만, 확실한 범위는 구체적인 경우에 개별적으로 정하여야 할 것이므로, 반드시 사성부분을 포함한 지역까지 분묘기지권이 미치는 것은 아니다(대판 95다29086).

OX 분묘기지권을 취득한 자는 그 분묘기지권의 등기 없이도 그 분묘가 설치된 토지의 매수인에게 대항할 수 있다 (○) 제35회

OX

1. 「장사 등에 관한 법률」의 시행에 따라 그 시행일 이전의 분묘기지권은 존립 근거를 상실하고, 그 이후에 설치된 분묘에는 분묘기지권이 인정되지 않는다. (×) 제29회
2. 「장사 등에 관한 법률」이 시행되기 전에 설치된 분묘의 경우 그 법의 시행 후에는 분묘기지권의 시효취득이 인정되지 않는다. (×) 제33회

② 분묘기지권에는 그 효력이 미치는 범위 내라고 할지라도 기존의 분묘 외에 새로운 분묘를 설치할 권능은 포함되지 아니하는 것이므로, 부부 중 일방이 먼저 사망하여 이미 그 분묘가 설치되고 그 분묘기지권이 미치는 범위 내에서 그 후에 사망한 다른 일방의 합장을 위하여 쌍분(雙墳), 단분(單墳)형태의 분묘를 다시 설치하는 것도 허용되지 않는다(대판 95다29086).

③ 동일종손이 소유 · 관리하는 여러 기의 분묘가 집단 설치된 경우 분묘기지권은 그 집단된 전 분묘의 보전수호를 위한 것이므로 그 분묘기지권에 기하여 보전되어 오던 분묘들 가운데 일부가 그 분묘기지권이 미치는 범위 내에서 이장되었다면, 그 이장된 분묘를 위하여서도 그 분묘기지권의 효력이 그대로 유지된다고 보아야 할 것이고, 다만 그 이장으로 인하여 더 이상 분묘 수호와 봉제사에 필요 없게 된 부분이 생겨났다면 그 부분에 대한 만큼은 분묘기지권이 소멸한다(대판 2007다16885).

OX
1. 분묘기지권은 분묘의 설치 목적인 분묘의 수호와 제사에 필요한 범위 내에서 분묘 기지 주위의 공지를 포함한 지역에까지 미친다. (○) 제32회
2. 분묘기지권에는 그 효력이 미치는 범위 안에서 새로운 분묘를 설치할 권능은 포함되지 않는다. (○) 제29회, 제32회

(2) 시간적 효력

① 분묘기지권의 존속기간에 관하여는 「민법」의 지상권에 관한 규정에 따를 것이 아니라 당사자 사이에 약정이 있는 등 특별한 사정이 있으면 그에 따를 것이며, 그러한 사정이 없는 경우에는 권리자가 분묘의 수호와 봉사를 계속하며 그 분묘가 존속하고 있는 동안은 분묘기지권은 존속한다(대판 81다1220).

② 분묘가 멸실된 경우라고 하더라도 유골이 존재하여 분묘의 원상회복이 가능하여 일시적인 멸실에 불과하다면 분묘기지권은 소멸하지 않고 존속한다.

OX
1. 분묘기지권의 존속기간은 지상권의 존속기간에 대한 규정이 유추적용되어 30년으로 인정된다. (×) 제33회
2. 분묘가 멸실된 경우 유골이 존재하여 분묘의 원상회복이 가능한 일시적인 멸실에 불과하여도 분묘기지권은 소멸한다. (×) 제33회

(3) 지 료

① 「장사 등에 관한 법률」의 시행일인 2001. 1. 13. 이전에 타인의 토지에 분묘를 설치하여 20년간 평온 · 공연하게 분묘의 기지를 점유함으로써 분묘기지권을 시효로 취득한 경우 분묘기지권자는 토지소유자가 분묘기지에 관한 지료를 청구하면 그 청구한 날부터의 지료를 지급할 의무가 있다(대판 2017다228007).

② 자기 소유 토지에 분묘를 설치한 사람이 그 토지를 양도하면서 분묘를 이장하겠다는 특약을 하지 않음으로써 분묘기지권을 취득한 경우, 특별한 사정이 없는 한 분묘기지권자는 분묘기지권이 성립한 때부터 토지 소유자에게 그 분묘의 기지에 대한 토지사용의 대가로서 지료를 지급할 의무가 있다(대판 2020다295892).

OX
1. 분묘기지권을 시효취득한 사람은 시효취득한 때부터 지료를 지급할 의무가 발생한다. (×) 제35회
2. 자기 소유 토지에 분묘를 설치한 사람이 분묘이장의 특약 없이 토지를 양도함으로써 분묘기지권을 취득한 경우, 특별한 사정이 없는 한 분묘기지권이 성립한 때부터 지료지급의무가 있다. (○) 제33회

(4) 기 타

① 타인의 토지에 분묘를 설치 또는 소유하는 자는 점유의 성질상 소유의 의사는 추정되지 않는다. 그러나 매수인이 인접토지의 일부를 그가 매수·취득한 토지에 속하는 것으로 믿고서 점유하고 있다면 그 인접토지의 점유방법이 분묘를 설치·관리하는 것이었다고 하더라도 그 점유는 자주점유에 해당한다.

② 분묘기지권은 점유를 수반하는 물권이지만 권리자가 의무자에 대하여 그 권리를 포기하는 의사표시를 하는 외에 점유까지도 포기하여야만 그 권리가 소멸하는 것은 아니다.

③ 총유물인 임야에 대한 분묘설치행위의 성질은 처분행위에 해당하므로 사원총회의 결의를 필요로 한다(대판 2007다16885).

OX 분묘기지권은 권리자가 의무자에 대하여 그 권리를 포기하는 의사표시를 하는 외에 점유까지도 포기해야만 권리가 소멸하는 것은 아니다. (○) 제29회

3 장사 등에 관한 법률

1. 용어의 정의

① "매장"이란 시신이나 유골을 땅에 묻어 장사(葬事)하는 것을 말한다.

② "화장"이란 시신이나 유골을 불에 태워 장사하는 것을 말한다.

③ "자연장(自然葬)"이란 화장한 유골의 골분(骨粉)을 수목·화초·잔디 등의 밑이나 주변에 묻어 장사하는 것을 말한다.

④ "개장"이란 매장한 시신이나 유골을 다른 분묘 또는 봉안시설에 옮기거나 화장 또는 자연장하는 것을 말한다.

⑤ "봉안"이란 유골을 봉안시설에 안치하는 것을 말한다.

⑥ "분묘"란 시신이나 유골을 매장하는 시설을 말한다.

⑦ "묘지"란 분묘를 설치하는 구역을 말한다.

㉠ 공설묘지: 시·도지사 및 시장·군수·구청장이 설치·관리하는 묘지 ㉡ 사설묘지: 일반 사인이 설치·관리하는 묘지 ⓐ 개인묘지: 1기의 분묘 또는 해당 분묘에 매장된 자와 배우자 관계였던 자의 분묘를 같은 구역 안에 설치하는 묘지 ⓑ 가족묘지: 친족관계였던 자의 분묘를 같은 구역 안에 설치하는 묘지 ⓒ 문중·종중묘지: 문중·종중 구성원의 분묘를 동일구역 안에 설치한 묘지 ⓓ 법인묘지: 법인이 불특정·다수인의 분묘를 동일구역 안에 설치하는 묘지

OX 가족묘지란 민법에 따라 친족관계였던 자의 분묘를 같은 구역 안에 설치하는 묘지를 말한다. (○) 제27회

⑧ "장사시설"이란 묘지·화장시설·봉안시설·자연장지·장례식장을 말한다.

2. 적용배제

국가가 설치 · 운영하는 장사시설에 대하여는 이 법을 적용하지 아니한다. 다만, 국가가 설치 · 운영하는 자연장지에 대하여는 이 법이 적용된다.

3. 면적, 신고 · 허가 등

OX
1. 개인묘지는 20m²를 초과해서는 아니 된다. (×) 제27회
2. 가족묘지의 면적은 100m² 이하여야 한다. (○) 제24회
3. 가족묘지 1기 및 그 시설물의 총면적은 합장하는 경우 20m²까지 가능하다. (×) 제21회
4. 개인묘지나 가족묘지의 면적은 제한을 받지만, 분묘의 형태나 봉분의 높이는 제한을 받지 않는다. (×) 제35회

(1) 묘지 · 자연장지 및 분묘 등의 면적 등

묘지의 면적		자연장지의 면적	
개인묘지	30m² 이하	개인자연장지	100m² 미만
가족묘지	100m² 이하	가족자연장지	100m² 미만
문중묘지	1,000m² 이하	문중자연장지	2,000m² 이하
법인묘지	10만m² 이상	종교자연장지	4만m² 이하
		법인자연장지	5만m² 이상

① **공동묘지**(공설묘지, 가족묘지, 문중 · 종중묘지, 법인묘지) **안의 분묘 1기 및 상석 · 비석 등 시설물의 설치구역**: 10m²(합장 15m²) 초과금지

② **봉분**: 높이 1m 초과금지, 평분은 높이 50cm 초과금지

③ **봉안묘**: 높이 70cm 초과금지, 면적 2m² 초과금지

④ **법인묘지**: 폭 5m 이상의 도로와 그 도로로부터 각 분묘로 통하는 충분한 진출입로를 설치하고, 주차장을 마련하여야 한다.

⑤ **자연장의 방법**

㉠ 지면으로부터 30cm 이상의 깊이에 화장한 유골의 골분(骨粉)을 묻어야 한다.

㉡ 화장한 유골의 골분, 흙, 용기 외의 유품(遺品) 등을 함께 묻어서는 아니 된다.

OX
1. 개인묘지를 설치하려면 그 묘지를 설치하기 전에 해당 묘지를 관할하는 시장등에게 신고해야 한다. (×) 제35회
2. 문중자연장지를 조성하려는 자는 관할 시장 등의 허가를 받아야 한다. (×) 제24회
3. 시장 등은 묘지의 설치 · 관리를 목적으로 「민법」에 따라 설립된 재단법인에 한정하여 법인묘지의 설치 · 관리를 허가할 수 있다. (○) 제27회

(2) 각종 신고 및 허가

구 분	매장 · 화장 · 묘지	자연장지
① 사후신고(30일 내)	**매**장, **개**인묘지	**개**인자연장지
② 사전신고	**화**장, **개**장	**가**족, **문**중 · 종중자연장지
③ 사전허가	**가**족, **문**중 · 종중, **법**인묘지	**종**교단체, **법**인자연장지

※ 참고 「민법」상 **재단법인**에 한정하여 **법인묘지**의 설치 · 관리를 허가할 수 있다.

(3) 묘지설치 제한지역

개인묘지 · 가족묘지	종중 · 문중묘지, 법인묘지
① 도로, 철로, 하천구역: 200m 이상 ② 20호 이상 인가, 학교: 300m 이상	① 도로, 철로, 하천구역: 300m 이상 ② 20호 이상 인가, 학교: 500m 이상
① 「국토법」상 주거지역 · 상업지역 및 공업지역 ② 「국토법」상의 녹지지역 중 묘지 · 화장장, 납골시설의 설치가 제한되는 지역 ③ 상수원 보호구역(봉안시설 예외), 문화재보호구역, 수변구역, 접도구역	

4. 분묘의 설치기간

① 공설묘지 및 사설묘지에 설치된 분묘(합장 분묘인 경우에는 합장된 날을 기준)의 설치기간은 30년으로 한다.

② 설치기간이 지난 분묘의 연고자가 해당 설치기간의 연장을 신청하는 경우에는 **1회에 한하여** 그 설치기간을 30년으로 하여 연장하여야 한다.

③ 시 · 도지사 또는 시장 · 군수 · 구청장은 관할구역 안의 묘지의 수급을 위하여 필요하다고 인정되면 조례가 정하는 바에 따라 **5년 이상 30년 미만**의 기간 내에서 분묘 설치기간의 연장기간을 단축할 수 있다.

OX 분묘의 설치기간은 원칙적으로 30년이지만, 개인묘지의 경우에는 3회에 한하여 그 기간을 연장할 수 있다. (×) 제35회

5. 설치기간이 종료된 분묘의 처리

① 설치기간이 끝난 분묘의 연고자는 설치기간이 끝난 날부터 1년 이내에 해당 분묘에 설치된 시설물을 철거하고 매장된 유골을 화장하거나 봉안하여야 한다.

② 묘지의 설치자는 연고자가 철거 및 화장 · 봉안을 하지 아니한 경우 해당 분묘에 설치된 시설물을 철거하고 매장된 유골을 화장하여 일정 기간 봉안할 수 있다.

③ 묘지의 설치자는 이와 같은 조치를 하려면 미리 기간을 정하여 해당 분묘의 연고자에게 알려야 한다. 다만, 연고자를 알 수 없으면 그 뜻을 공고하여야 한다.

OX

1. 설치기간이 끝난 분묘의 연고자는 그 끝난 날부터 1개월 이내에 해당 분묘에 설치된 시설물을 철거하고 매장된 유골을 화장하거나 봉안해야 한다. (×) 제35회
2. 최종으로 연장받은 설치기간이 종료한 분묘의 연고자는 설치기간 만료 후 2년 내에 분묘에 설치된 시설물을 철거해야 한다. (×) 제21회

6. 타인의 토지 등에 설치된 분묘의 처리 등

① 토지소유자 · 묘지설치자 또는 연고자는 다음의 분묘에 대하여 관할 시장 · 군수 · 구청장의 허가를 받아 분묘에 매장된 시체 또는 유골을 개장할 수 있다.
㉠ 토지소유자의 승낙 없이 해당 토지에 설치한 분묘
㉡ 묘지설치자 또는 연고자의 승낙 없이 해당 묘지에 설치한 분묘

② 토지소유자 · 묘지설치자 또는 연고자가 개장을 하고자 하는 때에는 미리 3개월 이상의 기간을 정하여 그 뜻을 해당 분묘의 설치자 또는 연고자에게 통보하여야 한다. 다만, 해당 분묘의 연고자를 알 수 없는 경우에는 그 뜻을 공고하여야 한다.

7. 분묘 및 자연장 보존의 권리제한(「장사법」 시행 후 시효취득 불가)

① 토지소유자의 승낙 없이 해당 토지에 설치한 **분묘**와 묘지설치자 · 연고자의 승낙 없이 해당 묘지에 설치한 **분묘**의 연고자는 해당 토지소유자, 묘지 설치자 · 연고자에게 토지사용권이나 그 밖에 분묘의 보존을 위한 권리를 주장할 수 없다.

② 토지소유자 또는 자연장지 조성자의 승낙 없이 다른 사람 소유의 토지 또는 자연장지에 자연장을 한 자 또는 그 연고자는 해당 토지 소유자 또는 자연장지 조성자에 대하여 토지사용권이나 그 밖에 자연장의 보존을 위한 권리를 주장할 수 없다.

OX 토지소유자의 승낙 없이 타인 소유의 토지에 자연장을 한 자는 토지소유자에 대하여 시효취득을 이유로 자연장의 보존을 위한 권리를 주장할 수 없다. (○) 제21회

8. 묘지의 사전 매매 등의 금지

① 공설묘지를 설치 · 관리하는 시 · 도지사와 시장 · 군수 · 구청장 또는 사설묘지를 설치 · 관리하는 자는 매장될 자가 사망하기 전에는 묘지의 매매 · 양도 · 임대 · 사용계약 등을 할 수 없다.

② 다만, 70세 이상인 자가 사용하기 위하여 매매 등을 요청하는 경우 등 대통령령으로 정하는 경우에는 그러하지 아니하다.

04 확인 · 설명서의 작성

■ 확인 · 설명서 서식 비교

구 분	명 칭	세부사항	I	II	III	IV
기본 확인 사항	① **대**상물건의 표시	토 지: 소재지, 지목, 면적	○	○	○	○
		건축물: 전용면적, 대지지분, 준공년도 용도, 구조, 방향, 내진설계 적용 내진능력, 대장상 위반건축물 여부	○	○	×	
	② **권**리관계	등기부 기재사항: 소유권에 관한 사항 / 소유권 외의 권리사항	○	○	○	○
	③ 거래예정 **금**액 등	거래예정**금**액(중개완성 전)	○	○	○	○
		개별공시지가(중개완성 전)	○	○	○	×
		건물(주택)공시가격(중개완성 전)	○	○	×	×
	④ 조**세**(취득관련)	취득세 · 농특세 · 지방교육세(중개완성 전)	○	○	○	○
		❶ 재산세와 종부제는 6월 1일 기준 소유자가 납세의무 부담한다.				
	⑤ **공**법상 제한	지역 · 지구, 건폐율 상한 · 용적률 상한 도시 · 군계획시설, 지구단위계획구역 등	○	○	○	×
	⑥ 입**지**조건	도로, 접근성, 대중교통	○	○	○	×
		주차장	○	○	×	×
		교육시설 / 판매 및 의료시설(×)	○	×	×	×
	⑦ **관**리에 관한 사항	경비실(유 · 무) / 관리주체(자체 · 위탁)	○	○	×	×
		관리비(금액, 비목, 부과방식)	○	×	×	×
	⑧ **비**선호시설	1km 이내	○	×	○	×
	⑨ **임**대차 확인사항	확정일자 부여현황, 국세 · 지방세 체납정보 전입세대확인서, 최우선변제금	○	×	×	×
		민간임대등록 여부	○	○	×	×
		계약갱신요구권 행사 여부	○	○	×	×
세부 확인 사항	⑩ **현장**안내	현장안내자, 중개보조원 신분고지 여부	○	×	×	×
	⑪ **실**제권리관계 또는 공시되지 않은 물건의 권리사항		○	○	○	○
	⑫ **내**부 · 외부 시설물 상태	수도 · 전기 · 가스 · **소방**(I 서식: 단독경보형감지기, II서식: 소화전 · 비상벨) · 난방 · 승강기 · 배수 · 기타	○	○	×	×
	⑬ **벽**면 · 바닥면 도배상태	벽면, 바닥면	○	○	×	×
		도 배	○	×	×	×
	⑭ **환**경조건	일조량 · 소음 · 진동	○	×	×	×
⑮ 중개보**수** · 실비		금액과 산출내역, 부가세 별도부과 가능, 지급시기	○	○	○	○

확인 · 설명서 관련 주의사항

구분	내용
4가지 모든 서식에 공통적 기재사항	① **대**상물건의 표시 ② **권**리관계(등기부 기재사항) ③ 거래예정**금**액 ④ 조**세**(취득시 부담할 조세의 종류 및 세율) ⑤ **실**제 권리관계 또는 공시되지 않은 물건의 권리사항 ⑥ 중개보**수** 및 실비의 금액과 산출내역
주거용 건축물 확인설명서에만 기재하는 사항	① 임대차 확인사항(**확**정일자 부여현황 정보, 국세 및 지방세 체납정보, 전입세대 확인서, 최우선변제금) ② 입지조건 중 **교**육시설 ③ **도**배 ④ **환**경조건(일조 · 소음 · 진동)
기본 확인사항	① **대**상물건의 표시 ② **권**리관계(등기부 기재사항) ③ 거래예정**금**액 등 ④ 조**세**(취득시 부담할 조세의 종류 및 세율) ⑤ **공**법상 제한(토지이용계획 · 이용제한 · 거래규제) ⑥ 입**지**조건 ⑦ **관**리에 관한 사항 ⑧ **비**선호시설 ⑨ **임**대차 확인사항(확정일자, 체납정보, 전입세대, 최우선변제, 민간임대, 계약갱신)
세부 확인사항	① **현장**안내 ② **실**제 권리관계 등 ③ **내부** · 외부 시설물의 상태 ④ **벽**면 · 바닥면 · 도배 ⑤ **환**경조건
임대차 중개시 생략 · 제외 사항	① **공**법상 제한(토지이용계획 · 이용제한 · 거래규제) ② 개별**공**시지가 ③ 건물(주택) **공**시가격 ④ 조**세**(취득시 부담할 조세의 종류 및 세율)

■ 공인중개사법 시행규칙 [별지 제20호서식] 〈개정 2024. 7. 2.〉

(6쪽 중 제1쪽)

중개대상물 확인·설명서[Ⅰ] (주거용 건축물)

(주택 유형 : [ ] 단독주택 [ ] 공동주택 [ ] 주거용 오피스텔)

(거래 형태 : [ ] 매매·교환 [ ] 임대)

<table>
<tr><td rowspan="2">확인·설명 자료</td><td>확인·설명 근거자료 등</td><td>[ ] 등기권리증 [ ] 등기사항증명서 [ ] 토지대장 [ ] 건축물대장 [ ] 지적도
[ ] 임야도 [ ] 토지이용계획확인서 [ ] 확정일자 부여현황 [ ] 전입세대확인서
[ ] 국세납세증명서 [ ] 지방세납세증명서 [ ] 그 밖의 자료( )</td></tr>
<tr><td>대상물건의 상태에 관한 자료요구 사항</td><td></td></tr>
</table>

<table>
<tr><th colspan="2">유의사항</th></tr>
<tr><td>개업공인중개사의 확인·설명 의무</td><td>개업공인중개사는 중개대상물에 관한 권리를 취득하려는 중개의뢰인에게 성실·정확하게 설명하고, 토지대장 등본, 등기사항증명서 등 설명의 근거자료를 제시해야 합니다.</td></tr>
<tr><td>실제 거래가격 신고</td><td>「부동산 거래신고 등에 관한 법률」 제3조 및 같은 법 시행령 별표 1 제1호 마목에 따른 실제 거래가격은 매수인이 매수한 부동산을 양도하는 경우 「소득세법」 제97조 제1항 및 제7항과 같은 법 시행령 제163조 제11항 제2호에 따라 취득 당시의 실제 거래가액으로 보아 양도차익이 계산될 수 있음을 유의하시기 바랍니다.</td></tr>
</table>

Ⅰ. 개업공인중개사 기본 확인사항

<table>
<tr><td rowspan="11">① 대상물건의 표시</td><td rowspan="3">토지</td><td>소재지</td><td colspan="4"></td></tr>
<tr><td rowspan="2">면적(m^2)</td><td rowspan="2"></td><td rowspan="2">지목</td><td>공부상 지목</td><td></td></tr>
<tr><td>실제 이용 상태</td><td></td></tr>
<tr><td rowspan="8">건축물</td><td>전용면적(m^2)</td><td colspan="2"></td><td>대지지분(m^2)</td><td></td></tr>
<tr><td rowspan="2">준공년도
(증개축년도)</td><td rowspan="2"></td><td rowspan="2">용도</td><td>건축물대장상 용도</td><td></td></tr>
<tr><td>실제 용도</td><td></td></tr>
<tr><td>구조</td><td></td><td colspan="2">방향</td><td>(기준 :)</td></tr>
<tr><td>내진설계 적용 여부</td><td></td><td colspan="2">내진능력</td><td></td></tr>
<tr><td>건축물대장상 위반건축물 여부</td><td>[ ] 위반[ ] 적법</td><td>위반내용</td><td colspan="2"></td></tr>
</table>

<table>
<tr><td rowspan="3">② 권리관계</td><td rowspan="3">등기부 기재사항</td><td colspan="2">소유권에 관한 사항</td><td colspan="2">소유권 외의 권리사항</td></tr>
<tr><td>토지</td><td></td><td>토지</td><td></td></tr>
<tr><td>건축물</td><td></td><td>건축물</td><td></td></tr>
</table>

<table>
<tr><td rowspan="6">③ 토지이용계획, 공법상 이용 제한 및 거래 규제에 관한 사항 (토지)</td><td rowspan="3">지역·지구</td><td>용도지역</td><td colspan="2"></td><td>건폐율 상한</td><td>용적률 상한</td></tr>
<tr><td>용도지구</td><td colspan="2"></td><td rowspan="2">%</td><td rowspan="2">%</td></tr>
<tr><td>용도구역</td><td colspan="2"></td></tr>
<tr><td rowspan="2">도시·군계획 시설</td><td rowspan="2"></td><td>허가·신고 구역 여부</td><td colspan="3">[ ] 토지거래허가구역</td></tr>
<tr><td>투기지역 여부</td><td colspan="3">[ ] 토지투기지역 [ ] 주택투기지역 [ ] 투기과열지구</td></tr>
<tr><td colspan="2">지구단위계획구역, 그 밖의 도시·군관리계획</td><td></td><td>그 밖의 이용제한 및 거래규제사항</td><td colspan="2"></td></tr>
</table>

(6쪽 중 제2쪽)

④ 임대차 확인사항	확정일자 부여현황 정보	[ ] 임대인 자료 제출 [ ] 열람 동의		[ ] 임차인 권리 설명
	국세 및 지방세 체납정보	[ ] 임대인 자료 제출 [ ] 열람 동의		[ ] 임차인 권리 설명
	전입세대 확인서	[ ] 확인(확인서류 첨부) [ ] 미확인(열람 · 교부 신청방법 설명) [ ] 해당 없음		
	최우선변제금	소액임차인범위: 만원 이하 최우선변제금액: 만원 이하		
	민간 임대 등록 여부 / 등록	[ ] 장기일반민간임대주택 [ ] 공공지원민간임대주택 [ ] 그 밖의 유형( )		[ ] 임대보증금 보증 설명
		임대의무기간	임대개시일	
	미등록 [ ]			
	계약갱신 요구권 행사 여부	[ ] 확인(확인서류 첨부) [ ] 미확인 [ ] 해당 없음		

개업공인중개사가 "④ 임대차 확인사항"을 임대인 및 임차인에게 설명하였음을 확인함	임대인	(서명 또는 날인)
	임차인	(서명 또는 날인)
	개업공인중개사	(서명 또는 날인)
	개업공인중개사	(서명 또는 날인)

※ 민간임대주택의 임대사업자는 「민간임대주택에 관한 특별법」 제49조에 따라 임대보증금에 대한 보증에 가입해야 합니다.
※ 임차인은 주택도시보증공사(HUG) 등이 운영하는 전세보증금반환보증에 가입할 것을 권고합니다.
※ 임대차 계약 후 「부동산 거래신고 등에 관한 법률」 제6조의2에 따라 30일 이내 신고해야 합니다(신고시 확정일자 자동부여).
※ 최우선변제금은 근저당권 등 선순위 담보물권 설정 당시의 소액임차인범위 및 최우선변제금액을 기준으로 합니다.

⑤ 입지조건	도로와의 관계	(m × m)도로에 접함 [ ] 포장 [ ] 비포장	접근성 [ ] 용이함 [ ] 불편함
	대중교통	버스 ( ) 정류장, 소요시간: ([ ] 도보 [ ] 차량) 약 분	
		지하철 ( ) 역, 소요시간: ([ ] 도보 [ ] 차량) 약 분	
	주차장	[ ] 없음 [ ] 전용주차시설 [ ] 공동주차시설 [ ] 그 밖의 주차시설 ( )	
	교육시설	초등학교 ( ) 학교, 소요시간: ([ ] 도보 [ ] 차량) 약 분	
		중학교 ( ) 학교, 소요시간: ([ ] 도보 [ ] 차량) 약 분	
		고등학교 ( ) 학교, 소요시간: ([ ] 도보 [ ] 차량) 약 분	

⑥ 관리에 관한 사항	경비실	[ ] 있음 [ ] 없음	관리주체	[ ] 위탁관리 [ ] 자체관리 [ ] 그 밖의 유형
	관리비	관리비 금액: 총 원 관리비 포함 비목: [ ] 전기료 [ ] 수도료 [ ] 가스사용료 [ ] 난방비 [ ] 인터넷 사용료 [ ] TV 수신료 [ ] 그 밖의 비목( ) 관리비 부과방식: [ ] 임대인이 직접 부과 [ ] 관리규약에 따라 부과 [ ] 그 밖의 부과 방식( )		

⑦ 비선호시설(1km이내)	[ ] 없음 [ ] 있음 (종류 및 위치:)

⑧ 거래예정금액 등	거래예정금액			
	개별공시지가(m^2당)		건물(주택) 공시가격	

⑨ 취득시 부담할 조세의 종류 및 세율	취득세	%	농어촌특별세	%	지방교육세	%
	※ 재산세와 종합부동산세는 6월 1일 기준으로 대상물건 소유자가 납세의무를 부담합니다.					

(6쪽 중 제3쪽)

Ⅱ. 개업공인중개사 세부 확인사항

⑩ 실제 권리관계 또는 공시되지 않은 물건의 권리 사항

<table>
<tr><td rowspan="11">⑪ 내부・외부 시설물의 상태 (건축물)</td><td rowspan="2">수도</td><td>파손 여부</td><td colspan="3">[ ] 없음 [ ] 있음 (위치:)</td></tr>
<tr><td>용수량</td><td colspan="3">[ ] 정상 [ ] 부족함 (위치:)</td></tr>
<tr><td>전기</td><td>공급상태</td><td colspan="3">[ ] 정상 [ ] 교체 필요 (교체할 부분:)</td></tr>
<tr><td>가스(취사용)</td><td>공급방식</td><td colspan="3">[ ] 도시가스 [ ] 그 밖의 방식 ( )</td></tr>
<tr><td>소방</td><td>단독경보형 감지기</td><td colspan="2">[ ] 없음
[ ] 있음(수량: 개)</td><td>※「소방시설 설치 및 관리에 관한 법률」 제10조 및 같은 법 시행령 제10조에 따른 주택용 소방시설로서 아파트(주택으로 사용하는 층수가 5개 층 이상인 주택을 말한다)를 제외한 주택의 경우만 적습니다.</td></tr>
<tr><td rowspan="2">난방방식 및 연료공급</td><td>공급방식</td><td>[ ] 중앙공급
[ ] 개별공급
[ ] 지역난방</td><td>시설작동</td><td>[ ] 정상 [ ] 수선 필요 ( )
※ 개별 공급인 경우 사용연한 ( ) [ ] 확인불가</td></tr>
<tr><td>종류</td><td colspan="3">[ ] 도시가스 [ ] 기름 [ ] 프로판가스 [ ] 연탄
[ ] 그 밖의 종류 ( )</td></tr>
<tr><td>승강기</td><td colspan="4">[ ] 있음 ([ ] 양호 [ ] 불량) [ ] 없음</td></tr>
<tr><td>배수</td><td colspan="4">[ ] 정상 [ ] 수선 필요 ( )</td></tr>
<tr><td>그 밖의 시설물</td><td colspan="4"></td></tr>
</table>

<table>
<tr><td rowspan="4">⑫ 벽면・바닥면 및 도배 상태</td><td rowspan="2">벽면</td><td>균열</td><td>[ ] 없음 [ ] 있음 (위치:)</td></tr>
<tr><td>누수</td><td>[ ] 없음 [ ] 있음 (위치:)</td></tr>
<tr><td>바닥면</td><td colspan="2">[ ] 깨끗함 [ ] 보통임 [ ] 수리 필요 (위치:)</td></tr>
<tr><td>도배</td><td colspan="2">[ ] 깨끗함 [ ] 보통임 [ ] 도배 필요</td></tr>
</table>

<table>
<tr><td rowspan="2">⑬ 환경조건</td><td>일조량</td><td colspan="3">[ ] 풍부함 [ ] 보통임 [ ] 불충분 (이유:)</td></tr>
<tr><td>소음</td><td>[ ] 아주 작음 [ ] 보통임
[ ] 심한 편임</td><td>진동</td><td>[ ] 아주 작음 [ ] 보통임
[ ] 심한 편임</td></tr>
</table>

<table>
<tr><td>⑭ 현장안내</td><td>현장안내자</td><td>[ ] 개업공인중개사 [ ] 소속공인중개사 [ ] 중개보조원(신분고지 여부: [ ] 예 [ ] 아니오)
[ ] 해당 없음</td></tr>
</table>

※ "중개보조원"이란 공인중개사가 아닌 사람으로서 개업공인중개사에 소속되어 중개대상물에 대한 현장안내 및 일반서무 등 개업공인중개사의 중개업무와 관련된 단순한 업무를 보조하는 사람을 말합니다.

※ 중개보조원은 「공인중개사법」 제18조의4에 따라 현장안내 등 중개업무를 보조하는 경우 중개의뢰인에게 본인이 중개보조원이라는 사실을 미리 알려야 합니다.

(6쪽 중 제4쪽)

Ⅲ. 중개보수 등에 관한 사항

⑮ 중개보수 및 실비의 금액과 산출내역	중개보수		<산출내역> 중개보수 : 실　　비 : ※ 중개보수는 시 · 도 조례로 정한 요율한도에서 중개의뢰인과 개업공인중개사가 서로 협의하여 결정하며 부가가치세는 별도로 부과될 수 있습니다.
	실비		
	계		
	지급시기		

「공인중개사법」 제25조 제3항 및 제30조 제5항에 따라 거래당사자는 개업공인중개사로부터 위 중개대상물에 관한 확인 · 설명 및 손해배상책임의 보장에 관한 설명을 듣고, 같은 법 시행령 제21조 제3항에 따른 본 확인 · 설명서와 같은 법 시행령 제24조 제2항에 따른 손해배상책임 보장 증명서류(사본 또는 전자문서)를 수령합니다.

년　　월　　일

매도인 (임대인)	주소		성명	(서명 또는 날인)
	생년월일		전화번호	
매수인 (임차인)	주소		성명	(서명 또는 날인)
	생년월일		전화번호	
개업 공인중개사	등록번호		성명(대표자)	(서명 및 날인)
	사무소 명칭		소속공인중개사	(서명 및 날인)
	사무소 소재지		전화번호	
개업 공인중개사	등록번호		성명(대표자)	(서명 및 날인)
	사무소 명칭		소속공인중개사	(서명 및 날인)
	사무소 소재지		전화번호	

[확인 · 설명서 [I]서식(주거용 건축물) 작성방법]

〈작성일반〉

1. “[ ]”있는 항목은 해당하는 “[ ]”안에 √로 표시합니다.
2. 세부항목 작성시 해당 내용을 작성란에 모두 작성할 수 없는 경우에는 별지로 작성하여 첨부하고, 해당란에는 “별지 참고”라고 적습니다.

〈세부항목〉

1. 「확인 · 설명자료」 항목의 “확인 · 설명 근거자료 등”에는 개업공인중개사가 확인 · 설명 과정에서 제시한 자료를 적으며, “대상물건의 상태에 관한 자료요구 사항”에는 매도(임대)의뢰인에게 요구한 사항 및 그 관련 자료의 제출 여부와 ⑩ 실제 권리관계 또는 공시되지 않은 물건의 권리사항부터 ⑬ 환경조건까지의 항목을 확인하기 위한 자료의 요구 및 그 불응 여부를 적습니다.
2. ① 대상물건의 표시부터 ⑨ 취득시 부담할 조세의 종류 및 세율까지는 개업공인중개사가 확인한 사항을 적어야 합니다.
3. ① 대상물건의 표시는 토지대장 및 건축물대장 등을 확인하여 적고, 건축물의 방향은 주택의 경우 거실이나 안방 등 주실(主室)의 방향을, 그 밖의 건축물은 주된 출입구의 방향을 기준으로 남향, 북향 등 방향을 적고 방향의 기준이 불분명한 경우 기준(예 남동향 – 거실 앞 발코니 기준)을 표시하여 적습니다.
4. ② 권리관계의 “등기부 기재사항”은 등기사항증명서를 확인하여 적습니다.
   가. 대상물건에 신탁등기가 되어 있는 경우에는 수탁자 및 신탁물건(신탁원부 번호)임을 적고, 신탁원부 약정사항에 명시된 대상물건에 대한 임대차계약의 요건(수탁자 및 수익자의 동의 또는 승낙, 임대차계약 체결의 당사자, 그 밖의 요건 등)을 확인하여 그 요건에 따라 유효한 임대차계약을 체결할 수 있음을 설명(신탁원부 교부 또는 ⑩ 실제 권리관계 또는 공시되지 않은 물건의 권리사항에 주요 내용을 작성)해야 합니다.
   나. 대상물건에 공동담보가 설정되어 있는 경우에는 공동담보 목록 등을 확인하여 공동담보의 채권최고액 등 해당 중개물건의 권리관계를 명확히 적고 설명해야 합니다.
      ❶ 예를 들어, 다세대주택 건물 전체에 설정된 근저당권 현황을 확인 · 제시하지 않으면서, 계약대상 물건이 포함된 일부 호실의 공동담보 채권최고액이 마치 건물 전체에 설정된 근저당권의 채권최고액인 것처럼 중개의뢰인을 속이는 경우에는 「공인중개사법」 위반으로 형사처벌 대상이 될 수 있습니다.
5. ③ 토지이용계획, 공법상 이용제한 및 거래규제에 관한 사항(토지)의 “건폐율 상한 및 용적률 상한”은 시 · 군의 조례에 따라 적고, “도시 · 군계획시설”, “지구단위계획구역, 그 밖의 도시 · 군관리계획”은 개업공인중개사가 확인하여 적으며, “그 밖의 이용제한 및 거래규제사항”은 토지이용계획확인서의 내용을 확인하고, 공부에서 확인할 수 없는 사항은 부동산종합공부시스템 등에서 확인하여 적습니다(임대차의 경우에는 생략할 수 있습니다).

OX

1. 개업공인중개사 기본 확인사항은 개업공인중개사가 확인한 사항을 적어야 한다. (○) 제28회
2. 건축물의 내진설계 적용 여부와 내진능력은 개업공인중개사 기본 확인사항이다. (○) 제28회
3. 대상물건이 위반건축물인지 여부는 등기부등본을 확인하여 기재한다. (×) 제21회

6. ④ 임대차 확인사항은 다음 각 목의 구분에 따라 적습니다.

가. 「주택임대차보호법」 제3조의7에 따라 임대인이 확정일자 부여일, 차임 및 보증금 등 정보(확정일자 부여 현황 정보) 및 국세 및 지방세 납세증명서(국세 및 지방세 체납 정보)의 제출 또는 열람 동의로 갈음했는지 구분하여 표시하고, 「공인중개사법」 제25조의3에 따른 임차인의 권리에 관한 설명 여부를 표시합니다.

나. 임대인이 제출한 전입세대 확인서류가 있는 경우에는 확인에 √로 표시를 한 후 설명하고, 없는 경우에는 미확인에 √로 표시한 후 「주민등록법」 제29조의2에 따른 전입세대확인서의 열람 · 교부 방법에 대해 설명합니다(임대인이 거주하는 경우이거나 확정일자 부여현황을 통해 선순위의 모든 세대가 확인되는 경우 등에는'해당 없음'에 √로 표시합니다).

다. 최우선변제금은 「주택임대차보호법 시행령」 제10조(보증금 중 일정액의 범위 등) 및 제11조(우선변제를 받을 임차인의 범위)를 확인하여 각각 적되, 근저당권 등 선순위 담보물권이 설정되어 있는 경우 선순위 담보물권 설정 당시의 소액임차인범위 및 최우선변제금액을 기준으로 적어야 합니다.

라. "민간임대 등록여부"는 대상물건이 「민간임대주택에 관한 특별법」에 따라 등록된 민간임대주택인지 여부를 같은 법 제60조에 따른 임대주택정보체계에 접속하여 확인하거나 임대인에게 확인하여 "[ ]"안에 √로 표시하고, 민간임대주택인 경우 같은 법에 따른 권리 · 의무사항을 임대인 및 임차인에게 설명해야 합니다.

> ❶ 민간임대주택은 「민간임대주택에 관한 특별법」 제5조에 따른 임대사업자가 등록한 주택으로서, 임대인과 임차인 간 임대차계약(재계약 포함) 시에는 다음의 사항이 적용됩니다.
> - 「민간임대주택에 관한 특별법」 제44조에 따라 임대의무기간 중 임대료 증액청구는 5퍼센트의 범위에서 주거비 물가지수, 인근 지역의 임대료 변동률 등을 고려하여 같은 법 시행령으로 정하는 증액비율을 초과하여 청구할 수 없으며, 임대차계약 또는 임대료 증액이 있은 후 1년 이내에는 그 임대료를 증액할 수 없습니다.
> - 「민간임대주택에 관한 특별법」 제45조에 따라 임대사업자는 임차인이 의무를 위반하거나 임대차를 계속하기 어려운 경우 등에 해당하지 않으면 임대의무기간 동안 임차인과의 계약을 해제 · 해지하거나 재계약을 거절할 수 없습니다.

OX

1. 건폐율 상한 및 용적률 상한은 「주택법」에 따라 기재한다. (×) 제24회
2. 매매의 경우 "도시계획시설", "지구단위계획구역, 그 밖의 도시관리계획"은 개업공인중개사가 확인하여 기재한다. (○) 제21회
3. 거래예정금액은 중개가 완성되기 전 거래예정금액을 적는다. (○) 제28회
4. 취득시 부담할 조세의 종류 및 세율은 중개대상물 유형별 모든 서식에 공통적으로 기재할 사항으로 임대차의 경우에도 기재해야 한다. (×) 제25회
5. 실제권리관계 또는 공시되지 않은 물건의 권리 사항은 세부 확인사항이다. (○) 제29회

마. "계약갱신요구권 행사여부"는 대상물건이 「주택임대차보호법」의 적용을 받는 주택으로서 임차인이 있는 경우 매도인(임대인)으로부터 계약갱신요구권 행사 여부에 관한 사항을 확인할 수 있는 서류를 받으면 "확인"에 √로 표시하여 해당 서류를 첨부하고, 서류를 받지 못한 경우 "미확인"에 √로 표시하며, 임차인이 없는 경우에는 "해당 없음"에 √로 표시합니다. 이 경우 개업공인중개사는 「주택임대차보호법」에 따른 임대인과 임차인의 권리·의무사항을 매수인에게 설명해야 합니다.

7. ⑥ 관리비는 직전 1년간 월평균 관리비 등을 기초로 산출한 총 금액을 적되, 관리비에 포함되는 비목들에 대해서는 해당하는 곳에 √로 표시하며, 그 밖의 비목에 대해서는 √로 표시한 후 비목 내역을 적습니다. 관리비 부과방식은 해당하는 곳에 √로 표시하고, 그 밖의 부과방식을 선택한 경우에는 그 부과방식에 대해서 작성해야 합니다. 이 경우 세대별 사용량을 계량하여 부과하는 전기료, 수도료 등 비목은 실제 사용량에 따라 금액이 달라질 수 있고, 이에 따라 총 관리비가 변동될 수 있음을 설명해야 합니다.

8. ⑦ 비선호시설(1km 이내)의 "종류 및 위치"는 대상물건으로부터 1km 이내에 사회통념상 기피 시설인 화장장·봉안당·공동묘지·쓰레기처리장·쓰레기소각장·분뇨처리장·하수종말처리장 등의 시설이 있는 경우, 그 시설의 종류 및 위치를 적습니다.

9. ⑧ 거래예정금액 등의 "거래예정금액"은 중개가 완성되기 전 거래예정금액을, "개별공시지가(m^2당)" 및 "건물(주택)공시가격"은 중개가 완성되기 전 공시된 공시지가 또는 공시가격을 적습니다[임대차의 경우에는 "개별공시지가(m^2당)" 및 "건물(주택)공시가격"을 생략할 수 있습니다].

10. ⑨ 취득시 부담할 조세의 종류 및 세율은 중개가 완성되기 전 「지방세법」의 내용을 확인하여 적습니다(임대차의 경우에는 제외합니다).

11. ⑩ 실제 권리관계 또는 공시되지 않은 물건의 권리 사항은 매도(임대)의뢰인이 고지한 사항(법정지상권, 유치권, 「주택임대차보호법」에 따른 임대차, 토지에 부착된 조각물 및 정원수, 계약 전 소유권 변동 여부, 도로의 점용허가 여부 및 권리·의무 승계 대상 여부 등)을 적습니다. 「건축법 시행령」 별표 1 제2호에 따른 공동주택(기숙사는 제외합니다) 중 분양을 목적으로 건축되었으나 분양되지 않아 보존등기만 마쳐진 상태인 공동주택에 대해 임대차계약을 알선하는 경우에는 이를 임차인에게 설명해야 합니다.

❶ 임대차계약의 경우 현재 존속 중인 임대차의 임대보증금, 월 단위의 차임액, 계약기간 및 임대차 계약의 장기수선충당금의 처리 등을 확인하여 적습니다. 그 밖에 경매 및 공매 등의 특이사항이 있는 경우 이를 확인하여 적습니다.

OX

1. 벽면 및 도배상태는 매도(임대)의뢰인에게 자료를 요구하여 확인한 사항을 적는다. (○) 제28회
2. 아파트를 제외한 주택의 경우, 단독경보형감지기 설치 여부는 개업공인중개사 세부 확인사항이 아니다. (×) 제28회
3. 중개보수는 법령으로 정한 요율한도에서 중개의뢰인과 개업공인중개사가 협의하여 결정하며, 중개보수에는 부가가치세가 포함된 것으로 본다. (×) 제25회
4. 공동중개시 참여한 개업공인중개사(소속공인중개사 포함)는 모두 서명 및 날인해야 한다. (○) 제26회

12. ⑪ 내부 · 외부 시설물의 상태(건축물), ⑫ 벽면 · 바닥면 및 도배 상태와 ⑬ 환경조건은 중개대상물에 대해 개업공인중개사가 매도(임대)의뢰인에게 자료를 요구하여 확인한 사항을 적고, ⑪ 내부 · 외부 시설물의 상태(건축물)의 "그 밖의 시설물"은 가정자동화 시설(Home Automation 등 IT 관련 시설)의 설치 여부를 적습니다.
13. ⑮ 중개보수 및 실비는 개업공인중개사와 중개의뢰인이 협의하여 결정한 금액을 적되 "중개보수"는 거래예정금액을 기준으로 계산하고, "산출내역(중개보수)"은 "거래예정금액(임대차의 경우에는 임대보증금 + 월 단위의 차임액 × 100) × 중개보수 요율"과 같이 적습니다. 다만, 임대차로서 거래예정금액이 5천만원 미만인 경우에는 "임대보증금 + 월 단위의 차임액 × 70"을 거래예정금액으로 합니다.
14. 공동중개시 참여한 개업공인중개사(소속공인중개사를 포함합니다)는 모두 서명 · 날인해야 하며, 2명을 넘는 경우에는 별지로 작성하여 첨부합니다.

Chapter 02

거래계약 체결

1 당사자의 확인

매도인	소유자	등기사항증명서, 주민등록증(등기권리증, 인감증명서), 탐문 등으로 확인
	제한능력	제한능력의 조사확인 – 후견등기사항증명서 등으로 확인
	임의대리	위임장 + 인감증명서, 대리인의 주민증 확인, 의심나면 본인에 확인
	법정대리	가족관계등록부 등을 통하여 확인 ※참고 부부의 일상가사대리권 ⇨ 판례는 부동산거래는 일반적으로 일상가사대리권의 범위로 인정하지 않으므로 배우자의 대리권 수여 여부를 확인하여야 한다.
	공동소유	① 지분의 처분인지, 공동소유물의 처분인지 확인 ② 동의 필요한 경우 동의여부 확인
	상속재산	① 상속의 진정성 및 공동상속인 유무를 가족관계등록부로 확인 ② 공동상속일 경우 공동상속인 전원의 동의 확인
	법 인	법인등기사항증명서로 대표자 진정성, 처분권한 유무 확인, 주무관청의 허가 확인
매수인		① 매수인의 행위능력 ② 법인의 경우 ⇨ 법인격 유무, 대표자의 자격, 감독자의 승인 ③ 외국인인 경우 관할청의 허가 또는 신고 ④ 공동매수인 ⇨ 대금채무에 대하여 연대특약 유도(분할채무 원칙)

(1) 미성년자가 단독으로 할 수 있는 행위

① 성년의제된 미성년자의 행위

② 법정대리인이 범위를 정하여 처분을 허락한 재산의 처분행위

③ 법정대리인으로부터 허락을 얻은 특정 영업에 관한 행위

④ 대리행위

(2) 사술에 의한 취소권 배제

미성년자·피한정후견인이 상대방에게 자신을 능력자로 믿게 하거나 법정대리인의 동의가 있은 것처럼 사술을 쓴 경우와 피성년후견인이 자신을 능력자로 믿게 한 경우 제한능력자의 취소권이 배제된다.

(3) 후견인이 부동산 거래와 같은 중요한 법률행위를 대리하거나 동의권을 행사할 경우에는 친족회의 동의를 얻어야 한다.

2 계약서의 기재사항

구 분	내 용
(1) 당사자의 인적사항	① 당사자 전원 기재 ⇨ 주민등록증을 보고 기재 ② 법인, 대리인 등
(2) 물건의 표시	① 토지 ⇨ 소재지, 지목, 면적 건물 ⇨ 소재지, 구조, 면적, 층, 호수 ② 총면적 외에 실측에 의함과 단위면적당 거래대금 표시 ③ 환지는 종전토지와 환지예정지 모두 기재
(3) 물건의 인도일시	① 인도시기, 인도조건, 인도방법 명기 ② 물건인도와 등기이전시기 명기(잔금과 동시에 등기유도)
(4) 거래대금	① 거래대금: 총 매매대금과 계약금, 중도금, 잔금, 각 지급시기 ② 계약금: 해약금 추정(위약벌은 별도 손해배상청구가능) ③ 중도금: 교부시 원칙적 임의해제 불가(약정, 법정사유는 가능) ④ 잔금: 지급시 등기사항증명서 확인
(5) 권리이전내용	대부분 제목에 표시
(6) 기타 필수 기재사항	① 계약일 ② 조건이나 기한이 있는 때에는 조건이나 기한 ③ 확인 · 설명서 교부일자
(7) 그 밖의 약정내용	① 해제조항 ② 과실의 귀속 ③ 위험부담(채무자부담주의) ④ 담보책임(법정책임, 무과실 책임) ⑤ 조세공과금 등의 정산 ⑥ 매매비용 ⇨ 측량 · 감정평가비용, 계약서 작성비용, 공증비용, 중개보수 ⑦ 기타 ⇨ 손해배상 예정, 조건과 기한, 관할, 공정증서

판례

1. **매도인의 가압류등기 말소의무**
   가압류등기 등이 있는 부동산의 매매계약에 있어서는 매도인의 소유권이전등기 의무와 아울러 가압류등기의 말소의무도 매수인의 대금지급의무와 동시이행 관계에 있다고 할 것이다.
2. **잔금지급일 거래계약서 재작성시 개업공인중개사의 주의의무**
   개업공인중개사가 중개의뢰인의 요구에 따라 잔금지급일에 거래계약서를 재작성함에 있어 중개의뢰인의 확인 요청에 따라 그 시점에서의 제한물권 상황을 다시 기재하게 되었으면 중개대상물의 권리관계를 다시 확인하여 보거나 적어도 중개의뢰인에게 이를 확인하여 본 후 잔금을 지급하라고 주의를 환기시킬 의무가 있다.

3 계약 유형별 주의사항

부동산의 일부거래	범위를 한정
농지의 매매	농지취득자격증명
환지예정지 매매	① 종전의 토지소유자와 매매, 거래기준 – 환지 후 면적 ② 종전의 토지와 환지예정지 모두 표시
임대 중인 토지매매	임차권의 등기여부, 존속기간 확인
차지상 건물의 매매	① 임대인의 동의(토지 임차권) ② 임대인 동의 조건화 – 동의 불가시 해지조항 삽입
분양권의 전매	① 분양계약 ⇨ 매물접수 ⇨ 대출승계협의 ⇨ 매매계약 ⇨ 계약서검인 ⇨ 대출승계동의서발급 ⇨ 명의변경(시공사) ⇨ 대출승계 ⇨ 양도세 신고 ② 중도금 연체여부, 가압류 여부를 건축회사에 확인 ③ 대출승계시에는 매도인의 협력의무 명시 ④ 검인시에는 분양계약서, 전매계약서 모두를 검인기관에 제출
가등기, 가압류, 가처분이 설정된 부동산의 매매	① 말소 후 거래하는 것이 타당 ② 가압류, 담보가등기는 인수조건으로 거래 가능 ③ 가처분 등으로 인한 위험성 충분히 설명
저당권, 전세권 설정 부동산 매매	말소 후 거래하는 것이 바람직하나 매수인이 피담보채무를 인수하는 조건으로 거래 가능

판 례

1. **권리금의 성질**
   권리금이 임차인으로부터 임대인에게 지급된 경우에, 그 유형 · 무형의 재산적 가치의 양수 또는 약정기간 동안의 이용이 유효하게 이루어진 이상 임대인은 그 권리금의 반환의무를 지지 아니하며, 다만 임대인의 사정으로 중도 해지됨으로써 약정기간 동안의 그 재산적 가치를 이용케 해주지 못하였다는 등의 특별한 사정이 있을 때에만 임대인은 그 권리금 전부 또는 일부의 반환의무를 진다고 할 것이다.
2. **권리금반환청구권에 기한 유치권 행사**
   임대인과 임차인 사이에 건물명도시 권리금을 반환하기로 하는 약정이 있었다 하더라도 그와 같은 권리금반환청구권은 건물에 관하여 생긴 채권이라 할 수 없으므로 그와 같은 채권을 가지고 건물에 대한 유치권을 행사할 수 없다.

4 부동산거래 전자계약시스템

1. 도입취지

(1) 계약, 부동산거래신고, 등기, 세무 등 단절 운영되고 있는 부동산거래 과정을 일괄연계 처리하는 통합시스템을 구축하여 서류준비, 기관방문 등에 따른 과도한 시간과 비용을 절감하고, 계약서 위조 · 변조, 무자격 · 무등록업자에 의한 불법 중개행위를 방지함과 동시에 중개사고를 예방하고 안전한 부동산거래를 위하여 도입되었다. 이에 2017년 8월부터 전국으로 확대 시행되었다.

(2) 부동산거래 전자계약시스템(IRTS)을 통하여 거래한 경우 은행 대출금리가 우대되며, 등기비용을 절감할 수 있고, 중개보수를 신용카드로 결제할 수도 있다. 또한, 도장 없이 부동산거래신고 및 확정일자 부여가 자동적으로 처리되고, 계약서의 보관도 자동 처리된다.

(3) 부동산거래 전자계약시스템은 현재 한국부동산원이 국토교통부로부터 위탁을 받아 운영하고 있으며, 인터넷 주소는 https://irts.molit.go.kr이다(현재 한국공인중개사협회의 '한방' 부동산거래정보망과 연계).

2. 부동산거래 전자계약시스템 이용과정

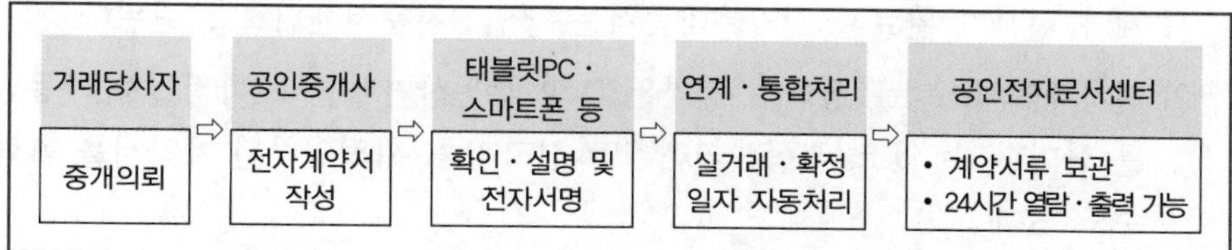

(1) 로그인

① 사용자는 부동산거래 전자계약시스템(https://irts.molit.go.kr) 접속 후 로그인한다.

② 개업공인중개사 및 법인사용자는 회원가입 이후 아이디와 비밀번호를 이용하거나 등록한 공인인증서를 이용하여 로그인한다. 거래당사자는 주민등록번호, 이름 입력 후 휴대폰 본인확인을 통해 로그인한다.

(2) 계약서 및 확인 · 설명서 작성

① 거래계약서의 작성은 개업공인중개사가 하며, 주거용 · 비주거용 등 부동산별 매매 · 임대차 등 거래유형에 따라 선택 후 작성한다. 부동산 정보의 입력은 연계정보를 활용하고 그 외 정보는 직접 입력한다. 거래금액의 합산 및 중개보수, 세액 등은 자동 처리된다.

② 또한, 계약서 작성 이후 중개대상물 확인 · 설명서를 부동산의 종류별 · 거래유형별로 선택하여 작성한다.

(3) 전자서명

① 개업공인중개사 및 법인사용자는 태블릿PC 등을 이용하여 계약내역을 확인하고 공인인증서를 이용한 전자서명을 진행한다(대리거래 불가).

② 거래당사자는 작성된 계약내용을 확인 후 서명란을 클릭하여 전자수기서명을 한다(휴대폰 본인 인증 필요, 거래당사자 수만큼 같은 방법 진행). 필요한 경우 개업공인중개사의 사진을 확인 후 서명 · 인증할 수 있다.

③ 매수자는 부동산거래 전자계약시스템에 등록되어 있는 등기에 필요한 법무대리인을 선택할 수 있다.

④ 개업공인중개사는 거래당사자의 신분증을 촬영할 수 있고, 거래당사자의 지문인식을 할 수도 있다.

⑤ 개업공인중개사는 거래당사자 서명이 완료되면 저장버튼을 이용하여 거래계약서를 저장한다.

OX 부동산 거래계약의 신고를 하는 경우 전자인증의 방법으로 신분을 증명할 수 없다. (×) 제30회

OX

1. 개업공인중개사가 부동산거래계약시스템을 통하여 부동산거래계약을 체결한 경우 부동산거래계약이 체결된 때에 부동산거래계약 신고서를 제출한 것으로 본다. (○) 제30회
2. 정보처리시스템을 이용하여 주택임대차계약을 체결하였더라도 해당 주택의 임차인은 정보처리시스템을 통하여 전자계약증서에 확정일자 부여를 신청할 수 없다. (×) 제30회
3. 거래계약서 작성시 확인 · 설명사항이 전자문서 및 전자거래기본법에 따른 공인전자문서센터에 보관된 경우라도 개업공인중개사는 확인 · 설명사항을 서면으로 작성하여 보존하여야 한다. (×) 제30회

(4) 계약서 보관, 부동산거래신고 등

① 계약 성사가 완료된 전자계약문서는 공인전자문서센터로 보관된다.

② 전자계약시스템을 통하여 계약완료 및 부동산거래신고, 확정일자 자동신고를 확인할 수 있고, 부동산거래계약 신고필증, 확정일자된 계약서를 출력할 수도 있다.

(5) 전자계약시스템 관련 주의사항

① 개업공인중개사는 전자계약시스템에 회원가입을 하여야 이용할 수 있고, 공인인증서도 등록하여야 한다.

② 소속공인중개사도 전자계약시스템에 회원가입을 하여 공인인증서를 발급받으면 전자계약서를 작성할 수 있다.

③ 전자계약시스템은 태블릿PC 및 스마트폰을 활용하여 대면 또는 비대면 방식으로 전자계약을 체결할 수 있다.

④ 전자계약시스템을 통하여 거래계약을 체결한 경우에는 거래계약이 체결된 때에 부동산거래계약신고서를 제출한 것으로 본다.

⑤ 전자계약시스템을 통하여 거래계약 해제등을 한 경우에는 거래계약 해제등이 이루어진 때에 부동산거래계약 해제등 신고서를 제출한 것으로 본다.

⑥ 개업공인중개사의 최종 전자서명이 완료된 후에는 계약내용의 수정을 해당 계약서에 직접 할 수 없고, 해제 후 계약서를 재작성하여야 한다.

⑦ 전자계약시스템은 국토정보시스템을 통해 계약에 필요한 토지 · 건축물 · 토지이용계획 정보를 자동으로 계약서에 반영한다.

⑧ 임대차계약서를 전자계약서로 작성하여 타임스탬프가 되면 확정일자가 자동 부여된다.

⑨ 거래계약서가 전자문서센터에 보관되므로 보존의무가 면제된다.

⑩ 주택임대차신고서를 제출한 것으로 간주된다.

Chapter 03

개별적 중개실무

01 부동산등기 특별조치법 관련실무

1 등기신청의무

소유권이전등기 신청 의무	① 쌍무계약(매매): 반대급부 이행완료 날로부터 60일 이내 ② 편무계약(증여): 계약효력이 발생한 날로부터 60일 이내
소유권보존등기 신청 의무	① 미보존등기부동산 이전계약: 계약체결일로부터 60일 이내 ② 소유권보존등기를 신청할 수 있게 된 날로부터 60일 이내
위반시 제재	취득세 표준세율(4%)에서 20/1000을 뺀 세율을 적용하여 산출한 세액의 5배 이하에 상당하는 과태료(등기권리자가 대상)

2 계약서의 검인제도

(1) **검인대상**: 부동산에 대한 계약을 원인으로 한 소유권이전등기 신청시 원인서면

검인대상(○)	검인대상(×)
① 토지 · 건축물	① 입목, 광업재단, 공장재단
② 매매, 교환, 증여	② 계약당사자 중 일방이 국가, 지방자치단체
③ 판결서(동일효력 조서)	③ 보존등기 · 가등기
④ 분양권 전매	④ 상속, 공용수용, 경매, 압류부동산공매
⑤ 명의신탁해지약정서	⑤ 저당권 · 전세권 · 임대차계약서
⑥ 공유물분할계약서	⑥ 토지거래허가증, 부동산거래 신고필증 교부시

(2) **신청관할**

① 부동산 소재지 관할 시 · 군 · 구청장 또는 그 위임을 받은 자(읍 · 면 · 동장)

※ 참고 읍 · 면 · 동장에게 위임한 경우 등기소장에 지체 없이 통지

② 2개 이상의 시 · 군 · 구에 있는 수 개의 부동산 ⇨ 그중 1개의 시 · 군 · 구에 신청 가능

(3) **신청인**: 당사자 중 1인, 그 위임을 받은 자, 개업공인중개사, 법무사, 변호사

OX

1. 증여계약을 원인으로 소유권이전등기를 하려면 계약서에 검인을 받아야 한다. (○) 제18회
2. 토지의 매수인이 매수대금의 지급을 위하여 해당 토지에 저당권을 설정하는 경우 저당권설정계약서도 검인의 대상이 된다. (×) 제24회
3. 부동산거래 신고필증을 교부받아도 계약서에 검인을 받지 않는 한 소유권이전등기를 신청할 수 없다. (×) 제24회

OX 검인신청을 받은 부동산의 소재지 관할청이 검인할 때에는 계약서 내용의 진정성을 확인해야 한다. (×) 제24회

(4) 필요적 기재사항

① **당**사자

② **목**적부동산

③ **계**약연월일

④ **대**금 및 그 지급일자 등 지급에 관한 사항 또는 평가액 및 차액 정산사항

⑤ 개업공인**중**개사가 있을 때는 개업공인중개사

⑥ 계약의 **조**건이나 기한이 있을 때는 그 조건 또는 기한

(5) 절 차

① 원본 또는 정본 + 사본 2통(둘 이상의 시 · 군 · 구에 있는 수개 부동산 ⇨ 시 · 군 · 구의 수에 1을 더한 통수의 사본)

② 형식적 요건 심사 ⇨ 지체 없이 교부(검인인 취지, 검인번호, 연월일, 시장 등)

③ 관할청은 1통 보관 후 1통은 소재지 관할 세무서장에 송부

(6) 전매시 검인신청

다시 제3자와 소유권이전내용 계약, 지위이전계약을 체결하고자 할 때는 먼저 체결된 계약서에 검인을 받아야 한다.

(7) 벌 칙

① **조세포탈목적 등 미등기전매**: 3년 이하의 징역 또는 1억원 이하의 벌금

② **검인신청 × 미등기전매**: 1년 이하의 징역 또는 3천만원 이하의 벌금

판례

검인계약서의 추정력

매매당사자들이 작성하여 시장, 군수 등의 검인을 받은 검인계약서는 특별한 사정이 없는 한 당사자 사이의 매매계약 내용대로 작성되었다고 추정되고, 그 계약서가 실제와 달리 작성되었다는 점은 주장자가 입증하여야 한다(대판 93누2353).

02 부동산 실권리자명의 등기에 관한 법률 관련실무

1 실권리자명의 등기의무

(1) 실권리자명의 등기의무(약정 및 등기 금지의무)

누구든지 부동산에 관한 물권을 명의신탁약정에 의하여 명의수탁자의 명의로 등기하여서는 아니 된다. 즉, 부동산물권을 실권리자 자신의 명의로 등기하여야 한다.

(2) 금지의 대상

이 법에 의해 금지되는 명의신탁약정의 대상이 되는 부동산에 관한 '물권'은 소유권에 한하지 않고 전세권 · 저당권 등 그 밖의 물권을 포함하며, 임차권 등 채권은 포함되지 않는다. 또한 이 법에 의해 금지되는 '등기'에는 타인명의의 이전등기뿐만 아니라 보존등기, 가등기도 포함된다.

2 명의신탁약정

(1) 명의신탁약정의 의의

명의신탁약정이란 부동산에 관한 소유권 기타 물권을 보유한 자 또는 사실상 취득하거나 취득하려고 하는 자(실권리자)가 타인과의 사이에서 대내적으로는 실권리자가 부동산에 관한 물권을 보유하거나 보유하기로 하고, 그에 관한 등기(가등기 포함)는 그 타인의 명의로 하기로 하는 약정을 말한다.

(2) 명의신탁약정의 효력

① 명의신탁약정에 따라 행하여진 등기에 의한 부동산에 관한 물권변동은 무효로 한다. 다만, 부동산에 관한 물권을 취득하기 위한 계약에서 명의수탁자가 그 일방당사자가 되고 그 타방당사자는 명의신탁약정이 있다는 사실을 알지 못한 경우에는 그러하지 아니하다.

② 명의신탁약정 및 그에 따른 등기의 무효는 제3자에게 대항하지 못한다. 즉, 명의신탁약정 사실에 대하여 제3자가 선의이든 악의이든 관계없이 명의수탁자와 제3자 사이의 계약은 완전히 유효하게 성립하고, 명의신탁자 · 명의수탁자에 대하여 자신의 물권을 주장할 수 있다. 다만, 명의수탁자로부터 신탁재산을 매수한 제3자가 명의수탁자의 배임행위에 적극 가담한 경우에는 명의수탁자로 제3자 사이의 계약은 반사회적 법률행위로서 무효가 된다(판례).

③ 명의수탁자의 점유는 권원의 객관적 성질상 타주점유에 해당하므로 명의수탁자 또는 그 상속인은 소유권을 점유시효취득할 수 없다(판례).

(3) **명의신탁약정에서 제외되는 경우**

① **양도담보 · 가등기담보**: 채무의 변제를 담보하기 위하여 채권자가 부동산에 관한 물권을 이전받거나 가등기하는 경우

② **상호명의신탁**: 부동산의 위치와 면적을 특정하여 2인 이상이 구분소유하기로 하는 약정을 하고 그 구분소유자의 공유로 등기하는 경우

③ 「신탁법」 또는 「자본시장과 금융투자업에 관한 법률」에 의한 신탁재산인 사실을 등기한 경우

OX
1. 명의수탁자로부터 신탁재산을 매수한 제3자가 명의수탁자의 배임행위에 적극적으로 가담한 경우, 대외적으로 명의수탁자와 제3자 사이의 매매계약은 유효하다. (×) 제18회
2. 명의수탁자의 점유는 권원의 객관적 성질상 타주점유에 해당하므로, 명의수탁자 또는 그 상속인은 소유권을 점유시효취득할 수 없다. (○) 제18회

OX 부동산의 위치와 면적을 특정하여 2인 이상이 구분소유하기로 하는 약정을 하고 그 구분소유자의 공유로 등기한 경우, 그 등기는 「부동산 실권리자명의 등기에 관한 법률」 위반으로 무효이다. (×) 제33회

3 종중 및 배우자 · 종교단체에 대한 특례

다음에 해당하는 경우로서 조세포탈이나 강제집행의 면탈 또는 법령상 제한의 회피를 목적으로 하지 아니하는 때에는 특례를 인정하여 명의신탁약정의 효력 · 과징금 · 이행강제금 · 벌칙 등의 규정을 적용하지 아니한다. 따라서 특례가 인정되는 경우에는 명의신탁약정이 유효가 되고, 과징금 · 이행강제금 · 벌칙을 받지 않는다.

① 종중이 보유한 부동산에 관한 물권을 종중(종중과 그 대표자를 같이 표시하여 등기한 경우를 포함) 외의 자의 명의로 등기한 경우

② 배우자 명의로 부동산에 관한 물권을 등기한 경우

③ 종교단체의 명의로 그 산하 조직이 보유한 부동산에 관한 물권을 등기한 경우

OX
1. 배우자 명의로 부동산에 관한 물권을 등기한 경우로서 조세포탈, 강제집행의 면탈 또는 법령상 제한의 회피를 목적으로 하지 않는 명의신탁은 유효하다. (○) 제18회, 제33회
2. 유효한 명의신탁의 경우 명의신탁자는 명의신탁계약을 해지하고 명의수탁자에게 신탁재산의 반환을 청구할 수 있다. (○) 제18회
3. 종교단체의 명의로 그 산하조직이 보유한 부동산에 관한 물권을 등기한 경우, 그 등기는 언제나 무효이다. (×) 제25회

4 명의신탁약정의 유형

유형	내용
2자간 명의신탁 (이전형 명의신탁)	① 신탁자와 수탁자 간 약정과 이전등기는 무효 ② 소유권은 명의신탁자에게 귀속 ③ 수탁자의 처분 ⇨ 횡령죄(×)
3자간 명의신탁 (중간생략형 명의신탁)	① 신탁자와 수탁자 간 약정과 이전등기는 무효 ② 소유권은 원소유자(매도인)에게 귀속 ③ 신탁자는 이전등기 말소 후 이전등기 가능 ④ 수탁자의 처분 ⇨ 횡령죄(×)

계약명의신탁 (위임형 명의신탁)	① 신탁자와 수탁자 사이의 약정은 무효 ② 매도인과 수탁자 간 매매계약과 등기는 유효 ③ 소유권은 명의수탁자에게 귀속 ④ 신탁자 ⇨ 과징금(○), 이행강제금(×) ⑤ 신탁자는 매수자금을 부당이득으로 반환청구 ⑥ 수탁자가 제3자에게 처분 ⇨ 횡령죄(×)

- 신탁자는 제3자에게 대항(×)
- 제3자는 선·악 불문 ⇨ 권리취득

판 례

1. 제3자의 배신행위 가담시 부동산취득 여부

일반적으로 명의수탁자는 신탁재산을 유효하게 제3자에게 처분할 수 있고 제3자가 명의신탁사실을 알았다 하여도 그의 소유권취득에 영향이 없는 것이기는 하지만, 특별한 사정이 있는 경우, 즉 명의수탁자로부터 신탁재산을 매수한 제3자가 명의수탁자의 명의신탁자에 대한 배신행위에 적극 가담한 경우에는 명의수탁자와 제3자 사이의 계약은 반사회적인 법률행위로서 무효라고 할 것이고, 따라서 명의수탁 받은 부동산에 관한 명의수탁자와 제3자 사이의 매매계약은 무효로 보아야 할 것이다(대판 91다29842).

2. 명의신탁약정이 없는 제3자 명의의 등기의 효력

소유자인 甲으로부터 부동산을 명의신탁해 달라는 부탁을 받은 피고인이 乙 몰래 乙 명의로 위 부동산에 관한 소유권이전등기를 경료한 경우, 乙 명의의 소유권이전등기는 아무런 원인관계 없이 제3자의 명의로 이루어진 등기로서 '명의신탁약정'에 의하여 '명의수탁자'의 명의로 이루어진 등기가 아니므로 「부동산 실권리자명의 등기에 관한 법률」 위반죄를 구성하지 않는다(대판 2007도4663).

3. 명의신탁 목적물을 신탁자의 자금으로 취득해야 하는지 여부

명의신탁 관계는 당사자 사이의 내부관계에서는 신탁자가 소유권을 보유하되 외부관계에서는 수탁자가 완전한 소유자로서 행세하기로 약정함으로써 성립하는 것이지 명의신탁 목적물이 반드시 신탁자의 자금으로 취득되어야만 성립하는 것은 아니라고 할 것이다(대판 2007다69148·69155).

4. 중간생략형 명의신탁에 있어서 횡령죄 성립 여부

이른바 중간생략등기형 명의신탁을 한 경우, 명의신탁자는 신탁부동산의 소유권을 가지지 아니하고, 명의신탁자와 명의수탁자 사이에 위탁신임관계를 인정할 수도 없다. 따라서 명의수탁자가 명의신탁자의 재물을 보관하는 자라고 할 수 없으므로, 명의수탁자가 신탁받은 부동산을 임의로 처분하여도 명의신탁자에 대한 횡령죄가 성립하지 아니한다(대판 2014도6992).

OX

1. 3자간 등기명의신탁이 무효인 경우 명의신탁자는 매도인을 대위하여 명의수탁자 명의의 등기의 말소를 청구할 수 있다. (○) 제33회
2. 3자간 등기명의신탁의 경우 신탁자는 수탁자를 상대로 매매대금 상당의 부당이득 반환청구권을 행사할 수 있다. (×) 제32회
3. 3자간 등기명의신탁의 경우 수탁자가 부동산을 제3자에게 처분한 경우 수탁자는 신탁자와의 관계에서 횡령죄가 성립하지 않는다. (○) 제30회
4. 계약명의신탁에 있어서 신탁자와 수탁자 사이의 명의신탁약정은 매도인의 선의·악의를 묻지 아니하고 무효이다. (○) 제31회
5. 계약명의신탁에 있어서 매도인이 수탁자에게 소유권이전등기를 할 때 비로소 명의신탁약정 사실을 알게 된 경우 해당 토지의 소유자는 매도인이다. (×) 제31회

5. 명의신탁에 의한 경락부동산의 소유권자

부동산 경매절차에서 대금을 부담하는 자가 타인의 명의로 경락허가결정을 받기로 약정하여 그에 따라 경락이 이루어진 경우 그 경매절차에서 경락인의 지위에 서게 되는 사람은 어디까지나 그 명의인이므로 경매부동산의 소유권은 경락대금을 실질적으로 부담한 자가 누구인지와 상관없이 대외적으로는 물론 대내적으로도 그 명의인이 취득한다(대판 2000다7011, 7028).

6. 계약명의신탁의 경우 부당이득

명의신탁약정이 이 법 시행 후에 있었던 경우에는 명의신탁자는 애초부터 해당 부동산의 소유권을 취득할 수 없었으므로 위 명의신탁약정의 무효로 인하여 명의신탁자가 입은 손해는 해당 부동산 자체가 아니라 명의수탁자에게 제공한 매수자금이라 할 것이므로 명의수탁자는 해당 부동산 자체가 아니라 명의신탁자로부터 제공받은 매수자금을 부당이득 하였다고 할 것이다(대판 2000다21123).

5 장기미등기자

소유권을 취득한 후 등기할 수 있는 날로부터 3년이 지나도록 소유권이전등기를 신청하지 아니한 등기권리자를 말하며, 장기미등기자는 명의신탁자와 동일한 제재를 받는다.

6 위반에 대한 제재

과징금	• **신**탁자 • **장**기미등기자	① 부동산평가액의 100분의 30에 해당하는 금액의 범위 안에서 부과한다. ② 과징금을 부과할 것인지 여부는 기속행위 ③ 부과권자: 해당 부동산의 소재지를 관할하는 특별자치도지사 · 특별자치시장 · 시 · 군 · 구청장
이행 강제금	• **신**탁자 • **장**기미등기자	① 1차: 과징금 부과일부터 1년 경과(평가액의 10%) ② 2차 ⇨ 다시 1년 경과(부동산평가액의 20%)
벌 칙	• **신**탁자 • 장기미등기자	5년 이하의 징역 또는 2억원 이하의 벌금사유
	• 수탁자	3년 이하의 징역 또는 1억원 이하의 벌금사유

OX

1. 위법한 명의신탁의 신탁자라도 이미 실명등기를 하였을 경우에는 과징금을 부과하지 않는다. (×) 제25회
2. 무효인 명의신탁약정에 따라 수탁자명의로 등기한 명의신탁자에게 해당 부동산 가액의 100분의 30에 해당하는 확정금액의 과징금을 부과한다. (×) 제25회
3. 명의신탁을 이유로 과징금을 부과받은 자에게 과징금 부과일부터 부동산평가액의 100분의 20에 해당하는 금액을 매년 이행강제금으로 부과한다. (×) 제25회
4. 위법한 명의신탁약정에 따라 수탁자명의로 등기한 명의신탁자는 5년 이하의 징역 또는 2억원 이하의 벌금에 처한다. (○) 제25회

03 주택임대차보호법 관련실무

1 적용범위

(1) **주거용 건물**: 주거용 건물, 즉 주택의 임대차에 관하여 적용된다.

① 주거용 건물과 비주거용 건물의 구분은 등기기록이나 건축물대장 등 공부에 의하여 형식적으로 판단할 것이 아니라 건물의 현황, 실제용도 등을 보아 사실상 주거용 건물로 쓰이는가의 여부에 의하여 실질적으로 판단하여야 한다.

② 주거용 건물인지 여부의 판정시기는 임대차계약 당시라고 보아야 한다. 임대차계약 체결 당시에 주거용 건물이면 적용되므로 점포 및 사무실로 사용되던 건물에 근저당권이 설정된 후 그 건물이 주거용 건물로 용도변경된 경우 이를 임차한 소액임차인은 특별한 사정이 없는 한 보증금 중 일정액을 근저당권자보다 우선하여 변제받을 권리가 있다.

(2) **겸용 건물**: 임차주택의 일부가 주거 외의 목적으로 사용되는 경우에도 적용된다.

(3) **미등기전세**: 주거용 건물(주택)의 등기하지 아니한 전세계약에도 준용된다.

(4) **인적 적용 범위**

① **외국인**: 외국인도 「주택임대차보호법」의 적용을 받을 수 있다. 즉, 외국인 또는 외국국적 동포가 구 「출입국관리법」이나 「재외동포의 출입국과 법적 지위에 관한 법률」에 따라 외국인등록이나 체류지 변경신고 또는 국내 거소신고나 거소이전신고를 한 경우, 대항력 취득요건으로 규정하고 있는 주민등록과 동일한 효력이 있기에 주택의 인도와 실제 거주를 하는 경우라면 대항요건을 갖추었다 할 수 있다.

② **법인**: 법인이 임차인인 경우는 원칙적으로 적용되지 않는다. 따라서 법인이 주택을 임차하면서 그 소속 직원 명의로 주민등록을 하고 확정일자를 구비한 경우 우선변제권이 인정되지 않는다. 다만, 다음의 법인이 일정한 요건을 갖춘 경우에는 이 법에 의한 보호를 받을 수 있다.

㉠ 한국토지주택공사 또는 지방공사인 법인: 주택도시기금을 재원으로 하여 저소득층의 무주택자에게 주거생활 안정을 목적으로 전세임대주택을 지원하는 법인(한국토지주택공사 또는 지방공사)이 주택을 임차한 후 지방자치단체의 장 또는 그 법인이 선정한 입주자가 그 주택에 관하여 인도와 주민등록을 마쳤을 때에는 대항력을 인정하고, 임대차계약서상에 확정일자를 갖춘 경우에는 우선변제권을 인정한다. 다만, 최우선변제권은 인정되지 않는다.

OX

1. 임차인이 임차주택의 일부를 주거 외의 목적으로 사용하면 「주택임대차보호법」이 적용되지 않는다. (×) 제28회, 제33회
2. 주택의 등기를 하지 아니한 전세계약에 관하여는 「주택임대차보호법」을 준용한다. (○) 제23회, 제29회

OX

1. 자연인인 임차인에 한하여 「주택임대차보호법」에 의한 보호를 받는다. (×) 제19회
2. 주식회사인 대기업 법인이 주택을 임차하면서 그 소속직원의 명의로 주민등록을 하고 확정일자를 구비한 경우에도 「주택임대차보호법」이 적용된다. (×) 제22회
3. 「지방공기업법」에 따라 주택사업을 목적으로 설립된 지방공사는 「주택임대차보호법」상 대항력이 인정되는 법인이 아니다. (×) 제26회

ⓛ 중소기업법인 : 「중소기업기본법」에 따른 중소기업에 해당하는 법인이 소속직원의 주거용으로 주택을 임차한 후 그 법인이 선정한 직원이 해당 주택을 인도받고 주민등록을 마치면 그 다음 날부터 대항력을 취득하고, 확정일자를 받은 경우에는 우선변제권을 취득한다. 임대차가 끝나기 전에 그 직원이 변경된 경우 그 법인이 선정한 새로운 직원이 주택을 인도받고 주민등록을 마치면 제3자에 대하여 효력이 생긴다. 다만, 최우선변제권은 인정되지 않는다.

(5) 임대인이 주택의 소유자가 아닌 경우

① 「주택임대차보호법」이 적용되는 임대차로서는 반드시 주택의 소유자인 임대인과 임차인 사이에 임대차계약이 체결된 경우에 한정된다고 할 수는 없고, 주택의 소유자는 아니지만 주택에 관하여 적법하게 임대차계약을 체결할 수 있는 권한을 가진 임대인과 임대차계약이 체결된 경우도 포함된다.

② 따라서 아파트 수분양자가 분양자로부터 열쇠를 교부받아 임차인을 입주케 하고 임차인이 대항력을 갖춘 후, 수분양자가 분양계약상 아파트 입주를 위하여 요구되는 의무를 다하지 못하여 분양계약이 해제되어 수분양자가 주택의 소유권을 취득하지 못한 사안에서, 임차인은 아파트 소유자인 분양자에 대하여 임차권으로 대항할 수 있다.

(6) 기 타

① **일시사용 임대차** : 주거용 건물의 임대차일지라도 일시사용을 위한 임대차임이 명백한 경우에는 적용되지 않는다. 일시사용을 위한 임대차인지의 여부는 임대차의 목적, 동기, 기간의 장단, 그 밖의 여러 사정을 종합해서 판단해야 할 것이다. 일시사용을 위한 임대차에 대한 주장 · 입증책임은 임대인에게 있다.

② **사용대차 등** : 사용대차, 콘도, 불법으로 개조한 주거용 건물 등에는 적용되지 않는다.

③ **전세권** : 물권인 전세권에는 「주택임대차보호법」이 적용되지 않는다. 따라서 임차인이 그 지위를 강화하고자 별도로 전세권설정등기를 마친 후 「주택임대차보호법」상 대항요건을 상실하면 이미 취득한 「주택임대차보호법」상의 대항력 및 우선변제권을 상실한다.

OX

1. 일시사용을 위한 임대차임이 명백한 경우에도 「주택임대차보호법」이 적용된다. (×) 제19회
2. 주택임차인이 그 지위를 강화하고자 별도로 전세권설정등기를 마쳤더라도 「주택임대차보호법」상 대항요건을 상실하면 이미 취득한 「주택임대차보호법」상 대항력 및 우선변제권을 상실한다. (○) 제26회
3. 임차인이 별도로 전세권설정등기를 마쳤다면 세대원 전원이 다른 곳으로 이사를 가더라도 이미 취득한 「주택임대차보호법」상 대항력은 유지된다. (×) 제22회

2 존속기간의 보장

(1) 임대차의 존속기간

① **최단기간**: 기간을 정하지 아니하거나 2년 미만으로 정한 임대차는 그 기간을 **2년으로 본다**. 다만, 임차인은 2년 미만으로 정한 기간이 유효함을 주장할 수 있다. 따라서 2년 미만으로 정한 임대차계약도 유효하게 성립할 수 있다. 다만, 임차인만이 2년 미만으로 정한 기간이 유효함을 주장할 수 있고, 임대인은 이를 주장할 수 없다.

② **임대차의 지속**: 임대차가 종료한 경우에도 임차인이 보증금을 반환받을 때까지는 임대차관계가 존속되는 것으로 본다.

OX
1. 당사자의 합의로 임대차계약기간을 1년으로 정한 경우에 임차인은 그 기간이 유효함을 주장할 수 있다. (○) 제23회
2. 임대차기간이 종료한 경우에도 임차인이 보증금을 돌려받을 때까지는 임대차관계는 존속하는 것으로 본다. (○) 제20회

(2) **법정갱신**(묵시적 갱신)

① **법정갱신**

㉠ **임대인**이 임대차기간이 끝나기 **6개월** 전부터 **2개월** 전까지의 기간에 임차인에게 갱신거절의 통지를 하지 아니하거나 계약조건을 변경하지 아니하면 갱신하지 아니한다는 뜻의 통지를 하지 아니한 경우에는 그 기간이 끝난 때에 전 임대차와 동일한 조건으로 다시 임대차한 것으로 본다. **임차인**이 임대차기간이 끝나기 **2개월** 전까지 통지하지 아니한 경우에도 또한 같다.

㉡ 이 경우 임대차의 존속기간은 **2년**으로 본다.

② **예외**: 2기의 차임액에 달하도록 차임을 연체하거나 그 밖의 임차인으로서의 의무를 현저히 위반한 임차인에 대해서는 위의 법정갱신이 인정되지 않는다.

③ **법정갱신 후 해지통지**: 계약이 묵시적으로 갱신된 경우 임차인은 언제든지 임대인에게 계약해지를 통지할 수 있고, 이 해지는 임대인이 그 통지를 받은 날부터 **3개월**이 지나면 그 효력이 발생한다. 이 경우도 임차인만이 해지통지를 할 수 있다.

OX
1. 임차인이 임대차기간 종료 2개월 전까지 갱신거절의 통지를 하지 않은 경우 그 기간 만료 시에 전임대차와 동일한 조건으로 묵시적 갱신이 된다. (○) 제24회
2. 계약이 묵시적으로 갱신되면 임대차의 존속기간은 2년으로 본다. (○) 제32회
3. 묵시적 갱신이 된 후 임차인에 의한 계약해지의 통지는 임대인이 그 통지를 받은 날로부터 3개월이 지나면 그 효력이 발생한다. (○) 제24회, 제32회

(3) **임차인의 계약갱신요구권**

① **의의**: 임대인은 임차인이 임대차기간이 끝나기 **6개월** 전부터 **2개월** 전까지 계약갱신을 요구할 경우 정당한 사유 없이 거절하지 못한다. 다만, 다음에 해당하는 경우에는 그러하지 아니하다.

> ㉠ 임차인이 2기의 차임액에 해당하는 금액에 이르도록 차임을 연체한 사실이 있는 경우
> ㉡ 임차인이 거짓이나 그 밖의 부정한 방법으로 임차한 경우
> ㉢ 서로 합의하여 임대인이 임차인에게 상당한 보상을 제공한 경우

OX 임차인이 계약갱신요구권을 행사하려는 경우 계약기간이 끝난 후 즉시 이를 행사하여야 한다. (×) 제35회

㉣ 임차인이 임대인의 동의 없이 목적 주택의 전부 또는 일부를 전대한 경우
㉤ 임차인이 임차주택의 전부 또는 일부를 고의나 중대한 과실로 파손한 경우
㉥ 임차주택의 전부 또는 일부가 멸실되어 임대차 목적을 달성하지 못할 경우
㉦ 임대인이 다음에 해당하는 사유로 목적 주택의 전부 또는 대부분을 철거하거나 재건축하기 위하여 목적 주택의 점유를 회복할 필요가 있는 경우
ⓐ 임대차계약 체결 당시 공사시기 및 소요기간 등을 포함한 철거 또는 재건축 계획을 임차인에게 구체적으로 고지하고 그 계획에 따르는 경우
ⓑ 건물이 노후 · 훼손 또는 일부 멸실되는 등 안전사고의 우려가 있는 경우
ⓒ 다른 법령에 따라 철거 또는 재건축이 이루어지는 경우
㉧ 임대인(임대인의 직계존속 · 직계비속을 포함한다)이 목적 주택에 실제 거주하려는 경우
㉨ 그 밖에 임차인이 임차인으로서의 의무를 현저히 위반하거나 임대차를 계속하기 어려운 중대한 사유가 있는 경우

② **권리행사의 횟수 및 기간**: 임차인은 계약갱신요구권을 **1회에 한하여** 행사할 수 있다. 이 경우 갱신되는 임대차의 존속기간은 **2년**으로 본다.

③ **갱신내용**: 갱신되는 임대차는 전 임대차와 동일한 조건으로 다시 계약된 것으로 본다. 다만, 차임과 보증금은 증액제한 범위에서 증감할 수 있다.

④ **갱신 후 해지통지**: 임차인은 언제든지 임대인에게 계약해지를 통지할 수 있다. 해지는 임대인이 통지를 받은 날부터 **3개월**이 지나면 그 효력이 발생한다.

⑤ **임대인의 부당한 갱신거절로 인한 손해배상책임**

㉠ 손해배상책임: 임대인이 본인 또는 직계존속 · 직계비속이 **목적 주택에 실제 거주하려는 사유로 갱신을 거절하였음에도 불구하고 갱신요구가 거절되지 아니하였더라면 갱신되었을 기간**(임차인이 요구한 갱신기간)이 만료되기 전에 정당한 사유 없이 **제3자에게 목적 주택을 임대**한 경우 임대인은 갱신거절로 인하여 임차인이 입은 손해를 배상하여야 한다.

㉡ 손해배상액: 갱신거절 당시 당사자 간에 손해배상액의 예정에 관한 합의가 이루어지지 않는 한 다음의 금액 중 큰 금액으로 한다.

ⓐ 갱신거절 당시 월차임(차임 외에 보증금이 있는 경우에는 그 보증금을 월차임 전환시 산정률 제한규정에 따라 월 단위의 차임으로 전환한 금액을 포함한다. 이하 "환산월차임")의 **3개월분**에 해당하는 금액
ⓑ 임대인이 제3자에게 임대하여 얻은 환산월차임과 갱신거절 당시 환산월차임 간 차액의 **2년분**에 해당하는 금액
ⓒ 갱신거절로 인하여 임차인이 입은 **손해액**

OX 임차인의 계약갱신요구권의 행사를 통해 갱신되는 임대차의 존속기간은 2년으로 본다. (○) 제32회, 제33회

OX
1. 임차인이 임대인에게 계약갱신요구권을 행사하여 계약이 갱신된 경우 임차인은 언제든지 임대인에게 계약해지를 통지할 수 있다. (○) 제32회
2. 임차인은 최초의 임대차기간을 포함한 전체 임대차기간이 10년을 초과하지 아니하는 범위에서 계약갱신요구권을 행사할 수 있다. (×) 제35회

3 대항력

(1) 의의 및 요건

① 주택의 임차권은 그 등기가 없는 경우에도 임차인이 주택의 **인도**(입주)와 **주민등록**을 마친 때에는 그 다음 날부터 제3자에 대하여서도 대항력을 갖게 된다. 이 경우 전입신고를 한 때에 주민등록이 된 것으로 본다. '다음 날'은 '다음 날 오전 0시'를 말한다.

② 주민등록의 신고는 행정청에 도달하기만 하면 신고로서의 효력이 발생하는 것이 아니라 행정청이 수리한 경우에 비로소 신고의 효력이 발생한다.

(2) 대항요건 관련사항

① 주민등록이 공부상 주택의 표시와 일치하지 않는다면 유효한 공시방법으로 볼 수 없어 원칙적으로 대항력을 취득할 수 없다. 따라서 임차인의 착오로 임대차건물의 지번과 다른 지번에 전입신고를 한 경우 대항력이 인정되지 않는다. 다만, 담당공무원의 착오로 잘못 기재된 경우에는 대항력이 인정된다.

② 주민등록은 계속 존속하고 있어야 하므로 다른 주택으로 주민등록을 이전하면 기존의 대항력을 상실한다. 임차인 본인뿐만 아니라 그 배우자나 자녀 등 가족의 주민등록도 대항력을 갖춘 것으로 본다.

③ 다가구주택의 경우는 임차인이 전입신고서에 지번만 기재해도 대항력이 인정되나, 다세대주택의 경우는 지번뿐만 아니라 동·호수까지 정확히 기재해야 대항력이 인정된다.

④ 대항요건은 주택의 인도와 주민등록을 마친 것으로 족하고, 반드시 새로운 이해관계인이 생기기 전까지 임대인에게 보증금 전부를 지급해야 하는 것은 아니다.

⑤ 임차인이 임대인의 승낙을 받아 임차주택을 전대하고 그 전차인이 주택을 인도받아 자신의 주민등록을 마친 때에는 그때로부터 임차인은 대항력을 취득한다.

⑥ 대항력을 갖춘 임차인이 저당권설정등기 이후에 임대인과 보증금을 증액하기로 합의하고 초과부분을 지급한 경우, 저당권설정등기 이후에 증액한 임차보증금으로써는 경락인에게 대항할 수 없다.

OX

1. 2011년 9월 5일에 주택의 인도와 주민등록을 마친 임차인에게 대항력이 생기는 때는 2011년 9월 6일 오전 0시이다. (○) 제24회
2. 임차인이 대항력을 취득하려면 주민등록전입신고 이외에 임대차계약증서에 확정일자도 받아야 한다. (×) 제21회, 제23회
3. 임차인이 전입신고를 올바르게 하고 입주했으나 공무원이 착오로 지번을 잘못 기재한 경우 대항력은 인정되지 않는다. (×) 제22회

OX

1. 한 지번에 다가구용 단독주택 1동만 있는 경우 임차인이 전입신고시 그 지번만 기재하고 편의상 부여된 호수를 기재하지 않았다면 대항력을 취득하지 못한다. (×) 제22회
2. 다세대 주택인 경우 전입신고시 지번만 기재하고 동·호수는 기재하지 않더라도 대항력을 인정받는다. (×) 제27회
3. 대항력을 갖춘 임차인이라도 저당권설정등기 이후 증액된 임차보증금에 관하여는 저당권에 기해 주택을 경락받은 소유자에게 대항할 수 없다. (○) 제27회

(3) 대항력의 내용

제3자에 대한 대항력이란 보통 임차주택의 소유권이 이전된 경우에 그 양수인에 대한 관계에서 그 임대인의 지위를 당연히 (그에 관한 약정이 없어도) 승계한다는 의미이다. 그리고 「주택임대차보호법」은 명문으로 임차주택의 양수인(그 밖에 임대할 권리를 승계한 자를 포함)은 임대인의 지위를 승계한 것으로 본다고 규정한다.

OX 임차인이 대항력을 갖춘 경우 임차주택의 양수인은 임대인의 지위를 승계한 것으로 본다. (○) 제33회

(4) 경매에 의한 임차권의 소멸

① **소멸하는 경우**: 임차권은 임차주택에 대하여 「민사집행법」에 의한 경매가 행하여진 경우에는 그 임차주택의 경락에 의하여 소멸한다. 따라서 임차주택에 대한 「민사집행법」에 의한 경매나 「국세징수법」에 의한 공매시 선순위로 담보물권이 설정되어 있거나 압류 · 가압류등기가 되어 있는 경우에는 매각으로 임차권이 소멸하므로 해당 주택의 매수인에 대하여 대항할 수 없다.

OX 임차인이 주택의 인도를 받고 주민등록을 마친 날과 제3자의 저당권설정 등기일이 같은 날이면 임차인은 저당권의 실행으로 그 주택을 취득한 매수인에게 대항하지 못한다. (○) 제25회, 제30회

② **소멸하지 않는 경우**: 다만, 보증금이 전액 변제되지 아니한 대항력이 있는 임차권은 그러하지 아니하다. 즉, 소멸하지 않는다. 이는 대항력과 우선변제권을 겸유한 임차인이 우선변제권을 행사하여 배당요구를 한 경우에 있어서 보증금 전액의 변제가 이루어지지 않으면 임차인이 경락인에 대하여 임차권의 존속을 주장할 수 있게 하기 위함이다.

4 확정일자인에 의한 우선변제권

(1) 의 의

대항요건과 임대차계약증서상의 **확정일자**를 갖춘 임차인은 「민사집행법」상의 경매나 「국세징수법」상의 공매시 임차주택(대지 포함)의 환가대금에서 후순위 권리자 그 밖의 채권자보다 우선하여 보증금을 변제받을 권리가 있다.

(2) **우선변제의 요건**(확정일자)

① 확정일자란 임대차계약서증서에 변경 불가능한 확정된 일자인을 받는 것으로 그 일자에 계약서가 작성되었다는 완전한 법률상의 효력이 인정되는 일자를 말한다.

② 임차인에게 우선변제권이 인정되기 위해서는 임차인이 주택의 인도와 주민등록이라는 대항요건과 임대차계약증서상의 확정일자를 갖추어야 한다.

OX

1. 주택을 인도받고 주민등록을 마친 때에는 확정일자를 받지 않더라도 주택의 경매시 후순위 저당권자보다 우선하여 보증금을 변제받는다. (×) 제27회
2. 임차인은 「공증인법」에 따른 공증인으로부터 확정일자를 받을 수 없다. (×) 제27회

③ 확정일자는 주택 소재지의 읍·면사무소, 동 주민센터 또는 시(특별시·광역시·특별자치시는 제외하고, 특별자치도는 포함)·군·구(자치구를 말함)의 출장소, 지방법원 및 그 지원과 등기소 또는 「공증인법」에 따른 공증인에게 받을 수 있다.

④ 확정일자는 임대인의 동의서나 증빙서류의 첨부 없이 임대차계약서와 확정일자를 받으려는 자의 신분증만 있으면 되고, 확정일자를 대항요건을 갖추기 전에 받든 후에 받든 관계없다. 확정일자를 부여받으려는 자는 수수료를 내야 한다.

⑤ 확정일자 부여기관은 해당 주택의 소재지, 확정일자 부여일, 차임 및 보증금 등을 기재한 확정일자부를 작성하여야 하고, 이 경우 전산처리정보조직을 이용할 수 있다.

⑥ 주택의 임대차에 이해관계가 있는 자는 확정일자 부여기관에 해당 주택의 확정일자 부여일, 차임 및 보증금 등 정보의 제공을 요청할 수 있다. 이 경우 요청을 받은 확정일자 부여기관은 정당한 사유 없이 이를 거부할 수 없다.

⑦ 주택임대차계약을 체결하려는 자는 임대인의 동의를 받아 확정일자 부여기관에 ⑤의 정보제공을 요청할 수 있다.

(3) 우선변제권의 내용

① 우선변제권은 확정일자를 받은 당일 발생한다. 다만, 우선변제권은 확정일자만으로는 그 효력이 발생하지 않고, 대항력이 전제되어야 한다. 따라서 주택의 임차인이 주택의 인도와 주민등록을 마친 당일 또는 그 이전에 임대차계약증서상에 확정일자를 갖춘 경우 우선변제권은 대항력과 마찬가지로 주택의 인도와 주민등록을 마친 다음 날을 기준으로 발생한다.

② 임차인이 대항력을 취득한 이후에 확정일자를 받고, 그 확정일자를 받은 날에 담보권설정등기가 경료된 경우에는 임차인과 담보권자는 동순위로서 채권액에 따라 안분배당을 받는다.

③ 확정일자를 받은 임대차계약서가 당사자 사이에 진정하게 작성되었다면 아파트의 명칭과 동·호수의 기재를 누락한 경우라도 확정일자의 요건을 갖추었다고 볼 수 있다.

④ 임대차계약의 갱신으로 보증금이 증액된 경우에는 다시 확정일자를 받아야 하고, 증액된 보증금에 대한 우선변제권은 소급하지 않는다.

⑤ 확정일자를 받았다 하여 채권인 임차권이 물권으로 변하는 것은 아니므로 경매신청권이 전전세권이 인정되지는 않는다.

OX 임대차계약을 체결하려는 자는 임차인의 동의를 받아 확정일자 부여기관에 해당 주택의 확정일자 부여일 정보의 제공을 요청할 수 있다. (×) 제29회

OX

1. 확정일자를 받은 후 주택의 인도와 전입신고를 하면 그 신고일이 저당권설정등기일과 같아도 임차인이 저당권자에 우선한다. (×) 제27회
2. 주택임차인이 주택의 인도와 주민등록을 마친 당일 또는 그 이전에 임대차계약서상에 확정일자를 갖춘 경우에 주택의 인도와 주민등록을 마친 날을 기준으로 우선변제권이 발생한다고 설명했다. (×) 제15회
3. 확정일자를 받은 임대차계약서에 임대차 목적물을 표시하면서 아파트의 명칭과 그 전유부분의 동·호수의 기재가 누락된 경우에는 「주택임대차보호법」에서 규정된 확정일자의 요건을 갖추었다고 볼 수 없다고 설명했다. (×) 제15회
4. 임차권등기명령에 의한 임차권등기가 첫 경매개시결정등기 전에 이루어진 경우, 임차인은 별도의 배당요구를 하지 않아도 당연히 배당받을 채권자에 속한다. (○) 제19회
5. 임차주택이 경매로 매각된 후 임차인이 우선변제권 행사로 보증금을 반환받기 위해서는 임차주택을 먼저 법원에 인도하여야 한다. (○) 제30회

⑥ 우선변제권 있는 임차인이라도 경매절차에서 배당요구의 종기까지 배당요구를 해야 배당을 받을 수 있다. 다만, 임차권등기가 첫 경매개시결정등기 전에 등기된 경우 임차인이 별도의 배당요구를 하지 않아도 배당받을 수 있다.

⑦ 대항력과 우선변제권을 겸유한 임차인이 보증금반환청구소송의 확정판결 등 집행권원을 얻어 임차주택에 대하여 강제경매를 신청한 경우 우선변제권을 인정받기 위하여 배당요구의 종기까지 별도로 배당요구를 할 필요는 없다.

⑧ 임차인은 임차주택을 양수인에게 인도하지 않으면 보증금을 수령할 수 없다. 즉, 임차인이 경매절차에서 배당요구를 하여 배당금을 수령하기 위해서는 당해 주택을 매수인(경락인)에게 먼저 인도하여야 한다.

⑨ 대항력과 우선변제권을 겸유하고 있는 임차인은 대항력과 우선변제권을 선택적으로 행사할 수 있고, 우선변제권을 행사하여 배당받지 못한 보증금 잔액이 있는 경우에는 그 잔액에 대하여 매수인(경락인)에게 대항할 수 있다.

(4) 우선변제권의 승계

① **의의**: 금융기관 등이 우선변제권을 취득한 임차인의 보증금반환채권을 계약으로 양수한 경우에는 양수한 금액의 범위에서 우선변제권을 승계한다. 여기서의 금융기관 등에는 은행, 농협은행, 수협은행, 체신관서, 한국주택금융공사, 보증보험회사, 대한주택보증주식회사 등이 있다.

② **우선변제권 행사금지**: 우선변제권을 승계한 금융기관 등은 다음에 해당하는 경우에는 우선변제권을 행사할 수 없다.

㉠ 임차인이 대항요건을 상실한 경우

㉡ 임차권등기가 말소된 경우

㉢ 「민법」 제621조에 따른 임대차등기가 말소된 경우

③ **임대차 해지금지**: 금융기관 등은 우선변제권을 행사하기 위하여 임차인을 대리하거나 대위하여 임대차를 해지할 수 없다.

④ 우선변제권을 승계한 금융기관 등은 임차인을 대위하여 임차권등기명령을 신청할 수 있다. 이 경우 임차인은 금융기관 등으로 본다.

(5) 이의신청

우선변제의 순위와 보증금에 대하여 이의가 있는 이해관계인은 경매법원 또는 체납처분청에 이의를 신청할 수 있다.

넓혀 보기

주택임대차 확정일자 관련사항

1. **확정일자부 기재사항 등**(영 제4조)
   (1) 확정일자 부여기관(지방법원 및 그 지원과 등기소는 제외하며, 이하 "확정일자 부여기관")이 작성하는 확정일자부에 기재하여야 할 사항은 다음과 같다.
      ① 확정일자 번호
      ② 확정일자 부여일
      ③ 임대인·임차인의 인적사항
         ㉠ 자연인인 경우 성명, 주소, 주민등록번호(외국인은 외국인등록번호)
         ㉡ 법인이거나 법인 아닌 단체인 경우 : 법인명·단체명, 법인등록번호·부동산등기용등록번호, 본점·주사무소 소재지
      ④ 주택 소재지
      ⑤ 임대차 목적물
      ⑥ 임대차 기간
      ⑦ 차임·보증금
      ⑧ 신청인의 성명과 주민등록번호 앞 6자리(외국인은 외국인등록번호 앞 6자리)
   (2) 확정일자는 확정일자 번호, 확정일자 부여일 및 확정일자 부여기관을 주택임대차계약증서에 표시하는 방법으로 부여한다.
   (3) 제1항 및 제2항에서 규정한 사항 외에 확정일자부 작성방법 및 확정일자 부여시 확인사항 등 확정일자 부여 사무에 관하여 필요한 사항은 법무부령으로 정한다.
2. **주택의 임대차에 이해관계가 있는 자의 범위**(영 제5조)
   정보제공을 요청할 수 있는 주택의 임대차에 이해관계가 있는 자(이하 "이해관계인")는 다음의 어느 하나에 해당하는 자로 한다.
   ① 해당 주택의 임대인·임차인
   ② 해당 주택의 소유자
   ③ 해당 주택 또는 그 대지의 등기기록에 기록된 권리자 중 법무부령으로 정하는 자
   ④ 우선변제권을 승계한 금융기관
   ⑤ 임대인 또는 직계존속·비속이 목적 주택에 실제 거주하려는 사유로 계약의 갱신이 거절된 임대차계약의 임차인이었던 자
   ⑥ ①부터 ⑤까지의 규정에 준하는 지위 또는 권리를 가진 법무부령으로 정하는 자
3. **요청할 수 있는 정보의 범위 및 제공방법**(영 제6조)
   (1) 위 ①부터 ⑤까지에 해당하는 자는 확정일자부여기관에 해당 임대차계약(위 ⑤에 해당하는 자의 경우에는 갱신요구가 거절되지 않았더라면 갱신되었을 기간 중에 존속하는 임대차계약)에 관한 다음 사항의 열람 또는 그 내용을 기록한 서면의 교부를 요청할 수 있다.
      ① 임대차 목적물
      ② 임대인·임차인의 인적사항(위 ⑤에 해당하는 자는 임대인·임차인의 성명, 법인명 또는 단체명으로 한정)
      ③ 확정일자 부여일
      ④ 차임·보증금
      ⑤ 임대차 기간

(2) 위 2. ②부터 ④까지 또는 ⑥의 어느 하나에 해당하는 자이거나 임대차계약을 체결하려는 자는 확정일자부여기관에 다음 사항의 열람 또는 그 내용을 기록한 서면의 교부를 요청할 수 있다.
① 임대차 목적물
② 확정일자 부여일
③ 차임 · 보증금
④ 임대차 기간

(3) (1) 및 (2)에서 규정한 사항 외에 정보제공 요청에 필요한 사항은 법무부령으로 정한다.

4. **수수료**(영 제7조)

(1) 확정일자 부여기관에 내야 하는 수수료는 확정일자 부여에 관한 수수료와 정보제공에 관한 수수료로 구분하며, 그 구체적인 금액은 법무부령으로 정한다.

(2) 「국민기초생활 보장법」에 따른 수급자 등 법무부령으로 정하는 사람에 대해서는 수수료를 면제할 수 있다.

5 **최우선변제**(소액보증금 중 일정액의 우선변제)

(1) 의 의

소액임차인은 자신의 보증금 중 일정액에 대하여 「민사집행법」에 의한 경매나 「국세징수법」에 의한 공매절차에서 **다른 담보물권자보다도 우선하여** 변제받을 수 있는바, 이를 강학상 최우선변제라고도 한다.

(2) 요 건

최우선변제를 받을 임차인 및 보증금 중 일정액의 범위와 기준은 주택임대차위원회의 심의를 거쳐 대통령령으로 정한다.

① **소액보증금의 기준 및 보호금액**: 2023년 2월 21일부터 보증금 중 일정액에 대하여 우선변제를 받을 수 있는 임차인의 보증금과 보호금액은 지역별로 다음과 같다. 다만, 2023년 2월 21일 전에 임차주택에 대하여 담보물권을 취득한 자에 대해서는 종전의 규정에 따른다.

OX 확정일자는 확정일자 번호, 확정일자 부여일 및 확정일자 부여기관을 주택임대차계약증서에 표시하는 방법으로 부여한다. (○) 제26회

■ 최우선변제 보호금액

개정시기	서울특별시		과밀억제권역		광역시 등		그 밖의 지역	
	대 상	금 액	대 상	금 액	대 상	금 액	대 상	금 액
2016. 3. 31	1억	3,400	8,000	2,700	6,000	2,000	5,000	1,700
2018. 9. 18	1.1억	3,700	1억	3,400	6,000	2,000	5,000	1,700
2021. 5. 11	1.5억	5,000	1.3억	4,300	7,000	2,300	6,000	2,000
2023. 2. 21	1.65억	5,500	1.45억	4,800	8,500	2,800	7,500	2,500

② **대항요건의 구비 및 유지**: 임차인이 최우선변제권을 취득하려면 해당 주택에 대한 경매신청의 등기 전에 주택의 인도와 주민등록, 즉 대항요건을 갖추어야 한다. 이러한 대항요건은 배당요구의 종기까지 계속 존속하고 있어야 한다.

OX 임차인은 임차주택에 대한 경매신청의 등기 전에 대항요건을 갖추지 않은 경우에도 보증금 중 일정액에 대해서는 다른 담보물권자보다 우선하여 변제받을 권리가 있다. (×) 제33회

(3) 보호금액의 제한

① 임차인의 보증금 중 일정액이 주택가액의 **2분의 1**을 초과하는 경우에는 주택가액의 2분의 1에 해당하는 금액까지만 우선변제권이 있다.

② 하나의 주택에 임차인이 2명 이상이고, 그 각 보증금 중 일정액을 모두 합한 금액이 주택가액의 2분의 1을 초과하는 경우에는 그 각 보증금 중 일정액을 모두 합한 금액에 대한 각 임차인의 보증금 중 일정액의 비율로 그 주택가액의 2분의 1에 해당하는 금액을 분할한 금액을 각 임차인의 보증금 중 일정액으로 본다.

③ 하나의 주택에 임차인이 2명 이상이고 이들이 그 주택에서 가정공동생활을 하는 경우에는 이들을 1명의 임차인으로 보아 이들의 각 보증금을 합산한다.

④ ①, ②에 있어서 '주택가액'이라 함은 경매절차의 매각대금에다가 입찰보증금에 대한 배당기일까지의 이자, 몰수된 입찰보증금 등의 총액에서 집행비용을 뺀 실제 배당할 금액을 말한다.

OX 소액임차인의 최우선변제권은 주택가액(대지가액 포함)의 3분의 1에 해당하는 금액까지만 인정된다. (×) 제25회

(4) 최우선변제권의 내용

① 확정일자는 최우선변제를 받기 위한 요건에 해당하지 않는다. 다만, 소액임차인이라도 '보증금 전부'에 대하여 다른 담보권자보다 우선하여 변제받을 수는 없으므로 확정일자를 갖추는 것이 유리하다 할 것이다.

② 임대차계약의 주목적이 주택을 사용·수익하려는 것에 있는 것이 아니고, 소액임차인으로 보호받아 기존 채권을 회수하려는 데에 있는 경우 소액임차인으로 보호받을 수 없다.

③ 최초 임대차계약 당시에는 보증금이 많아 소액임차인에 해당하지 않았지만 그 후 새로운 임대차계약에 의하여 정당하게 보증금을 감액하여 소액임차인에 해당하게 되었다면 특별한 사정이 없는 한 그러한 임차인은 소액임차인으로 보호받을 수 있다.

④ 최우선변제는 대지의 환가대금에 대해서도 인정된다. 다만, 나대지에 저당권이 설정된 후 지상에 건물이 신축된 경우 건물의 소액임차인은 그 저당권 실행에 따른 대지의 환가대금에 대하여 우선변제를 받을 수 없다.

⑤ 소액임차인의 소액보증금반환채권은 「민사집행법」에서 규정하는 배당요구가 필요한 배당요구채권에 해당하므로 최우선변제를 받기 위해서는 배당요구의 종기까지 배당요구를 하여야 한다.

넓혀 보기

최우선변제금액의 개정연혁(단위 : 만원)

개정시기	서울특별시		과밀억제권역		광역시 등		그 밖의 지역	
	대 상	금 액	대 상	금 액	대 상	금 액	대 상	금 액
2010. 7. 26	7,500	2,500	6,500	2,200	5,500	1,900	4,000	1,400
2014. 1. 1	9,500	3,200	8,000	2,700	6,000	2,000	4,500	1,500
2016. 3. 31	10,000	3,400	8,000	2,700	6,000	2,000	5,000	1,700
2018. 9. 18	11,000	3,700	10,000	3,400	6,000	2,000	5,000	1,700

6 보증금반환청구소송

(1) 집행개시의 요건

OX 임차인이 임차주택에 대하여 보증금반환청구소송의 확정판결에 따라 경매를 신청하는 경우 반대의무의 이행이나 이행의 제공을 집행개시의 요건으로 하지 아니한다. (○) 제29회

임차인이 임차주택에 대하여 보증금반환청구소송의 확정판결 그 밖의 이에 준하는 집행권원에 기한 경매를 신청하는 경우에는 「민사집행법」 제41조의 규정에 불구하고 반대의무의 이행(주택의 인도) 또는 이행의 제공을 집행개시의 요건으로 하지 아니한다(법 제3조의2 제1항). 즉, 집을 비워주지 않고도 집행권원에 의한 경매를 신청할 수 있다. 이는 임차인이 보증금을 반환받기 위해 경매를 신청하는 경우 주택의 인도를 경매개시 요건으로 한다면 임차인은 경매기간 중 대항력을 상실하게 되어 임차인의 보호가 사실상 어렵기 때문에 임차인의 경매신청권을 실질적으로 보장하기 위해서 둔 규정이라 할 수 있다.

(2) 소액사건심판법의 적용

「소액사건심판법」 제6조, 제7조, 제10조 및 제11조의2의 규정은 임차인이 임대인에 대하여 제기하는 보증금반환청구소송에 관하여 이를 준용한다(법 제13조). 민사소송은 그 절차가 까다롭고 비용이 과다하게 요구되므로 신속한 소송절차로 임차인을 보호하기 위해서 「소액사건심판법」을 준용하도록 특칙을 정한 것이다.

(3) 담보책임

「주택임대차보호법」에 의하여 임대차의 목적이 된 주택(즉, 대항력 있는 주택임차권)이 매매 또는 경매의 목적물이 된 경우에는 임대인은 매수인에 대하여 담보책임을 져야 한다.

7 임차권등기명령제

(1) 요건 및 절차

① **신청자**

㉠ 임대차가 끝난 후 보증금을 반환받지 못한 임차인은 임차주택의 소재지를 관할하는 지방법원, 지방법원지원 또는 시·군 법원에 임차권등기명령을 신청할 수 있다. 따라서 임차권등기명령의 신청은 임대차가 만료된 후에야 가능하며, 보증금의 전부뿐만 아니라 일부를 반환받지 못한 경우도 신청이 가능하다.

㉡ 금융기관 등은 임차인을 대위하여 임차권등기명령을 신청할 수 있다. 이 경우 임차인은 금융기관 등으로 본다.

㉢ 법원이 임차권등기명령을 결정하면 법원의 임차권등기명령이 임대인(채무자)에게 송달되기 전에도 임차권등기명령을 집행할 수 있다.

② **비용부담**: 임차인은 임차권등기명령의 **신청** 및 그에 따른 **임차권등기와 관련하여** 소요된 **비용**을 임대인에게 청구할 수 있다.

③ **항고**: 신청을 기각하는 결정에 대하여 임차인은 항고할 수 있다.

(2) 임차권등기의 효력

① 임차권등기명령의 집행에 따른 임차권등기를 마치면 임차인은 **대항력** 및 **우선변제권**을 취득한다. 다만, 임차인이 임차권등기 이전에 이미 대항력 또는 우선변제권을 취득한 경우에는 그 대항력 또는 우선변제권은 그대로 유지되며, 임차권등기 이후에는 대항요건을 상실하더라도 이미 취득한 대항력 또는 우선변제권을 상실하지 아니한다.

OX

1. 임차인은 임차권등기명령 신청서에 신청의 취지와 이유를 적어야 하지만, 임차권등기의 원인이 된 사실을 소명할 필요는 없다. (×) 제31회
2. 법원의 임차권등기명령은 임대인에게 송달되어야 임차권등기명령을 집행할 수 있다. (×) 제35회

OX 임차인이 임차권등기와 관련하여 든 비용은 임대인에게 청구할 수 있으나, 임차권등기명령 신청과 관련된 비용은 임대인에게 청구할 수 없다. (×) 제31회

OX 임차권등기명령의 집행에 따른 임차권등기 후에 임차인이 주민등록을 다른 지역으로 이전한 경우 대항력을 상실한다. (×) 제31회, 제33회

OX 임차권등기명령의 집행에 따라 임차권등기가 끝난 주택을 임차한 임차인은 소액보증금에 관한 최우선변제를 받을 권리가 없다. (○) 제31회

② 임차권등기명령의 집행에 의한 임차권등기가 경료된 주택(임대차의 목적이 주택의 일부분인 경우에는 해당 부분에 한함)을 그 이후에 임차한 임차인은 최우선변제를 받을 권리가 없다. 다만, 임차권등기명령에 의한 등기 이후에 임차한 임차인도 확정일자에 의한 우선변제권은 인정된다.

③ 임차권등기명령의 집행에 의하여 임차권등기를 한 경우라도 물권으로 변하는 것은 아니므로 경매신청권이 인정되지는 않는다. 다만, 배당요구를 하지 않아도 배당받을 수 있다.

④ 임차권등기가 경료된 후에 있어서 이행지체에 빠진 임대인의 보증금 반환의무와 임차인의 임차권등기 말소의무는 동시이행관계에 있는 것이 아니고, 임대인의 보증금 반환의무가 임차인의 임차권등기 말소의무보다 먼저 이행되어야 할 의무이다.

(3) 「민법」에 따른 주택임대차등기의 효력

주택임대차에 관하여 「민법」 제621조에 따라 경료된 임차권등기의 효력에는 「주택임대차보호법」상 임차권등기의 효력규정을 준용한다. 따라서 임차인이 「민법」에 따라 임대인의 협력을 얻어 임차권등기를 한 경우에도 대항력과 우선변제력이 모두 인정되고, 해당 주택을 나중에 임차한 임차인은 최우선변제권이 인정되지 않는다.

OX 임대차기간에 관한 분쟁이 발생한 경우 임대인은 주택임대차분쟁조정위원회에 조정을 신청할 수 없다. (×) 제28회

■ 주택임대차 분쟁조정위원회

조정위원회 설치	① 필수적 조정위원회 ㉠ 대한법률구조공단(공단)의 지부 ㉡ 한국토지주택공사(공사)의 지사 또는 사무소 ㉢ 한국부동산원(부동산원)의 지사 또는 사무소 ② 임의적 조정위원회: 시 · 도 조정위원회
심의 조정사항	① 차임 또는 보증금의 **증감**에 관한 분쟁 ② 임대차 **기간**에 관한 분쟁 ③ 보증금 또는 임차주택의 **반환**에 관한 분쟁 ④ 임차주택의 유지 · **수선** 의무에 관한 분쟁 ⑤ 그 밖에 대통령령으로 정하는 다음의 주택임대차에 관한 분쟁 ㉠ 임대차계약의 이행 및 임대차계약 내용해석에 관한 분쟁 ㉡ 임대차계약 갱신 및 종료에 관한 분쟁 ㉢ 임대차계약의 불이행에 따른 손해배상청구에 관한 분쟁 ㉣ 공인중개사 보수 등 **비용**부담에 관한 분쟁 ㉤ 주택임대차표준계약서 사용에 관한 분쟁 ㉥ 그 밖에 위원장이 조정이 필요하다고 인정하는 분쟁

조정위원회 구성	① 조정위원회는 위원장 1명을 포함하여 5명 이상 30명 이하의 위원으로 성별을 고려하여 구성한다. ② 조정위원의 임기는 3년으로 하되 연임할 수 있으며, 보궐위원의 임기는 전임자의 남은 임기로 한다.

8 그 밖의 내용

(1) 임대인의 정보 제시의무

임대차계약을 체결할 때 임대인은 다음의 사항을 임차인에게 제시하여야 한다.

① 해당 주택의 확정일자 부여일, 차임 및 보증금 등의 정보. 다만, 임대인이 임대차계약을 체결하기 전에 동의함으로써 이를 갈음할 수 있다.

② 「국세징수법」에 따른 납세증명서 및 「지방세징수법」에 따른 납세증명서. 다만, 임대인이 임대차계약을 체결하기 전에 「국세징수법」에 따른 미납국세와 체납액의 열람 및 「지방세징수법」에 따른 미납지방세의 열람에 각각 동의함으로써 이를 갈음할 수 있다.

(2) 임차권의 승계

① 법정상속인이 있는 경우

㉠ 임차인이 사망할 당시 상속인이 그 주택에서 가정공동생활을 하고 있었던 때에는 상속인이 임차권을 승계한다.

㉡ 임차인이 사망할 당시 상속인이 그 주택에서 가정공동생활을 하고 있지 아니한 경우에는 그 주택에서 가정공동생활을 하던 사실상의 혼인관계에 있는 자와 2촌 이내의 친족이 공동으로 임차인의 권리와 의무를 승계한다.

② 법정상속인이 없는 경우

㉠ 임차인이 상속인 없이 사망한 경우에는 그 주택에서 가정공동생활을 하던 사실상의 혼인관계에 있는 자가 임차인의 권리와 의무를 승계한다.

㉡ 임차인이 상속인 없이 사망한 경우 사실혼 배우자가 임차인과 가정공동생활을 하지 않으면 임차권은 상속인이 없는 재산이 되어 국고에 귀속된다.

③ 승계의 효과

㉠ 주택임차권이 승계되면 임대차관계에서 생긴 채권·채무는 임차인의 권리·의무를 승계한 자에게 귀속된다.

㉡ 승계권자는 임차인이 사망한 후 1개월 이내에 임대인에 대하여 반대의사를 표시함으로써 임차권의 승계를 포기할 수 있다.

OX 임차인이 상속인 없이 사망한 경우 그 주택에서 가정공동생활을 하던 사실상의 혼인관계에 있는 자가 임차인의 권리와 의무를 승계한다. (○) 제29회

OX

1. 경제사정의 변동으로 약정한 차임이 과도하게 되어 적절하지 않은 경우, 임대차 기간 중 임차인은 그 차임의 20분의 1의 금액을 초과하여 감액을 청구할 수 있다. (○) 제28회
2. 차임의 증액청구에 관한 규정은 임대차계약이 종료된 후 재계약을 하는 경우에는 적용되지 않는다. (○) 제26회

(3) 차임 · 보증금의 증감청구

① **증감청구**: 당사자는 약정한 차임이나 보증금이 임차주택에 관한 조세, 공과금, 그 밖의 부담의 증감이나 경제사정의 변동으로 인하여 적절하지 아니하게 된 때에는 장래에 대하여 그 증감을 청구할 수 있다.

② **증액제한**

㉠ 증액청구기간: 증액청구는 임대차계약 또는 약정한 차임이나 보증금의 증액이 있은 후 1년 이내에는 하지 못한다.

㉡ 증액청구금액: 증액청구는 약정한 차임이나 보증금의 **20분의 1**의 금액을 초과하지 못한다. 다만, 특별시 · 광역시 · 특별자치시 · 도 및 특별자치도는 관할구역 내의 지역별 임대차 시장 여건 등을 고려하여 본문의 범위에서 증액청구의 상한을 조례로 달리 정할 수 있다.

㉢ 적용제한: 임대차계약이 종료된 후 재계약을 하거나 임대차계약 종료 전이라도 당사자의 합의로 차임 등이 증액된 경우에는 적용되지 않는다.

(4) 보증금의 월차임 전환시 산정률의 제한

보증금의 전부 또는 일부를 월 단위의 차임으로 전환하는 경우에는 그 전환되는 금액에 다음 ① 또는 ② 중 낮은 비율을 곱한 월차임의 범위를 초과할 수 없다.

① 「은행법」에 따른 은행에서 적용하는 대출금리와 해당 지역의 경제 여건 등을 고려하여 대통령령으로 정하는 비율(**연 1할**)

② 한국은행 공시 기준금리에 대통령령으로 정하는 이율(**연 2%**)을 **더한 비율**

(5) 초과 차임 등의 반환청구

임차인이 증액제한 규정의 증액비율을 초과하여 차임 또는 보증금을 지급하거나 보증금의 월차임 전환시 산정률의 제한규정에 따른 월차임 산정률을 초과하여 차임을 지급한 경우에는 초과 지급된 차임 또는 보증금 상당금액의 반환을 청구할 수 있다.

(6) 표준계약서

주택임대차계약을 서면으로 체결할 때에는 **법무부장관**이 **국토교통부장관과 협의**하여 정하는 주택임대차표준계약서를 우선적으로 사용한다. 다만, 당사자가 다른 서식을 사용하기로 합의한 경우에는 그러하지 아니하다.

04 상가건물 임대차보호법 관련실무

1 적용범위

(1) 적용대상 건물

① 사업자등록의 대상이 되는 상가건물의 임대차(상가건물의 주된 부분을 영업용으로 사용하는 경우를 포함)에 대하여 적용한다. 이 법은 '사업자등록'의 범위를 「부가가치세법」, 「소득세법」, 「법인세법」 규정에 의한 사업자등록 모두로 규정하고 있다.

② 상가건물의 임차인이라도 비영리사업을 위한 임차인은 이 법을 적용받지 못한다.

③ 단순히 상품의 보관 · 제조 · 가공 등 사실행위만이 이루어지는 공장 · 창고 등은 영업용으로 사용하는 경우라고 할 수 없으나 그곳에서 그러한 사실행위와 더불어 영리를 목적으로 하는 활동이 함께 이루어진다면 이 법의 적용대상인 상가건물에 해당한다(대판 2009다40967).

④ 임대인이 그 소유 건물의 다른 부분에서 제3자에게 임차인의 영업 등 수익활동을 해할 우려가 있는 행위를 하지 아니하도록 할 의무를 부담하는 내용의 묵시적 약정을 인정할 수 있다(대판 2009다64307).

(2) 적용대상 보증금

① **원칙적 적용대상 보증금**: 상가건물의 임대차라 하더라도 상가건물임대차위원회의 심의를 거쳐 다음의 구분에 의하여 정한 보증금액을 초과하는 임대차에 대하여는 적용하지 아니한다.

지역 구분	적용 보증금
서울특별시	9억원
「수도권정비계획법」에 따른 과밀억제권역(서울특별시는 제외) **및 부산광역시**	6억 9천만원
광역시(과밀억제권역에 포함된 지역과 군지역, 부산광역시는 제외), **세종특별자치시, 파주시, 화성시, 안산시, 용인시, 김포시 및 광주시**	5억 4천만원
그 밖의 지역	3억 7천만원

② **차임의 환산**: '보증금 외에 차임이 있는 경우'에는 그 월 단위의 차임액에 '대통령령이 정하는 비율인 1분의 100'을 곱하여 환산한 금액을 포함하여야 한다.

OX

1. 서울특별시 소재 상가건물에 대한 보증금 5억원, 월차임 500만원의 임대차계약의 경우에 있어서, 차임연체액이 2기의 차임액에 달하는 경우 임대인은 임대차계약을 해지할 수 있다. (×) 제28회, 제30회
2. 서울특별시 소재 상가건물에 대한 보증금 10억원의 임대차계약의 경우 임차인이 사업자등록을 신청하고 임대차계약서상에 확정일자를 받으면 보증금에 대한 우선변제권을 취득한다. (×) 제31회

③ **예외**: 상기 보증금액을 초과하는 상가임대차에 대하여도 다음 규정은 적용된다.

> ㉠ 대항력 규정
> ㉡ 임차인의 계약갱신요구권 규정
> ㉢ 임차인의 권리금 회수기회 보호규정
> ㉣ 차임연체(3기)와 해지규정
> ㉤ 상가건물임대차표준계약서, 표준권리금계약서 규정

④ **구분점포**: 임차인이 수개의 구분점포를 동일한 임대인에게서 임차하여 하나의 사업장으로 사용하면서 단일한 영업을 하는 경우 등과 같이, 임차인과 임대인 사이에 구분점포 각각에 대하여 별도의 임대차관계가 성립한 것이 아니라 일괄하여 단일한 임대차관계가 성립한 것으로 볼 수 있는 때에는, 비록 구분점포 각각에 대하여 별개의 임대차계약서가 작성되어 있더라도 구분점포 전부에 관하여 환산한 보증금액의 합산액을 기준으로 우선변제를 받을 임차인의 범위를 판단하여야 한다(대판 2013다27152).

▶ 환산합산보증금이 일정기준 초과시 법 적용 여부

적용되지 않는 법 규정	적용되는 법 규정
① 최단기간 규정 ② 우선변제권 규정 ③ 금융기관 우선변제권 승계 규정 ④ 임차권등기명령 규정 ⑤ 증액제한 규정	① **권**리금 회수기회 보호 규정 ② **대**항력 규정 ③ 상가건물임대차**표**준계약서, **표**준권리금계약서 규정 ④ 계약**갱**신요구권 규정 ⑤ **3**기 차임연체시 해지 규정

(3) 미등기전세에의 준용

이 법은 목적건물의 등기하지 아니한 전세계약에 관하여 이를 준용한다.

(4) 법인에 적용 여부

현행 「소득세법」, 「부가가치세법」, 「법인세법」에서의 사업자등록 대상은 개인(외국인)뿐만 아니라 법인도 포함하고 있다. 따라서 임차인이 법인인 경우에도 적용된다.

(5) 일시사용을 위한 임대차

일시사용을 위한 임대차임이 명백한 경우에는 이를 적용하지 아니한다.

OX 이 법은 일시사용을 위한 임대차임이 명백한 경우에는 적용하지 아니한다. (○) 제20회

2 임대차기간의 보장

(1) 임대차의 최단기간

① 기간을 정하지 아니하거나 기간을 1년 미만으로 정한 임대차는 그 기간을 1년으로 본다. 다만, **임차인은 1년 미만**으로 정한 기간이 유효함을 주장할 수 있다.

② 임대차가 종료한 경우에도 임차인이 보증금을 반환받을 때까지는 임대차관계는 존속하는 것으로 본다.

(2) 임대차계약의 해지

① 차임연체와 해지

㉠ 임차인의 **차임연체액이** 3기의 차임액에 달하는 때에는 임대인은 계약을 해지할 수 있다. 본 규정은 환산합산보증금이 일정기준을 초과하는 경우에도 적용된다.

㉡ 임대차가 갱신된 경우 임차인이 갱신 전부터 차임을 연체하기 시작하여 갱신 후에 차임연체액이 3기의 차임액에 이른 때에도 임대인은 계약을 해지할 수 있다(대판 2012다28486).

㉢ 임대인 지위가 양수인에게 승계된 경우 이미 발생한 연체차임채권은 따로 채권양도의 요건을 갖추지 않는 한 승계되지 않고, 따라서 양수인이 연체 차임채권을 양수받지 않은 이상 승계 이후의 연체 차임액이 3기 이상의 차임액에 달하여야만 비로소 임대차계약을 해지할 수 있다(대판 2008다3022).

② 폐업으로 인한 임차인의 해지권

㉠ 임차인은 「감염병의 예방 및 관리에 관한 법률」에 따른 집합 제한 또는 금지 조치(운영시간을 제한한 조치를 포함)를 총 3개월 이상 받음으로써 발생한 경제사정의 중대한 변동으로 폐업한 경우에는 임대차계약을 해지할 수 있다.

㉡ ㉠에 따른 해지는 임대인이 계약해지의 통고를 받은 날부터 **3개월이 지나**면 효력이 발생한다.

(3) 법정갱신(묵시적 갱신)

① 임대인이 임대차기간이 만료되기 **6개월** 전부터 **1개월** 전까지 임차인에게 갱신거절의 통지 또는 조건변경의 통지를 하지 아니한 경우에는 그 기간이 만료된 때에 전 임대차와 동일한 조건으로 다시 임대차한 것으로 본다. 다만, 임차인에 대하여는 규정이 없다.

② 법정갱신의 경우에 임대차의 존속기간은 **1년**으로 본다.

OX

1. 임대차 기간을 6개월로 정한 경우 임차인은 그 유효함을 주장할 수 없다. (×) 제25회
2. 임대차가 종료한 경우에도 임차인이 보증금을 돌려받을 때까지는 임대차관계는 존속하는 것으로 본다. (○) 제20회
3. 임차인의 차임연체액이 3기의 차임액에 달하는 때에는 임대인은 계약을 해지할 수 있다. (○) 제26회

OX 임대차가 묵시적으로 갱신된 경우 그 존속기간은 임대인이 그 사실을 안 때로부터 1년으로 본다. (×) 제25회

③ 이 경우 임차인은 언제든지 임대인에게 계약해지의 통고를 할 수 있고, 임대인이 통고를 받은 날부터 3개월이 지나면 효력이 발생한다.

④ 임차인의 갱신요구권에 관하여 전체 임대차기간을 10년으로 제한하는 규정은 법정갱신에 대하여는 적용되지 아니한다(대판 2009다64307).

(4) 임차인의 계약갱신요구권

① 임대인은 임차인이 임대차기간이 만료되기 **6개월** 전부터 **1개월** 전까지 사이에 계약갱신을 요구할 경우 정당한 사유 없이 거절하지 못한다. 다만, 다음의 어느 하나에 해당하는 경우에는 그러하지 아니하다.

> ㉠ 임차인이 3기의 차임액에 이르도록 차임 연체사실이 있는 경우
> ㉡ 임차인이 거짓이나 그 밖의 부정한 방법으로 임차한 경우
> ㉢ 서로 합의하여 임대인이 임차인에게 상당한 보상을 제공한 경우
> ㉣ 임차인이 임대인의 동의 없이 목적 건물의 전부 또는 일부를 전대한 경우
> ㉤ 임차인이 임차한 건물의 전부 또는 일부를 고의나 중대한 과실로 파손한 경우
> ㉥ 임차한 건물의 전부 또는 일부가 멸실로 임대차의 목적을 달성하지 못할 경우
> ㉦ 임대인이 다음에 해당하는 사유로 목적 건물의 전부 또는 대부분을 철거하거나 재건축하기 위하여 목적 건물의 점유를 회복할 필요가 있는 경우
> ⓐ 임대차계약 체결 당시 공사시기 및 소요기간 등을 포함한 철거 또는 재건축 계획을 임차인에게 구체적으로 고지하고 그 계획에 따르는 경우
> ⓑ 건물이 노후 · 훼손 또는 일부 멸실되는 등 안전사고의 우려가 있는 경우
> ⓒ 다른 법령에 따라 철거 또는 재건축이 이루어지는 경우
> ㉧ 그 밖에 임차인이 임차인으로서의 의무를 현저히 위반하거나 임대차를 계속하기 어려운 중대한 사유가 있는 경우

② 상기 갱신거절의 사유가 있다 하더라도 임차인은 계약갱신을 요구할 수 있다. 다만, 임대인이 임차인의 갱신요구를 거절할 수 있을 뿐이다.

③ 임차인의 계약갱신요구권은 **최초의 임대차기간을 포함**한 전체 임대차기간이 **10년**을 초과하지 아니하는 범위에서만 행사할 수 있다.

④ 계약갱신요구권의 '최초의 임대차 기간'이라 함은 이 법 시행 이후에 체결된 임대차계약에 있어서나 이 법 시행 이전에 체결되었다가 이 법 시행 이후에 갱신된 임대차계약에 있어서 모두 해당 상가건물에 관하여 최초로 체결된 임대차계약의 기간을 의미한다고 할 것이다(대판 2005다74320).

OX

1. 임대인은 임차인이 임대차기간이 만료되기 6개월 전부터 1개월 전까지 계약갱신을 요구할 경우, 정당한 사유 없이 거절하지 못한다. (○) 제31회
2. 임차인이 2기의 차임액에 해당하는 금액에 이르도록 차임을 연체한 경우, 임대인은 임차인의 계약갱신요구를 거절할 수 있다. (×) 제33회
3. 임차인이 임대인의 동의 없이 건물의 전부를 전대한 경우 임대인은 임차인의 계약갱신요구를 거절할 수 있다. (○) 제27회
4. 임대차계약 종료 전 임차인이 계약의 갱신을 요구한 경우 임대인은 건물의 대부분을 철거함을 이유로 계약의 갱신을 거절할 수 있다. (○) 제21회

OX

1. 임차인의 계약갱신요구권은 최초의 임대차기간을 포함한 전체 임대차기간이 10년을 초과하지 아니하는 범위에서만 행사할 수 있다. (○) 제31회
2. 임차인의 계약갱신요구권은 전체 임대차기간이 2년을 초과하지 아니하는 범위에서만 행사할 수 있다. (×) 제27회

⑤ 상가건물의 공유자인 임대인이 임차인에게 갱신거절의 통지를 하는 행위는 실질적으로 임대차계약의 해지와 같이 공유물의 임대차를 종료시키는 것이므로 공유물의 관리행위에 해당하여 공유자의 지분의 과반수로써 결정하여야 한다(대판 2010다37905).

⑥ 임대인의 동의를 받고 전대차계약을 체결한 전차인은 임차인의 갱신요구권 행사기간 이내에 임차인을 대위하여 임대인에게 계약갱신요구권을 행사할 수 있다.

⑦ 갱신되는 임대차는 전 임대차와 동일한 조건으로 다시 계약된 것으로 본다. 다만, 차임과 보증금은 증액제한규정에 의한 범위에서 증감을 청구할 수 있다.

⑧ 본 규정은 환산보증금이 일정기준을 초과하는 상가의 임대차에 대하여도 적용된다. 다만, 경제사정 변동 등을 고려하여 차임・보증금의 증감을 청구할 수 있다.

OX 임대인의 동의를 받고 전대차계약을 체결한 전차인은 임차인의 계약갱신요구권 행사기간 이내에 임차인을 대위하여 임대인에게 계약갱신요구권을 행사할 수 있다. (○) 제29회, 제33회

3 대항력

(1) 대항요건

① 임대차는 그 등기가 없는 경우에도 임차인이 건물의 **인도**와 「부가가치세법」, 「소득세법」, 「법인세법」에 의한 **사업자등록을 신청**한 때에는 그 다음 날부터 제3자에 대하여 효력이 생긴다. 대항력은 환산합산보증금이 일정기준을 초과하는 경우에도 적용된다.

② 상가건물 일부 임대차의 경우, 사업자등록이 「상가건물임대차보호법」상 대항력 요건으로서 제3자에 대한 관계에서 유효한 임대차 공시방법이 되기 위해서는 사업자등록신청시 임차 부분을 표시한 도면을 첨부하여야 한다(대판 2010다56678).

③ 상가건물의 일부분을 임차한 사업자가 사업자등록시 임차 부분을 표시한 도면을 첨부하지는 않았지만, 일반 사회통념상 그 사업자등록이 도면 없이도 제3자가 해당 임차인이 임차한 부분을 구분하여 인식할 수 있을 정도로 특정이 되어 있다고 볼 수 있는 경우에는 그 사업자등록을 제3자에 대한 관계에서 유효한 임대차의 공시방법으로 볼 수 있다고 할 것이다(대판 2010다56678).

OX 임대차는 그 등기가 없는 경우에도 임차인이 건물의 인도와 법령에 따른 사업자등록을 신청하면 그 다음 날부터 제3자에 대하여 효력이 생긴다. (○) 제29회

OX
1. 상가건물을 임차하고 사업자등록을 마친 사업자가 임차건물의 전대차 등으로 해당 사업을 개시하지 않거나 사실상 폐업한 경우 적법한 사업자등록이라고 볼 수 없다. (○) 제18회
2. 사업자등록을 마친 상가건물 임차인이 폐업신고를 하였다가 다시 같은 상호 및 등록번호로 사업자등록을 한 경우 대항력 및 우선변제권은 그대로 존속한다. (×) 제18회

(2) 대항력의 내용

① 임차건물의 양수인은 임대인의 지위를 승계한 것으로 본다.

② 사업자등록신청서에 첨부한 임대차계약서상의 임대차목적물 소재지가 해당 상가건물에 대한 등기부상의 표시와 불일치하는 경우에는 특별한 사정이 없는 한 그 사업자등록은 제3자에 대한 관계에서 유효한 임대차의 공시방법이 될 수 없다.

③ 사업자등록을 마친 사업자가 임차건물의 전대차 등으로 해당 사업을 개시하지 않거나 사실상 폐업한 경우에는 적법한 사업자등록이라고 볼 수 없다(대판 2005다64002).

④ 사업자등록은 대항력 또는 우선변제권의 취득요건일뿐만 아니라 존속요건이기도 하므로, 배당요구의 종기까지 존속하고 있어야 하는 것이다. 따라서 상가건물을 임차하고 사업자등록을 마친 사업자가 폐업신고를 하였다가 다시 같은 상호 및 등록번호로 사업자등록을 하였다고 하더라도 대항력 및 우선변제권이 그대로 존속한다고 할 수 없다(대판 2006다56299).

⑤ 소유권이전등기청구권을 보전하기 위하여 가등기가 경료된 후 비로소 「상가건물 임대차보호법」 소정의 대항력을 취득한 상가건물의 임차인으로서는 그 가등기에 기하여 본등기를 경료한 자에 대하여 임대차의 효력으로써 대항할 수 없다(대판 2007다25599).

OX 보증금이 전액 변제되지 아니한 대항력이 있는 임차권은 임차건물에 대하여 「민사집행법」에 따른 경매가 실시된 경우에 그 임차건물이 매각되면 소멸한다. (×) 제26회

(3) 경매로 인한 임차권의 소멸

임차권은 임차건물에 대하여 「민사집행법」에 의한 경매가 행하여진 경우에는 그 임차건물의 경락에 의하여 소멸한다. 다만, 보증금이 전액 변제되지 아니한 대항력이 있는 임차권은 그러하지 아니하다.

4 확정일자인에 의한 우선변제권

(1) 의 의

① **대항요건**을 갖추고 관할 세무서장으로부터 임대차계약서상의 **확정일자**를 받은 임차인은 「민사집행법」에 의한 경매 또는 「국세징수법」에 의한 공매시 임차건물(임대인 소유의 대지를 포함)의 환가대금에서 후순위권리자 그 밖의 채권자보다 우선하여 보증금을 변제받을 권리가 있다.

② 임차인은 임차건물을 양수인에게 인도하지 아니하면 보증금을 수령할 수 없다.

(2) 확정일자 부여 및 임대차정보의 제공 등

① 확정일자는 상가건물의 소재지 관할 세무서장이 부여한다.

② 관할 세무서장은 해당 상가건물의 소재지, 확정일자 부여일, 차임 및 보증금 등을 기재한 확정일자부를 작성하여야 한다.

③ 상가건물의 임대차에 이해관계가 있는 자는 관할 세무서장에게 해당 상가건물의 확정일자 부여일, 차임 및 보증금 등 정보의 제공을 요청할 수 있다. 이 경우 요청을 받은 관할 세무서장은 정당한 사유 없이 이를 거부할 수 없다.

④ 임대차계약을 체결하려는 자는 임대인의 동의를 받아 관할 세무서장에게 정보제공을 요청할 수 있다.

(3) 우선변제권의 승계

전술한 「주택임대차보호법」상 우선변제권의 승계와 동일하다.

OX

1. 임대차계약의 당사자가 아닌 이해관계인은 관할 세무서장에게 임대인·임차인의 인적사항이 기재된 서면의 열람을 요청할 수 없다. (○) 제29회
2. 임차인은 대항력과 확정일자를 갖춘 경우, 경매에 의해 매각된 임차건물을 양수인에게 인도하지 않더라도 배당에서 보증금을 수령할 수 있다. (×) 제25회

5 최우선변제권

(1) 요건과 내용

① 임차인은 보증금 중 일정액을 **다른 담보물권자보다** 우선하여 변제받을 권리가 있다. 이 경우 임차인은 건물에 대한 경매신청등기 전에 대항요건을 갖추어야 한다.

② 최우선변제를 받을 임차인 및 보증금 중 일정액의 범위와 기준은 임대건물가액(임대인소유의 대지 가액을 포함)의 **2분의 1**의 범위 안에서 해당 지역의 경제여건, 보증금 및 차임 등을 고려하여 대통령령으로 정한다.

(2) 최우선변제대상 보증금과 보호금액

① **대상 보증금과 보호금액**

구 분	최우선변제대상	최우선변제금액
서울특별시	6,500만원 이하	2,200만원까지
과밀억제권역(서울특별시 제외)	5,500만원 이하	1,900만원까지
광역시(과밀억제권역·군지역 제외) **안산·용인·김포·광주시**	3,800만원 이하	1,300만원까지
그 밖의 지역	3,000만원 이하	1,000만원까지

※ 참고 보증금 산정은 월차임이 있는 경우 월차임에 100을 곱한 금액을 보증금에 합산한다.

OX

1. 보증금 5,000만원, 월차임 100만원인 서울특별시 소재 상가건물의 임대차에 있어서 그 건물의 경매시 임차인은 2천 5백만원을 다른 담보권자보다 우선하여 변제받을 수 있다. (×) 제27회
2. 서울시 소재 상가건물에 대한 보증금 5,000만원, 월차임 100만원의 임대차에 있어서 상가건물에 대한 경매개시결정등기 전에 임차인이 건물의 인도와 사업자등록을 신청한 때에는 보증금 5천만원을 선순위 저당권자보다 우선변제 받을 수 있다. (×) 제30회

② **보호범위 제한**

㉠ 임차인의 보증금 중 일정액이 상가건물의 가액의 2분의 1을 초과하는 경우에는 상가건물의 가액의 2분의 1에 해당하는 금액에 한하여 우선변제권이 있다.

㉡ 하나의 상가건물에 임차인이 2인 이상이고, 그 각 보증금 중 일정액의 합산액이 상가건물의 가액의 2분의 1을 초과하는 경우에는 그 각 보증금 중 일정액의 합산액에 대한 각 임차인의 보증금 중 일정액의 비율로 그 상가건물의 가액의 2분의 1에 해당하는 금액을 분할한 금액을 각 임차인의 보증금 중 일정액으로 본다.

6 보증금반환청구소송 등

(1) 「소액사건심판법」 준용

임차인이 임대인에게 제기하는 보증금반환청구소송에 관하여는 「소액사건심판법」을 준용한다.

(2) 임차인의 경매에 대한 특례

임차인이 임차건물에 대하여 보증금반환청구소송의 확정판결 그 밖에 이에 준하는 집행권원에 기한 경매를 신청하는 경우에는 「민사집행법」 제41조의 규정에 불구하고 반대의무의 이행 또는 이행의 제공을 집행개시의 요건으로 하지 아니한다.

7 임차권등기명령

(1) 신청절차

① 임대차가 종료된 후 보증금을 돌려받지 못한 임차인은 임차건물의 소재지를 관할하는 지방법원, 지방법원지원 또는 시·군법원에 임차권등기명령을 신청할 수 있다.

② 금융기관 등은 임차인을 대위하여 임차권등기명령을 신청할 수 있다. 이 경우 임차인은 금융기관 등으로 본다.

OX 임차인은 임차권등기명령 신청과 관련된 비용을 임대인에게 청구할 수 없다. (×)
제25회, 제29회

③ **비용청구**: 임차인은 임차권등기명령의 신청 및 그에 따른 임차권등기와 관련하여 소요된 비용을 임대인에게 청구할 수 있다.

④ **항고**: 신청을 기각하는 결정에 대하여 임차인은 항고할 수 있다.

(2) 등기의 효력

① 임차권등기명령의 집행에 의한 임차권등기가 경료되면 임차인은 대항력 및 우선변제권을 취득한다. 다만, 임차인이 임차권등기 이전에 이미 대항력 또는 우선변제권을 취득한 경우에는 그 대항력 또는 우선변제권이 그대로 유지되며, 임차권등기 이후에는 대항요건을 상실하더라도 이미 취득한 대항력 또는 우선변제권을 상실하지 아니한다.

② 임차권등기명령의 집행에 의한 임차권등기가 경료된 건물을 그 이후에 임차한 임차인은 최우선변제를 받을 권리가 없다.

③ 임차권등기명령의 집행에 따라 임차권등기가 경료된 경우라도 물권으로 전환되는 것은 아니므로 이에 기해 경매를 신청할 수는 없다.

(3) 「민법」에 따른 상가건물 임대차등기의 효력

상가건물 임대차에 관하여 「민법」 제621조에 따라 경료된 임차권등기의 효력에는 「상가건물 임대차보호법」상 임차권등기의 효력규정을 준용한다.

OX 상가건물의 임대차를 등기한 때에는 그 다음 날부터 제3자에 대하여 효력이 생긴다. (×) 제25회

8 권리금 보호

(1) 의 의

① **권리금 계약**: 신규임차인이 임차인에게 권리금을 지급하기로 하는 계약

② **권리금 보호규정의 적용 제외**

㉠ 상가건물이 「유통산업발전법」상 대규모점포나 준대규모점포의 일부인 경우

㉡ 상가건물이 국유재산 또는 공유재산인 경우

OX

1. 권리금 계약이란 신규임차인이 되려는 자가 임차인에게 권리금을 지급하기로 하는 계약을 말한다. (○) 제26회
2. 대통령령으로 정하는 보증금액을 초과하는 임대차인 경우에도 「상가건물 임대차보호법」상 권리금에 관한 규정이 적용된다. (○) 제33회

(2) 권리금의 회수기회 보호 등

① **권리금 회수방해 금지**: 임대인은 임대차기간이 끝나기 **6개월** 전부터 임대차 종료시까지 다음의 행위를 하여서는 아니 된다. 다만, 임차인의 계약갱신요구에 대한 임대인의 거절사유에 해당하는 경우에는 그러하지 아니하다.

㉠ 신규임차인에게 권리금을 요구하거나 권리금을 수수하는 행위

㉡ 신규임차인으로 하여금 임차인에게 권리금을 지급하지 못하게 하는 행위

㉢ 신규임차인이 되려는 자에게 현저히 고액의 차임과 보증금을 요구하는 행위

㉣ 그 밖에 정당한 사유 없이 신규임차인과 임대차계약의 체결을 거절하는 행위

② **임대인의 임대차계약 거절의 정당한 사유**

㉠ 신규임차인이 되려는 자가 보증금 또는 차임을 지급할 자력이 없는 경우

㉡ 신규임차인이 되려는 자가 임차인으로서의 의무를 위반할 우려가 있는 경우

㉢ 임대차 목적상가건물을 **1년 6개월** 이상 영리목적으로 사용하지 아니한 경우

㉣ 임대인이 선택한 신규임차인이 임차인과 권리금 계약을 체결하고 그 권리금을 지급한 경우

③ **손해배상책임**

㉠ 임대인이 규정을 위반하여 임차인에게 손해를 발생하게 한 때에는 그 손해를 배상할 책임이 있다. 이 경우 그 손해배상액은 신규임차인이 임차인에게 지급하기로 한 권리금과 임대차 종료 당시의 권리금 중 **낮은 금액**을 넘지 못한다.

㉡ 임대인에게 손해배상을 청구할 권리는 **임대차가 종료한 날부터 3년 이내에** 행사하지 아니하면 시효의 완성으로 소멸한다.

④ **임차인의 정보제공의무**: 임차인은 임대인에게 신규임차인이 되려는 자의 보증금 및 차임을 지급할 자력 그 밖에 임차인으로서의 의무를 이행할 의사 및 능력에 관하여 자신이 알고 있는 정보를 제공하여야 한다.

OX

1. 국토교통부장관은 법무부장관과 협의를 거쳐 권리금 계약을 체결하기 위한 표준권리금계약서를 정하여 그 사용을 권장할 수 있다. (○) 제26회
2. 국토교통부장관은 권리금에 대한 감정평가의 절차와 방법 등에 관한 기준을 고시할 수 있다. (○) 제26회

(3) 표준권리금계약서의 작성 등

국토교통부장관은 **법무부장관과 협의**를 거쳐 임차인과 신규임차인이 되려는 자의 권리금 계약 체결을 위한 표준권리금계약서를 정하여 그 사용을 권장할 수 있다.

(4) 권리금 평가기준의 고시

국토교통부장관은 권리금의 감정평가의 절차 · 방법 등에 관한 기준을 고시할 수 있다.

판례

1. 사업자등록신청서에 첨부된 임대차계약서에 기재된 환산보증금이 상가임대차법 적용한도를 초과하는 경우 실제 임대차계약에 따라 환산된 보증금액이 기준을 충족하더라도 임차인은 동법의 보호를 받을 수 없다.
2. 최초의 임대차기간을 포함한 전체 임대차기간이 10년을 초과하여 임차인이 계약갱신요구권을 행사할 수 없는 경우에도 임대인은 권리금 회수기회 보호의무를 부담한다.
3. 임대인이 임차인이 주선할 신규임차인과 임대차계약을 체결할 의사가 없음을 확정적으로 표시한 경우, 임차인이 실제로 신규임차인을 주선하지 않았더라도 임대인에게 권리금 회수방해로 인한 손해배상을 청구할 수 있다.
4. 임대차계약 종료에 따른 임차인의 임차목적물 반환의무와 임대인의 권리금 회수 방해로 인한 손해배상의무가 동시이행관계에 있다고 볼 수 없다.
5. 권리금 회수방해로 인한 손해배상책임이 성립하기 위하여 임차인과 신규임차인이 되려는 자 사이에 권리금 계약이 미리 체결되어 있어야 하는 것은 아니다.

9 기 타

(1) 차임증감청구권

① **증감청구**: 차임 또는 보증금이 임차건물에 관한 조세, 공과금, 그 밖에 부담의 증감이나 제1급 감염병 등에 의한 경제사정의 변동으로 인하여 상당하지 아니하게 된 때에는 당사자는 장래에 대하여 그 증감을 청구할 수 있다.

② **증액제한**: 증액의 경우에는 청구 당시의 차임 또는 보증금의 100분의 5의 금액을 초과하지 못하며, 증액청구는 임대차계약 또는 약정한 차임 등의 증액이 있은 후 1년 이내에는 이를 하지 못한다.

③ **특례규정**: 「감염병의 예방 및 관리에 관한 법률」에 따른 제1급 감염병에 의한 경제사정의 변동으로 차임 등이 감액된 후 임대인이 증액을 청구하는 경우에는 증액된 차임 등이 감액 전 차임 등의 금액에 달할 때까지는 증액비율 제한규정을 적용하지 아니한다.

(2) 월차임 전환시 산정률의 제한

보증금의 전부 또는 일부를 월 단위의 차임으로 전환하는 경우에는 그 전환되는 금액에 다음 ① 또는 ② 중 낮은 비율을 곱한 월차임의 범위를 초과할 수 없다.

① 「은행법」에 따른 은행의 대출금리 및 해당 지역의 경제여건 등을 고려하여 대통령령으로 정하는 비율(연 1할 2푼)

② 한국은행에서 공시한 기준금리에 대통령령으로 정한 배수를 곱한 비율(4.5배수)

(3) 전대차의 준용

임차인의 계약갱신요구권규정, 환산보증금 초과 임대차계약의 갱신시 증감청구권규정, 차임연체시 해지규정, 계약갱신요구 등에 관한 임시 특례규정(계약갱신요구권, 차임연체와 해지), 차임 등의 증감청구권규정, 월차임 전환시 산정률의 제한규정 등은 전대인과 전차인의 전대차관계에 적용한다.

(4) 표준계약서의 작성 등

법무부장관은 국토교통부장관과 협의를 거쳐 보증금, 차임액, 임대차기간, 수선비 분담 등의 내용이 기재된 상가건물임대차표준계약서를 정하여 그 사용을 권장할 수 있다.

OX

1. 보증금 5천만원, 월차임 1백만원으로 한 상가건물의 임대차에 있어서 임대인의 차임증액청구가 인정되더라도 10만원까지만 인정된다. (×) 제30회
2. 차임 또는 보증금의 감액이 있은 후 1년 이내에는 다시 감액을 하지 못한다. (×) 제30회

■ 상가건물임대차 분쟁조정위원회

조정위원회 설치	① 필수적 조정위원회 ㉠ 대한법률구조공단(공단)의 지부 ㉡ 한국토지주택공사(공사)의 지사 또는 사무소 ㉢ 한국부동산원(부동산원)의 지사 또는 사무소 ② 임의적 조정위원회: 시 · 도 조정위원회
심의 조정사항	① 차임 또는 보증금의 **증감**에 관한 분쟁 ② 임대차 **기간**에 관한 분쟁 ③ 보증금 또는 임차주택의 **반환**에 관한 분쟁 ④ 임차주택의 유지 · **수선** 의무에 관한 분쟁 ⑤ **권리금**에 관한 분쟁 ⑥ 그 밖에 대통령령으로 정하는 주택임대차에 관한 분쟁 ㉠ 임대차계약 이행 및 임대차계약 내용 해석에 관한 분쟁 ㉡ 임대차계약 갱신 및 종료에 관한 분쟁 ㉢ 임대차계약의 불이행에 따른 손해배상청구에 관한 분쟁 ㉣ **공인중개사 보수 등 비용부담에 관한 분쟁** ㉤ 상가건물임대차표준계약서 사용에 관한 분쟁 ㉥ 그 밖에 위원장이 조정이 필요하다고 인정하는 분쟁
주택임대차 규정의 준용	조정위원회에 대하여는 이 법에 규정한 사항 외에는 주택임대차분쟁조정위원회에 관한 **「주택임대차보호법」 규정을 준용**한다.

05 경매 · 공매관련 실무

1 경매의 종류

(1) 사경매

미술품, 농수산물, 골동품, 유명인사 유품 등 – 사경매시장 – 호가경매 多

(2) 공경매

① 경 매

㉠ 임의경매(담보권실행 경매) ⇨ 법원 시행

㉡ 강제경매(집행권원) ⇨ 법원 시행

② 공 매

㉠ 압류부동산 공매 ⇨ 한국자산관리공사에서 대행

㉡ 수탁(비업무용)부동산 공매 ⇨ 한국자산관리공사 시행

㉢ 유입부동산 ⇨ 한국자산관리공사 시행

2 강제경매와 임의경매

강제경매	임의경매
집행권원	담보물권
확정된 이행판결, 지급명령, 가집행선고부 판결, 각종조서, 공증된 금전채권 문서	질권, 저당권, 전세권, 담보가등기 등
예견되지 않은 경매	예견된 경매
• 일반재산 집행 • 인적 책임	• 특정재산 집행 • 물적 책임
임차인의 경매신청	저당권자인 금융기관의 경매신청

3 공매의 종류

압류부동산 공매	「국세징수법」 등에 근거하여 국세 · 지방세의 체납자의 재산을 압류한 후 체납된 세금을 징수하기 위해서 국가기관 · 지방자치단체가 한국자산관리공사에 공매대행을 의뢰하여 행하는 공매(실질이 경매와 유사)
수탁자산 공매 (비업무용 부동산 공매)	금융기관이 대출채권을 회수하기 위해 담보부동산을 경락받아 보유하고 있는 비업무용 부동산이나 재무구조 개선목적의 기업소유 비업무용 부동산을 한국자산관리공사가 부동산매각을 의뢰받아 이들 기관의 대리인으로서 일반인에게 매각하는 공매로서 비업무용 부동산 공매라고도 함
유입부동산 공매	한국자산관리공사가 부실채권정리기금으로 금융기관의 부실채권을 양수하여 부실채권을 회수하는 과정에서 담보부동산을 한국자산관리공사의 명의로 취득하여 일반인에게 매각하는 공매

4 경매와 공매의 비교

구 분	경매(압류부동산 공매)	비업무용 부동산 공매
권리분석	어려움	용이함
명도책임	매수인	매도인(법인/자산관리공사)
유찰시 저감율	10%~30%(압류공매 10%)	10%
수의계약	불가	가능
대금납부	완납(분납×)	분납가능 ⇨ 최장 5년
사전점유 · 사용	불가	가능(1/3 이상 납부시)
등기 전 명의변경	불가	가능
토지거래허가 여부	면제	필요(3회 이상 유찰시 면제)
농지취득자격증명	필요	필요
장 · 단점	• 공매보다 가격이 저렴 • 토지거래허가 면제 • 권리분석이 복잡 • 분쟁 및 위험성 높음 • 매수인이 인수책임을 짐	• 대금납부 조건이 유리함 • 권리분석이 용이함 • 자산관리공사가 인도책임 • 경매보다 다소 고가 • 토지거래허가 면제×

OX

1. 후순위 저당권자가 경매신청을 하였더라도 매각부동산 위의 모든 저당권은 매각으로 소멸된다. (○) 제31회, 제33회
2. 전세권 및 등기된 임차권은 저당권 · 압류채권에 대항할 수 없는 경우에는 매각으로 소멸된다. (○) 제33회
3. 매수인은 매각부동산에 경매개시결정등기가 마쳐진 후 유치권을 취득한 자에게 그 유치권으로 담보하는 채권을 변제할 책임이 있다. (×) 제31회
4. 유치권자는 유치권이 성립된 목적물을 경매로 매수한 자에 대하여 그 피담보채권의 변제를 청구할 수 있다. (×) 제33회

5 권리분석

소멸주의	인수주의
저당권 · 압류 · 가압류 · 담보가등기	유치권 · 법정지상권
① 소멸되는 권리 중 가장 먼저 설정된 권리가 말소기준권리 ② 말소기준권리보다 먼저 설정된 권리는 인수되고 뒤에 설정된 권리는 원칙적 말소	
말소기준권리보다 뒤에 설정된 용익물권 등 ① 지상권, 지역권, 전세권, 임차권 ② 보전가등기, 환매등기 ③ 대항요건을 갖춘 주택 · 상가임차권	말소기준권리보다 앞서 설정된 용익물권 등 ① 지상권, 지역권, 전세권, 임차권 ② 보전가등기, 환매등기 ③ 대항요건을 갖춘 주택 · 상가임차권
경매등기보다 늦게 경료된 위의 용익물권 등	경매등기보다 앞선 위 용익물권 등

- ❶ 전세권은 배당요구시 순위를 불문하고 소멸된다.
- ❶ 매수인은 유치권자에게 그 유치권으로 담보하는 채권을 변제할 책임이 있다.
- ❶ 압류의 효력 발생 이후에 채무자가 부동산에 관한 공사대금채권자에게 그 점유를 이전함으로써 유치권을 취득하게 한 경우 점유자가 유치권을 내세워 경매절차의 매수인에게 대항할 수 없다.

6 경매절차

(1) 경매신청과 경매개시결정

① 건축허가 또는 건축신고가 된 채무자 소유의 **미등기건물**에 대한 강제경매도 가능하다. 그러나 **무허가건물**은 강제경매가 불가하다.

② 경매절차 개시결정에는 동시에 그 부동산의 압류를 명하여야 한다. **압류의 효력**은 채무자에게 결정이 **송달**된 때 또는 **경매개시결정등기**가 된 때에 생긴다.

③ 압류는 부동산에 대한 채무자의 관리·이용에 영향을 미치지 아니한다.

④ 강제경매신청을 기각하거나 각하하는 재판에 대하여는 즉시항고를 할 수 있다.

⑤ 경매개시결정을 한 부동산에 대하여 다른 강제경매의 신청이 있는 때에는 법원은 다시 경매개시결정을 하고, 먼저 경매개시결정을 한 집행절차에 따라 경매한다. 따라서 **이중경매신청**이라도 각하하여서는 아니된다.

⑥ **경매신청이 취하**되면 압류의 효력은 소멸된다. 다만, 매수신고가 있은 뒤 경매신청을 취하하는 경우에는 최고가매수신고인 또는 매수인과 차순위매수신고인의 동의를 받아야 그 효력이 생긴다.

⑦ 제3자는 권리를 취득할 때에 경매신청 또는 압류가 있다는 것을 알았을 경우에는 압류에 대항할 수 없다.

⑧ 이해관계인은 매각대금이 모두 지급될 때까지 법원에 경매개시결정에 대한 이의신청을 할 수 있다.

OX

1. 부동산에 대한 압류는 채무자에게 경매개시결정이 송달된 때 또는 그 결정이 등기된 때에 효력이 생긴다. (○) 제20회
2. 압류는 부동산에 대한 채무자의 관리·이용에 영향을 미치지 아니한다. (○) 제35회
3. 경매개시결정을 한 부동산에 대하여 다른 강제경매의 신청이 있는 때에는 법원은 뒤의 경매신청을 각하해야 한다. (×) 제28회
4. 제3자는 권리를 취득할 때에 경매신청 또는 압류가 있다는 것을 알았을 경우에도 압류에 대항할 수 있다. (×) 제35회
5. 매수신고가 있은 뒤 경매신청이 취하되더라도 그 경매신청으로 발생된 압류의 효력은 소멸되지 않는다. (×) 제18회

(2) 배당요구의 종기 결정·공고

① 압류의 효력이 생긴 때부터 1주 이내에 집행법원은 절차에 필요한 기간을 감안하여 **배당요구의 종기**를 첫 매각기일 이전으로 정하여 공고하여야 한다.

② 법원은 특별히 필요하다고 인정하는 경우에는 배당요구의 종기를 연기할 수 있다.

③ 배당요구에 따라 매수인이 인수하여야 할 부담이 바뀌는 경우 배당요구를 한 채권자는 배당요구의 종기가 지난 뒤에 이를 철회하지 못한다.

④ 배당요구채권자로서 배당요구를 하지 않은 경우에는 선순위 채권자라도 배당을 받을 수 없을 뿐만 아니라 자기보다 후순위 채권자로서 배당을 받은 자를 상대로 부당이득반환청구를 하여 배당액에 해당하는 금액을 돌려받을 수 없다.

OX

1. 배당요구를 하여야 배당받을 수 있는 권리자는 경매개시결정에 따른 압류의 효력이 발생한 때부터 1개월 이내에 배당요구신청을 하여야 한다. (×) 제18회
2. 배당요구에 따라 매수인이 인수해야 할 부담이 바뀌는 경우 배당요구를 한 채권자는 배당요구의 종기가 지난 뒤에 이를 철회하지 못한다. (○) 제20회

OX

1. 임차권등기명령에 의한 임차권 등기가 첫 경매개시결정등기 전에 이루어진 경우, 임차인은 별도의 배당요구를 하지 않아도 당연히 배당받을 채권자에 속한다. (○) 제19회
2. 임차주택에 대해 임차인이 집행권원을 얻어 강제경매를 신청하였더라도 우선변제권을 인정받기 위해서는 배당요구의 종기까지 별도로 배당요구를 하여야 한다. (×) 제30회
3. 경매개시결정이 등기된 뒤에 가압류를 한 채권자는 배당요구를 할 수 있다. (○) 제35회

배당요구의 필요성

구 분	채권자
당연배당 채권자	① 배당요구의 종기까지 경매신청을 한 압류채권자(이중경매신청인) ② 첫 경매등기 전에 등기한 가압류채권자 ③ 첫 경매등기 전에 등기한 체납처분에 의한 압류등기권자 ④ 첫 경매등기 전에 등기된 저당권 · 전세권(소멸) 기타 우선변제권자
배당요구 채권자	① 집행력 있는 정본을 가진 채권자, 국세 등의 교부청구권자 ② 첫 경매등기 후에 등기한 가압류채권자 ③ 첫 경매등기 후에 등기된 저당권 · 전세권 기타 우선변제청구권 ④ 주택 · 상가임차인으로 우선변제권 · 최우선변제권이 있는 자 등

(3) 매각의 준비

① 현황조사 ⇨ 부동산 현황, 임대차 관계 등

② 공무소 및 이해관계인에 대한 채권신고의 최고

③ 감정인에게 부동산을 평가하게 하고, 평가액을 참작하여 **최저매각가격**을 정한다.

④ **남을 가망 없는 경매**: **최저매각가격**으로 압류채권자의 채권에 우선하는 부동산의 모든 부담과 절차비용을 변제하면 남을 것이 없겠다고 인정되면 경매절차가 취소될 수 있다.

⑤ **매각물건명세서의 작성 · 비치**: 매각기일의 1주일 전까지

(4) 매각공고 ⇨ 매각기일 및 매각결정기일 지정 · 공고

① 최초의 매각기일은 공고일로부터 14일 이상의 간격

② 매각결정기일 ⇨ 매각기일로부터 1주 내로 정함

(5) 매각기일(매각의 실시)

① **매각방법**(3가지)

㉠ 매각기일에 하는 **호가경매**

㉡ 매각기일에 입찰 및 개찰하게 하는 **기일입찰**

㉢ 입찰기간 이내에 입찰하게 하여 매각기일에 개찰하는 **기간입찰**

❶ 1기일 2회 입찰: ㉠, ㉡**의 경우** 매각기일을 마감할 때까지 허가할 매수가격의 신고가 없는 때에는 집행관은 즉시 매각기일의 마감을 취소하고 같은 방법으로 매수가격을 신고하도록 최고할 수 있다.

OX

1. 부동산의 매각은 호가경매(呼價競賣), 기일입찰 또는 기간입찰의 세 가지 방법 중 집행법원이 정한 방법에 따른다. (○) 제28회
2. 기일입찰에서 매수신청인은 보증으로 매수가격의 10분의 1에 해당하는 금액을 집행관에게 제공해야 한다. (×) 제26회

② **매수신청**(입찰)**보증금**: 최저매각가격의 10분의 1

③ **최고가매수신고인의 결정**

㉠ 개찰결과 최고의 가격으로 응찰하고 소정의 입찰보증금을 제출한 자로 판명된 자를 최고가매수신고인으로 결정한다.

㉡ 최고가매수신고를 한 사람이 **둘 이상인 때**에는 집행관은 그 사람들에게 다시 입찰하게 하여 최고가매수신고인을 정한다. 이 경우 입찰자는 전의 입찰가격에 못 미치는 가격으로는 입찰할 수 없다.

㉢ 다시 입찰하는 경우에 입찰자 모두가 입찰에 응하지 아니하거나(전의 입찰가격에 못 미치는 가격으로 입찰한 경우에는 입찰에 응하지 아니한 것으로 본다) 두 사람 이상이 다시 최고의 가격으로 입찰한 때에는 추첨으로 최고가매수신고인을 정한다.

④ 차순위매수신고는 그 신고액이 **최고가매수신고액에서 그 보증액을 뺀 금액을 넘는 때에만** 할 수 있다.

⑤ 최고가매수신고인과 차순위매수신고인을 제외한 다른 매수신고인은 매각기일 종결고지에 따라 매수의 책임을 벗고, 즉시 보증금을 돌려 줄 것을 신청할 수 있다.

⑥ **공유자**는 매각기일까지 보증을 제공하고 최고매수신고가격과 같은 가격으로 채무자의 지분을 **우선매수**하겠다는 **신고**를 할 수 있다. 이 경우 법원은 최고가매수신고가 있더라도 그 공유자에게 매각을 허가하여야 한다.

⑦ **새매각**(신매각): 유찰된 경우 최저매각가격을 상당히 저감하여 새매각기일을 정한다.

■ 매수신청 가능 여부

매수신청을 할 수 없는 자	매수신청을 할 수 있는 자
① 채무자	① 채권자
② 매각절차에 관여한 집행관 및 그 친족	② 담보권자
③ 매각 부동산을 평가한 감정인 및 그 친족	③ 제3취득자
④ 집행법원을 구성하는 법관 및 사무관	④ 물상보증인
⑤ 재매각에 있어서 전 매수인	⑤ 채무자의 가족
⑥ 경매관련 죄로 유죄판결 후 2년 미경과자	⑥ 외국인 등

OX

1. 최고가매수신고를 한 사람이 2명인 때에는 법원은 그 2명뿐만 아니라 모든 사람에게 다시 입찰하게 하여야 한다. (×) 제30회
2. 최고가매수신고를 한 사람이 2명 이상인 이유로 다시 입찰하는 경우, 전의 입찰가격에 못 미치는 가격으로 입찰하여 매수할 수 있다. (×) 제30회
3. 차순위매수신고는 그 신고액이 최고가매수신고액에서 그 보증액을 뺀 금액을 넘는 때에만 할 수 있다. (○) 제31회
4. 차순위매수신고는 그 신고액이 최고가매수신고액에서 그 보증액을 뺀 금액을 넘지 않는 때에만 할 수 있다. (×) 제29회
5. 차순위매수신고인의 경우 매각기일이 종결되면 즉시 매수신청의 보증을 돌려줄 것을 신청할 수 있다. (×) 제30회

(6) **매각결정기일**(매각허가 · 불허가의 결정)

① 이해관계인은 매각허가여부의 결정에 따라 손해를 볼 경우에만 그 결정에 대하여 즉시항고를 할 수 있다.

② 매각허가에 정당한 이유가 없거나 결정에 적은 것 외의 조건으로 허가하여야 한다고 주장하는 매수인 또는 매각허가를 주장하는 매수신고인도 즉시항고를 할 수 있다.

③ 매각허가결정에 대한 항고는 매각허가에 대한 이의신청사유가 있다거나, 그 결정절차에 중대한 잘못이 있다는 것을 이유로 드는 때에만 할 수 있다.

④ **매각허가결정**에 대하여 **항고**를 하고자 하는 사람은 보증으로 **매각대금의 10분의 1**에 해당하는 금전 또는 법원이 인정한 유가증권을 공탁하여야 한다.

⑤ 채무자 및 소유자가 한 매각허가에 대한 **항고가 기각**된 때에는 항고인은 보증으로 제공한 금전이나 유가증권을 돌려 줄 것을 요구하지 못한다.

⑥ 채무자 및 소유자 외의 사람이 한 매각허가에 대한 항고가 기각된 때에는 항고인은 항고를 한 날부터 항고기각결정이 확정된 날까지의 매각대금에 대한 대법원규칙이 정하는 이율에 의한 금액에 대하여는 돌려 줄 것을 요구할 수 없다.

⑦ **과잉매각의 불허가**: 여러 개의 부동산을 매각하는 경우 한 개의 부동산의 매각대금으로 모든 채권자의 채권액과 강제집행비용을 변제하기에 충분하면 다른 부동산의 매각을 허가하지 아니한다. 다만, 일괄매각의 경우에는 그러하지 아니하다.

⑧ 불허가(농지취득자격증명 미제출, 경매절차하자 등 발생) 결정시는 저감 없는 새매각을 진행한다.

⑨ 농지취득자격증명 등은 **매각결정기일**까지 제출하여 증명하여야 한다.

OX

1. 매각허가결정에 대하여 항고를 하고자 하는 사람은 보증으로 매각대금의 10분의 1에 해당하는 금전 또는 법원이 인정한 유가증권을 공탁해야 한다. (○) 제28회
2. 매각허가결정에 대하여 항고하고자 하는 사람은 보증으로 최저매각가격의 10분의 1에 해당하는 금전을 공탁해야 한다. (×) 제21회

(7) **대금의 납부**

① 매수인은 **대금지급기한까지** 언제든지 매각대금을 납부 가능

② 대금납부 효과 ⇨ 매각대상권리를 확정적으로 취득(차순위매수신고인 보증금 반환)

③ 대금미납 ⇨ 차순위매수신고인이 없는 경우 재매각(저감×) 실시. 다만, 차순위매수신고인이 있는 경우 그에 대한 허가 · 불허가결정을 함.

④ 매수인이 재매각기일 3일 전까지 대금 및 연체이자 납부시 재매각절차 취소

⑤ 배당받을 채권자가 매수인인 경우 **상계신청 가능**

OX

1. 매각허가결정이 확정되면 매수인은 법원이 정한 대금지급기일에 매각대금을 지급해야 한다. (×) 제23회, 제26회
2. 재매각절차에서 전(前) 매수인은 매수신청을 할 수 없고 매수신청 보증을 돌려 줄 것을 요구하지 못한다. (○) 제31회

⑻ 배당 및 등기 촉탁

① 배당표에 따라 배당 실시

② 매수인은 서류 등 제출/그 등기와 말소의 비용은 매수인의 부담

⑼ 인도명령

① 대금을 납부한 후 **6개월 이내** 신청 ⇨ 채무자 · 소유자 · 점유자

② 다만, 대항할 수 있는 권원에 의한 점유자는 인도명령 대상(×)

⑽ 배당순위

제0순위	경매비용, 저당부동산의 제3취득자의 필요비 · 유익비 등 비용상환청구권
제1순위	소액 주택임대차보증금채권, 소액상가임대차보증금채권 중 일정액 「근로기준법」상 최종 3개월분 임금채권 및 최종 3년분 퇴직금채권(안분배당)
제2순위	해당세(집행의 목적물에 대하여 부과된 국세 · 지방세)
제3순위	해당세를 제외한 담보권보다 법정기일이 앞선 국세 · 지방세
제4순위	저당권 · 전세권 등에 의해 담보된 채권 우선변제권 있는 주택임대차보증금채권/상가임대차보증금채권(순위배당)
제5순위	일반임금채권
제6순위	해당세를 제외한 담보권보다 법정기일이 후순위인 국세 · 지방세
제7순위	건강보험료 · 산재보험료 · 국민연금료
제8순위	일반채권(안분배당)

OX

1. 매수인은 매각대금을 다 낸 때에 매각의 목적인 권리를 취득한다. (○) 제31회, 제33회
2. 매수인은 매각대금을 다 낸 후 소유권이전등기를 촉탁한 때 매각의 목적인 권리를 취득한다. (×) 제29회

06 매수신청대리인 등록관련 실무

1 총 칙

매수신청대리권의 범위	대리대상물
① 매수신청 보증의 제공 ② 입찰표의 작성 및 제출 ③ 차순위매수신고 ④ 매수신청 보증의 반환을 신청하는 행위 ⑤ 공유자의 우선매수신고 ⑥ 구 「임대주택법」에 따른 임차인의 임대주택 우선매수신고 ⑦ ⑤, ⑥의 경우 차순위매수신고인의 지위 포기행위	① 토지 ② 건축물 그 밖의 토지의 정착물 ③ 입목 ④ 광업재단 ⑤ 공장재단
❶ 대리권 범위 ×: ① 불허가에 대한 **항**고, ② **명**도소송, ③ **인**도명령, ④ **대**금납부	

OX
1. 매수신청대리인 등록을 한 개업공인중개사는 「공장 및 광업재단 저당법」에 따른 광업재단에 대한 매수신청대리를 할 수 있다. (○) 제31회
2. 매수신청대리인인 개업공인중개사는 입찰표를 작성·제출할 수 있다. (○) 제32회
3. 매수신청대리인으로 등록된 개업공인중개사는 매수신청대리의 위임을 받은 경우 법원의 부당한 매각허가결정에 대하여 항고할 수 있다. (×) 제27회

2 매수신청대리인 등록

(1) 등록요건

① **공인중개사인 개업공인중개사**이거나 **법인인 개업공인중개사**일 것

② 부동산경매에 관한 **실무교육**을 이수하였을 것

③ **보증보험** 또는 **공제**에 가입하였거나 **공탁**을 하였을 것

OX
1. 중개사무소의 개설등록을 하지 않은 공인중개사라도 매수신청대리인으로 등록할 수 있다. (×) 제27회
2. 소속공인중개사는 매수신청대리인 등록을 할 수 있다. (×) 제26회

(2) 등록의 결격사유

① 매수신청대리인 **등록이 취소**된 후 3년이 지나지 아니한 자. 단, 중개업 폐업신고 또는 매수신청대리업 폐업신고에 의한 등록취소는 제외한다.

② 경매관련 죄로 유죄판결을 받고 그 판결 확정일부터 2년이 지나지 아니한 자

③ 매수신청대리업무정지처분을 받고 중개업 폐업신고를 한 자로서 업무정지기간(폐업에 불구하고 진행되는 것으로 본다)이 경과되지 아니한 자

④ 매수신청대리업무정지처분을 받은 개업공인중개사인 법인의 업무정지의 사유가 발생한 당시의 사원 또는 임원이었던 자로서 해당 개업공인중개사에 대한 업무정지기간이 경과되지 아니한 자

⑤ 위 ①부터 ④까지 중 어느 하나에 해당하는 자가 사원 또는 임원으로 있는 법인인 개업공인중개사

OX
1. 개업공인중개사의 중개업 폐업신고에 따라 매수신청대리인 등록이 취소된 경우는 그 등록이 취소된 후 3년이 지나지 않더라도 등록의 결격사유에 해당하지 않는다. (○) 제26회
2. 폐업신고를 하여 매수신청대리인 등록이 취소된 후 3년이 지나지 않은 甲은 매수신청대리인 등록을 할 수 없다. (×) 제29회

(3) 등록신청

① **관할**: 중개사무소(주된 중개사무소)가 있는 곳을 관할하는 지방법원의 장

② **제출서류**: 등록신청서에 다음의 서류를 첨부

㉠ 공인중개사자격증 사본 ㉡ 법인의 등기사항증명서(법인인 경우에 한함). 다만, 행정정보 공동이용 예외 있음 ㉢ 중개사무소등록증 사본 ㉣ 실무교육 이수증 사본 ㉤ 여권용 사진(3.5cm × 4.5cm) 2매 ㉥ 보증보험증서 사본, 공제증서 사본 또는 공탁증서 사본

③ **수수료**: 공인중개사 20,000원, 법인인 개업공인중개사 30,000원 ⇨ 정부수입인지로 납부

(4) 등록처분

① **처리기한**: 14일 이내

② **개업공인중개사의 종별에 따라 구분하여 등록**: 공인중개사 / 법인인 개업공인중개사

(5) 등록증의 교부

매수신청대리인등록대장에 그 등록에 관한 사항을 기록 · 유지

(6) 등록증의 재교부

① **분실, 훼손**

② **기재사항 변경**: 등록증과 변경사항을 증명하는 서류를 첨부

3 업무범위 · 의무 · 보수

(1) 업무지역: 전국 법원

(2) 매수신청대리행위

① **대리행위의 방식**: 대리권증명서면의 제출

㉠ 제출서류: 본인의 **인감증명서**가 첨부된 **위임장**과 **대리인등록증 사본** 등

ⓐ 법인인 개업공인중개사는 위 문서 이외에 대표자의 자격을 증명하는 문서 추가 제출

OX

1. 매수신청대리인이 되고자 하는 법인인 개업공인중개사는 주된 중개사무소가 있는 곳을 관할하는 지방법원장에게 매수신청대리인 등록을 해야 한다. (○) 제27회

2. 매수신청대리인이 되고자 하는 공인중개사인 개업공인중개사는 중개사무소가 있는 곳을 관할하는 지방법원장에게 매수신청대리인 등록을 해야 한다. (○) 제23회

ⓑ 위임장에는 사건번호, 개별매각의 경우 물건번호, 대리인의 성명과 주소, 위임내용, 위임인의 성명과 주소를 기재하고, 위임인의 인감도장을 날인

㉡ 대리행위마다 대리권을 증명하는 문서 제출

ⓐ 같은 날 같은 장소에서 수개의 대리행위를 동시에 하는 경우에는 하나의 서면으로 갈음 가능

ⓑ 매 사건마다 제출하여야 함. 다만, 개별매각의 경우에는 매 물건번호마다 제출

② **직접 출석**: 개업공인중개사는 대리행위를 함에 있어서 매각장소 또는 집행법원에 직접 출석하여야 한다.

OX
1. 매수신청대리인으로 등록된 개업공인중개사는 본인의 인감증명서가 첨부된 위임장과 매수신청대리인등록증 사본을 한 번 제출하면 그 다음 날부터는 대리행위마다 대리권을 증명할 필요가 없다. (×) 제27회
2. 개업공인중개사는 기일입찰의 방법에 의한 매각기일에 매수신청대리행위를 할 때 집행법원이 정한 매각장소 또는 집행법원에 직접 출석해야 한다. (○) 제32회

(3) 매수신청대리 대상물의 확인 · 설명

① 확인 · 설명 의무

㉠ 개업공인중개사가 위임받은 경우 매수신청대리 대상물의 권리관계, 경제적 가치, 매수인이 부담하여야 할 사항 등에 대하여 위임인에게 성실 · 정확하게 설명하고 등기사항증명서 등 설명의 근거자료를 제시하여야 한다.

㉡ 확인 · 설명사항

ⓐ 해당 매수신청대리 대상물의 **표**시
ⓑ **권**리관계
ⓒ 법령의 규정에 따른 **제**한사항
ⓓ 해당 매수신청대리 대상물의 경제적 **가**치
ⓔ 대리대상물의 소유권을 취득함에 따라 **부**담 · 인수하여야 할 권리사항

② **확인 · 설명서 작성 · 교부 · 보존**: 개업공인중개사는 위임계약을 체결한 경우 확인 · 설명 사항을 서면으로 **작성**하여 **서명날인**한 후 위임인에게 **교부**하고, 그 사본을 사건카드에 철하여 **5년**간 **보존**하여야 한다.

OX
1. 개업공인중개사가 매수신청대리를 위임받은 경우 해당 매수신청대리 대상물의 경제적 가치에 대하여는 위임인에게 설명하지 않아도 된다. (×) 제25회
2. 개업공인중개사는 매수신청대리 대상물에 대한 확인 · 설명 사항을 서면으로 작성하여 사건카드에 철하여 3년간 보존해야 하며 위임인에게 교부할 필요는 없다. (×) 제35회

(4) 사건카드의 작성 · 보존

① **작성 및 서명날인**: 개업공인중개사는 매수신청대리 사건카드(서식 있음)를 비치하고, 사건을 위임받은 때에는 사건카드에 **기재**하고, **서명 · 날인**을 하여야 한다. ⇨ 교부(×)

② **보존**: 5년

③ **날인시 사용 인장**: 「공인중개사법」에 따라 등록한 인장을 사용하여야 한다.

OX 개업공인중개사는 매수신청대리 사건카드에 중개행위에 사용하기 위해 등록한 인장을 사용하여 서명 · 날인해야 한다. (○) 제28회

(5) 각종 신고의무

① 사유가 발생한 날로부터 10일 **이내**에 지방법원장에게 신고하여야 한다.

② **신고대상**

㉠ 중개사무소를 이전한 경우
㉡ 중개업을 휴업 또는 폐업한 경우
㉢ 공인중개사 자격이 취소된 경우
㉣ 공인중개사 자격이 정지된 경우
㉤ 중개사무소 개설등록이 취소된 경우
㉥ 중개업무가 정지된 경우
㉦ 분사무소를 설치한 경우

OX 개업공인중개사가 중개사무소를 이전한 경우 14일 이내에 乙에게 통지하고 지방법원장에게 그 사실을 신고해야 한다. (×) 제35회

(6) 금지행위

① 이중으로 매수신청대리인 등록신청을 하는 행위

② 매수신청대리인이 된 사건에 있어서 매수신청인으로서 매수신청을 하는 행위

③ 동일 부동산에 대하여 이해관계가 다른 2인 이상의 대리인이 되는 행위

④ 명의대여를 하거나 등록증을 대여 또는 양도하는 행위

⑤ 다른 개업공인중개사의 명의를 사용하는 행위

⑥ 「형법」상 경매·입찰방해죄에 해당하는 행위

⑦ 사건카드나 확인·설명서에 허위기재하거나 필수적 기재사항을 누락하는 행위

⑧ 그 밖에 다른 법령에 따라 금지되는 행위

OX

1. 이중으로 매수신청대리인 등록신청을 하는 행위는 개업공인중개사의 금지행위에 해당된다. (○) 제24회
2. 매수신청대리인 등록증을 대여하는 행위는 개업공인중개사의 금지행위에 해당된다. (○) 제24회
3. 개업공인중개사는 매수신청대리인이 된 사건에 있어서 매수신청인으로서 매수신청을 하는 행위를 해서는 아니 된다. (○) 제26회

(7) 게시의무 등

① **중개사무소 안의 보기 쉬운 곳에 게시사항**

㉠ 등록증
㉡ 매수신청대리 등 보수표
㉢ 보증의 설정을 증명할 수 있는 서류

② **"법원"의 명칭이나 휘장 등 표시 금지**(예외 있음)

OX

1. 개업공인중개사는 매수신청대리인 등록증을 자신의 중개사무소 안의 보기 쉬운 곳에 게시해야 한다. (○) 제28회
2. 매수신청대리인 등록을 한 개업공인중개사는 법원행정처장이 인정하는 특별한 경우 그 사무소의 간판에 "법원"의 휘장 등을 표시할 수 있다. (○) 제26회

OX 공인중개사법령상 중개사무소 개설등록에 필요한 실무교육을 이수하고 1년이 경과되지 않은 자는 매수신청대리인으로 등록하기 위하여 부동산 경매에 관한 실무교육을 별도로 받지 않아도 된다. (×) 제23회

(8) 실무교육

① **의 의**

㉠ 매수신청대리인 등록을 하고자 하는 개업공인중개사(법인인 개업공인중개사의 경우에는 공인중개사인 대표자)는 등록신청일 전 1년 이내에 **법원행정처장**이 지정하는 교육기관에서 부동산 경매에 관한 실무교육을 이수하여야 한다. 다만, 매수신청대리업 폐업신고 및 중개업 폐업신고 후 1년 이내에 다시 등록신청을 하고자 하는 자는 그러하지 아니하다.

㉡ 실무교육에는 **평가가 포함**되어야 하며, 교육시간, 교육과목 및 교육기관 지정에 관한 사항은 예규로 정한다.

② **실무교육의 내용**

㉠ 교육시간은 32시간 이상 44시간 이내로 한다.

㉡ 실무교육은 직업윤리, 「민사소송법」, 「민사집행법」, 경매실무 등 필수과목 및 교육기관이 자체적으로 정한 부동산경매 관련과목의 수강과 교육과목별 평가로 한다.

③ **교육기관의 지정**: 필요한 전문인력 및 교육시설을 갖추고 객관적 평가기준을 마련한 다음의 기관 또는 단체는 법원행정처장에게 그 지정승인을 요청할 수 있다.

㉠ 「고등교육법」에 따라 설립된 대학 또는 전문대학

㉡ 「공인중개사법」에 따라 설립된 공인중개사협회

(9) 손해배상책임의 보장

① **손해배상책임**: 매수신청대리인이 된 개업공인중개사는 매수신청대리를 함에 있어서 고의 또는 과실로 인하여 위임인에게 재산상 손해를 발생하게 한 때에는 그 손해를 배상할 책임이 있다.

② **보증의 설정**

㉠ 설정시기: 매수신청대리인 등록신청 전에 설정하여야 한다.

㉡ 설정방법: 보증보험 또는 협회의 공제에 가입하거나 공탁하여야 한다.

㉢ 설정금액

ⓐ 법인인 개업공인중개사: **4억원** 이상

ⓑ 분사무소: 분사무소마다 **2억원** 이상을 추가로 설정

ⓒ 공인중개사인 개업공인중개사: **2억원** 이상

OX

1. 매수신청대리인으로 등록한 개업공인중개사는 업무를 개시하기 전에 위임인에 대한 손해배상책임을 보장하기 위하여 보증보험 또는 협회의 공제에 가입하거나 공탁을 하여야 한다. (×) 제21회
2. 법인이 분사무소를 1개 둔 경우 매수신청대리에 따른 손해배상책임을 보장하기 위하여 설정해야 하는 보증의 금액은 6억원 이상이다. (○) 제35회

③ **보증관련 설명 · 교부의무**: 매수신청의 위임을 받은 개업공인중개사는 매수신청인에게 손해배상책임의 보장에 관한 다음의 사항을 설명하고 관계증서의 사본을 교부하거나 관계증서에 관한 전자문서를 제공하여야 한다.

㉠ 보장금액

㉡ 보증보험회사, 공제사업을 행하는 자, 공탁기관 및 그 소재지

㉢ 보장기간

④ **공탁금 회수 제한**: 공탁한 공탁금은 매수신청대리인이 된 개업공인중개사가 폐업, 사망 또는 해산한 날부터 3년 이내에는 이를 회수할 수 없다.

OX 매수신청대리인이 된 개업공인중개사가 손해배상책임을 보장하기 위하여 공탁한 공탁금은 그가 폐업, 사망 또는 해산한 날부터 3년 이내에는 회수할 수 없다. (○) 제23회

⑤ **보증의 변경 및 재설정**

㉠ 보증을 다른 보증으로 변경하고자 하는 경우에는 이미 설정한 보증의 효력이 있는 기간 중에 다른 보증을 설정하고, 그 증빙서를 갖추어 관할지방법원장에게 제출하여야 한다.

㉡ 보증보험 또는 공제에 가입한 개업공인중개사로서 보증기간의 만료로 인하여 다시 보증을 설정하고자 하는 자는 해당 보증기간 만료일까지 다시 보증을 설정하고, 관할지방법원장에게 제출하여야 한다.

⑥ **보증보험금의 지급 및 재가입 · 보전**

㉠ 매수신청인이 손해배상금으로 보증보험금, 공제금 또는 공탁금을 지급받고자 하는 경우에는 해당 매수신청인과 매수신청대리인이 된 개업공인중개사와의 손해배상합의서, 화해조서, 확정된 법원의 판결서 사본 또는 그 밖의 이에 준하는 효력이 있는 서류를 첨부하여 보증기관에 손해배상금의 지급을 청구하여야 한다.

㉡ 매수신청대리인이 된 개업공인중개사가 보증보험금, 공제금 또는 공탁금으로 손해배상을 한 때에는 15일 이내에 보증보험 또는 공제에 다시 가입하거나 공탁금 중 부족하게 된 금액을 보전하여야 한다.

(10) 공제사업

① **공제사업의 범위**

㉠ 공제기금의 조성 및 공제금의 지급에 관한 사업

㉡ 공제사업의 부대업무로서 공제규정으로 정하는 사업

② **공제규정의 제정 · 변경 승인**: 협회가 공제사업을 하고자 하는 때에는 공제규정을 제정하여 법원행정처장의 승인을 얻어야 한다. 공제규정을 변경하고자 하는 때에도 또한 같다.

③ **공제규정의 내용**

㉠ 공제계약의 내용: 협회의 공제책임, 공제금, 공제료, 공제기간, 공제금의 청구와 지급절차, 구상 및 대위권, 공제계약의 실효 등

㉡ 공제금: 손해배상책임 보장금액

㉢ 공제료: 공제사고 발생률, 보증보험료 등을 종합적으로 고려하여 결정한 금액

㉣ 회계기준: 공제사업을 손해배상기금과 복지기금으로 구분하여 각 기금별 목적 및 회계원칙에 부합되는 세부기준을 규정

㉤ 책임준비금의 적립비율: 공제사고 발생률 및 공제금 지급액 등을 종합적으로 고려하여 결정하되, 공제료 수입액의 **100분의** 10 이상으로 규정

④ **회계분리 및 책임준비금 전용 승인**: 협회는 공제사업을 다른 회계와 구분하여 별도의 회계로 관리하여야 하며, 책임준비금을 다른 용도로 사용하고자 하는 경우에는 **법원행정처장**의 승인을 얻어야 한다.

⑤ **공제사업 운용실적 공시**: 협회는 공제사업 운용실적을 매 회계연도 종료 후 **3개월 이내**에 일간신문 또는 협회보에 공시하고 협회 홈페이지에 게시하여야 한다.

⑥ **시정명령**: **법원행정처장**은 협회가 이 규칙 및 공제규정을 준수하지 아니하여 공제사업의 건전성을 해할 우려가 있다고 인정되는 경우에는 이에 대한 시정을 명할 수 있다.

⑦ **공제사업에 대한 검사**: **금융감독원의 원장**은 법원행정처장으로부터 **요청**이 있는 경우에는 협회의 공제사업에 관하여 검사를 할 수 있다.

(11) 휴업 또는 폐업

① **휴업 또는 폐업의 신고**

㉠ 매수신청대리인은 매수신청대리업을 **휴업**(3개월을 초과하는 경우), **폐업** 또는 휴업한 매수신청대리업을 **재개**하고자 하는 때에는 감독법원에 그 사실을 미리 신고하여야 한다. 휴업기간을 **변경**하고자 하는 때에도 같다.

㉡ 매수신청대리업을 휴업, 폐업, 휴업한 매수신청대리업의 재개 또는 휴업기간의 변경을 하고자 하는 때에는 신고서에 매수신청대리인**등록증을 첨부**(휴업 또는 폐업의 경우에 한함)하여 감독법원에 미리 신고하여야 한다. 법인인 개업공인중개사의 매수신청대리인의 분사무소의 경우에도 같다.

② **휴업기간**: 휴업은 **6개월**을 초과할 수 없다.

(12) 보 수

① **보수**: 개업공인중개사는 매수신청대리에 관하여 위임인으로부터 **예규**에서 정한 보수표의 범위 안에서 소정의 보수를 받는다. 이때 보수 이외의 명목으로 돈 또는 물건을 받거나 예규에서 정한 보수 이상을 받아서는 아니 된다.

② **보수의 설명의무**: 개업공인중개사는 보수표와 보수에 대하여 이를 위임인에게 위임계약 전에 설명하여야 한다.

③ **실비**: 개업공인중개사는 위임인으로부터 매수신청대리 대상물의 권리관계 등의 확인 또는 매수신청대리의 실행과 관련하여 발생하는 실비를 받을 수 있다. 다만, 매수신청대리에 필요한 통상의 실비는 보수에 포함된 것으로 본다.

④ **영수증의 교부**: 개업공인중개사는 보수를 받은 경우 예규에서 정한 양식에 의한 영수증을 작성하여 서명날인한 후 위임인에게 교부하여야 한다(보존×).

⑤ **보수의 지급시기**: 보수의 지급시기는 매수신청인과 매수신청대리인의 **약정**에 따르며, 약정이 없을 때에는 **매각대금의 지급기한일**로 한다.

■ 매수신청대리 등의 보수표

구분	내용
상담 및 권리분석 보수	(1) 보수: **50만원**의 범위 안에서 당사자의 합의에 의하여 결정한다. (2) 주의사항 ① 4개 부동산 이상의 일괄매각의 경우 3개를 초과하는 것부터 1부동산당 5만원의 범위 안에서 상한선을 증액할 수 있다. ② 개별매각의 여러 물건을 함께 분석하는 경우에는 1부동산당 5만원의 범위 안에서 상한선을 증액할 수 있다.
매수신청 대리보수	(1) 매각허가결정이 확정되어 매수인으로 된 경우 보수 ⇨ 감정가의 **1%** 이하 또는 최저매각가격의 **1.5%** 이하의 범위 안에서 당사자의 합의에 의하여 결정한다. (2) 최고가매수신고인 또는 매수인으로 되지 못한 경우 보수 ⇨ **50만원**의 범위 안에서 당사자의 합의에 의하여 결정한다.
실 비	(1) 실비: **30만원**의 범위 안에서 당사자의 합의에 의하여 결정한다. (2) 주의사항 ① 실비는 매수신청대리와 관련하여 발생하는 특별한 비용(원거리 출장비, 원거리 교통비 등)으로써 이에 관한 영수증 등을 첨부하여 청구하여야 한다. ② 매수신청대리 관련 통상의 비용(등기사항증명서 비용, 근거리교통비 등)은 위 보수에 당연히 포함된 것으로 보고, 별도청구하지 않는다.
영수증의 교부	양식에 의한 영수증 작성, 서명날인, 위임인에게 교부(○), 보존(×)

OX

1. 개업공인중개사는 매수신청대리에 관한 수수료표와 수수료에 대하여 위임인에게 위임계약 전에 설명해야 한다. (○) 제25회
2. 개업공인중개사는 매수신청대리에 관하여 위임인으로부터 수수료를 받은 경우, 그 영수증에는 중개행위에 사용하기 위해 등록한 인장을 사용해야 한다. (○) 제25회
3. 매수신청대리보수의 지급시기는 개업공인중개사와 매수신청인의 약정이 없을 때에는 매각대금의 지급기한일로 한다. (○) 제31회
4. 매수신청대리 보수의 지급시기는 당사자 간 약정이 없으면 매각허가결정일로 한다. (×) 제32회

4 지도 및 감독

(1) 감 독

① 법원행정처장은 협회를 감독

② 지방법원장은 협회의 시 · 도지부와 개업공인중개사를 감독

③ 감독상 명령 방법 ⇨ 행정명령, 행정조사

④ 위탁 ⇨ 지방법원장은 지원장과 협회의 시 · 도지부에 감독사무 위탁가능

(2) 필요적 등록취소 및 임의적 등록취소사유

필요적 등록취소사유	임의적 등록취소사유
① 등록의 결격사유에 해당하는 경우 ② 중개업의 폐업신고를 한 경우 ③ 공인중개사 자격이 취소된 경우 ④ 중개사무소 개설등록이 취소된 경우 ⑤ 등록당시 이 규칙에 의한 등록요건을 갖추지 않았던 경우 ⑥ 등록당시 이 규칙에 의한 결격사유가 있었던 경우	① 등록 후 등록요건을 갖추지 못하게 된 경우 ② 등록 후 결격사유가 있게 된 경우 ③ 사건카드를 작성(×), 보존(×) ④ 확인 · 설명서를 교부(×), 보존(×) ⑤ 초과수수, 영수증을 교부하지 아니한 경우 ⑥ 비밀누설, 질서유지 조치불이행, 금지행위 ⑦ 감독상의 명령위반 ⑧ 최근 1년↓ 2회↑ 업무정지 + 업무정지행위

OX 매수신청대리인 등록을 한 개업공인중개사가 공인중개사 자격이 취소된 경우 지방법원장은 매수신청대리인 등록을 취소해야 한다. (○) 제29회

OX
1. 매수신청대리인 등록을 한 개업공인중개사가 공인중개사 자격이 취소된 경우 지방법원장은 매수신청대리인 등록을 취소해야 한다. (○) 제29회
2. 개업공인중개사의 중개사무소 개설등록이 취소된 경우 시 · 도지사는 매수신청대리인 등록을 취소해야 한다. (×) 제33회

(3) 업무정지사유

필요적 업무정지(1개월~2년)사유	임의적 업무정지(1개월~2년)사유
① 중개업무의 휴업신고를 하였을 경우 ② 공인중개사 자격을 정지당한 경우 ③ 중개업무의 정지를 당한 경우 ④ 임의적 등록취소사유 중 어느 하나에 해당하는 경우	① 매각장소의 질서유지의무에 위반한 경우 ② 등록증 등을 게시하지 아니한 경우 ③ 미등록인장으로 서명 · 날인한 경우 ④ 사무소이전 등의 신고를 하지 아니한 경우 ⑤ 감독상 명령 등을 위반한 경우 ⑥ 법원의 명칭 · 휘장 등을 표시하였을 경우 ⑦ 그 밖에 이 규칙에 따른 명령이나 처분에 위반한 경우

OX
1. 개업공인중개사가 매수신청대리 업무의 정지처분을 받을 수 있는 기간은 1개월 이상 6개월 이하이다. (×) 제31회
2. 개업공인중개사가 중개업을 휴업한 경우 관할 지방법원장은 해당 개업공인중개사의 매수신청대리인 등록을 취소해야 한다. (×) 제28회

(4) 의견진술 및 등록증의 반납

① **의견진술의 기회 부여**: 등록취소, 업무정지처분시 10일 **이상**의 기간

② **등록증의 반납**: 등록이 취소된 경우 개업공인중개사 **사망**시는 세대를 같이 하고 있는 자가, 법인인 개업공인중개사가 **해산**한 경우에는 해당 법인의 대표자 또는 임원이었던 자가 **7일 이내**에 등록증을 관할 지방법원장에게 반납하여야 한다.

③ **보존**: 지방법원장은 등록취소 또는 업무정지처분을 한 때에는 등록취소·업무정지관리대장에 기재하여 **5년간** 보존하여야 한다.

④ **등록취소 또는 업무정지처분에 대한 사후조치**

㉠ 등록취소: 사무실 내·외부에 매수신청대리업무에 관한 표시 등을 제거

㉡ 업무정지: 그 사실을 중개사무소의 출입문에 표시

OX 개업공인중개사가 매수신청대리 업무정지처분을 받은 때에는 업무정지사실을 해당 중개사무소의 출입문에 표시해야 한다. (○) 제25회

제36회 공인중개사 시험대비 **전면개정판**

2025 박문각 공인중개사
윤영기 필수서 2차 공인중개사법·중개실무

초판인쇄 | 2025. 2. 5. **초판발행** | 2025. 2. 10. **편저** | 윤영기 편저
발행인 | 박 용 **발행처** | (주)박문각출판 **등록** | 2015년 4월 29일 제2019-000137호
주소 | 06654 서울시 서초구 효령로 283 서경 B/D 4층 **팩스** | (02)584-2927
전화 | 교재 주문 (02)6466-7202, 동영상문의 (02)6466-7201

저자와의 협의하에 인지생략

정가 25,000원
ISBN 979-11-7262-509-2